21 世纪全国高职高专土建立体化系列规划教材

路基路面工程

主　编　偶昌宝　石泉彬
副主编　卓　敏
参　编　杨华展　李春香　张学伟
　　　　何怀君　樊永冬

内 容 简 介

本书以市政与交通设计院真实的工作过程为导向,以典型的公路设计项目为载体,将浙江省某条高速公路的路基路面工程设计划分为 7 个学习项目:一般路基设计、路基边坡稳定性分析、路基防护设计、挡土墙设计、路基排水设计、沥青路面设计和水泥混凝土路面设计,通过对每个项目进行情境化设计,确定各个可执行的工作任务。通过项目导向、任务驱动的方式,实现了"教学做"一体化、学校企业一体化和理论实训一体化。

本书兼顾施工行业、造价行业、监理行业等岗位要求,可作为高职高专院校道路桥梁工程技术、市政工程技术、工程造价、工程监理等专业的教材和指导书,也可以作为注册土木工程师(道路工程)执业资格考试的培训教材,还可供道路工程设计、施工、管理人员学习参考。

图书在版编目(CIP)数据

路基路面工程/偶昌宝,石泉彬主编. —北京:北京大学出版社,2011.8
(21 世纪全国高职高专土建立体化系列规划教材)
ISBN 978-7-301-19299-3

Ⅰ.①路… Ⅱ.①偶…②石… Ⅲ.①路基—道路工程—高等职业教育—教材②路面—道路工程—高等职业教育—教材 Ⅳ.①U416

中国版本图书馆 CIP 数据核字(2011)第 154976 号

书　　　名:	路基路面工程
著作责任者:	偶昌宝　石泉彬　主编
策 划 编 辑:	赖　青　王红樱
责 任 编 辑:	李　辉
标 准 书 号:	ISBN 978-7-301-19299-3/TU・0166
出　版　者:	北京大学出版社
地　　　址:	北京市海淀区成府路 205 号　　100871
网　　　址:	http://www.pup.cn　　http://www.pup6.com
电　　　话:	邮购部 62752015　发行部 62750672　编辑部 62750667　出版部 62754962
电 子 邮 箱:	pup_6@163.com
印　刷　者:	三河市博文印刷有限公司
发　行　者:	北京大学出版社
经　销　者:	新华书店
	787 毫米×1092 毫米　16 开本　16 印张　插页 7　366 千字
	2011 年 8 月第 1 版　　2017 年 7 月第 2 次印刷
定　　　价:	34.00 元

未经许可,不得以任何方式复制或抄袭本书之部分或全部内容。
版权所有,侵权必究　　举报电话:010-62752024
　　　　　　　　　　　电子邮箱:fd@pup.pku.edu.cn

北大版·高职高专土建系列规划教材
专家编审指导委员会

主　　任：　于世玮（山西建筑职业技术学院）

副 主 任：　范文昭（山西建筑职业技术学院）

委　　员：　（按姓名拼音排序）

　　　　　　丁　胜（湖南城建职业技术学院）

　　　　　　郝　俊（内蒙古建筑职业技术学院）

　　　　　　胡六星（湖南城建职业技术学院）

　　　　　　李永光（内蒙古建筑职业技术学院）

　　　　　　马景善（浙江同济科技职业学院）

　　　　　　王秀花（内蒙古建筑职业技术学院）

　　　　　　王云江（浙江建设职业技术学院）

　　　　　　危道军（湖北城建职业技术学院）

　　　　　　吴承霞（河南建筑职业技术学院）

　　　　　　吴明军（四川建筑职业技术学院）

　　　　　　夏万爽（邢台职业技术学院）

　　　　　　徐锡权（日照职业技术学院）

　　　　　　战启芳（石家庄铁路职业技术学院）

　　　　　　杨甲奇（四川交通职业技术学院）

　　　　　　朱吉顶（河南工业职业技术学院）

特邀顾问：　何　辉（浙江建设职业技术学院）

　　　　　　姚谨英（四川绵阳水电学校）

北大版·高职高专土建系列规划教材
专家编审指导委员会专业分委会

建筑工程技术专业分委会

主　任：吴承霞　　吴明军
副主任：郝　俊　　徐锡权　　马景善　　战启芳
委　员：（按姓名拼音排序）
　　　　白丽红　　陈东佐　　邓庆阳　　范优铭　　李　伟
　　　　刘晓平　　鲁有柱　　孟胜国　　石立安　　王美芬
　　　　王渊辉　　肖明和　　叶海青　　叶　腾　　叶　雯
　　　　于全发　　曾庆军　　张　敏　　张　勇　　赵华玮
　　　　郑仁贵　　钟汉华　　朱永祥

工程管理专业分委会

主　任：危道军
副主任：胡六星　　李永光　　杨甲奇
委　员：（按姓名拼音排序）
　　　　冯　钢　　冯松山　　姜新春　　赖先志　　李柏林
　　　　李洪军　　刘志麟　　林滨滨　　时　思　　斯　庆
　　　　宋　健　　孙　刚　　唐茂华　　韦盛泉　　吴孟红
　　　　辛艳红　　鄢维峰　　杨庆丰　　余景良　　赵建军
　　　　钟振宇　　周业梅

建筑设计专业分委会

主　任：丁　胜
副主任：夏万爽　　朱吉顶
委　员：（按姓名拼音排序）
　　　　戴碧锋　　宋劲军　　脱忠伟　　王　蕾
　　　　肖伦斌　　余　辉　　张　峰　　赵志文

市政工程专业分委会

主　任：王秀花
副主任：王云江
委　员：（按姓名拼音排序）
　　　　俞金贵　　胡红英　　来丽芳　　刘　江　　刘水林
　　　　刘　雨　　刘宗波　　杨仲元　　张晓战

前　言

"路基路面工程"是道路桥梁工程技术、市政工程技术等专业的主干核心课程之一，其理论性与工程性相互交叉，与工程实践的联系十分紧密。

本书以市政与交通设计院真实的工作过程为导向，以典型的公路设计项目为载体，以职业岗位工作目标为切入点，以培养和提高职业能力为主线，充分体现工学结合的教学理念。将浙江省某条高速公路的路基路面工程设计划分为7个学习项目：一般路基设计、路基边坡稳定性分析、路基防护设计、挡土墙设计、路基排水设计、沥青路面设计和水泥混凝土路面设计，通过对每个项目进行情境化设计，确定各个可执行的工作任务。每个项目的可执行任务由知识讲解和任务实施两部分组成。知识讲解部分提供完成任务所必备的基础知识和理论，按照国家及行业最新的技术标准和技术规范编写；任务实施部分是知识的具体应用，其成果以计算书、设计图表等形式体现，达到施工图设计深度。通过本书的学习，完成本书的所有任务，同时也就完成了一条公路所有的路基路面设计内容，使同学们有真实的、完整的项目体验。

本书主要针对设计行业的岗位要求，并考虑到高职高专院校同时开设"公路工程施工技术"、"公路工程检测"等课程，因此，本书不纳入路基路面施工和检测等内容，以节省篇幅。

本书内容可按照48～64学时安排，推荐学时分配：总论为4～6学时，项目1为4～6学时，项目2为6～8学时，项目3为4～6学时，项目4为10～12学时，项目5为4～6学时，项目6为8～10学时，项目7为8～10学时。为保证教学质量，体现项目导向、任务驱动的教学改革目标，建议教师选取当地典型的公路路基路面设计项目作为学生作业，并按照本书任务实施部分的要求提交成果。

本书可作为高职高专院校道路桥梁工程技术、市政工程技术、工程造价、工程监理等专业的教材和指导书，也可以作为注册土木工程师（道路工程）执业资格考试的培训教材，还可供道路工程设计、施工、管理人员学习参考。

本书由浙江水利水电专科学校偶昌宝和泰州职业技术学院石泉彬担任主编，浙江水利水电专科学校卓敏担任副主编，并邀请企业一线技术人员参与编写，全书由偶昌宝负责统稿。本书具体章节编写分工为：偶昌宝编写总论、项目1、项目4、项目5和项目6，石泉彬编写项目2，偶昌宝和卓敏共同编写项目3和项目7，浙江大学建筑设计研究院市政交通分院杨华展参与编写项目5，台州市交通勘察设计院李春香和樊永冬参与编写项目1、项目5，台州市交通勘察设计院张学伟和何怀君参与编写项目3、项目4。

本书在编写过程中得到了浙江水利水电专科学校市政工程系的大力支持和帮助，同时浙江省交通规划设计研究院、浙江大学建筑设计研究院市政交通分院和台州市交通勘察设计院为主编提供了丰富的工程实例，在此一并表示感谢！

本书在编写过程中参考和引用了国内外大量文献资料，在此谨向原资料作者表示衷心感谢。本书是路基路面工程项目化教学的一个初步尝试，加上编者水平有限，本书难免存在不足和疏漏之处，敬请各位读者批评指正，以便再版时修改（主编邮箱：ouchb@zjwchc.com）。

编　者

2011年4月于杭州

目　　录

总　　论 ·· 1

　任务0.1　路基路面工程概述 ············ 2
　　0.1.1　路基路面工程的特点 ·········· 2
　　0.1.2　路基设计的一般要求 ·········· 3
　　0.1.3　路面设计的一般要求 ·········· 4
　　0.1.4　影响路基路面稳定性的
　　　　　因素 ································ 5
　任务0.2　土基的力学强度特性 ·········· 6
　　0.2.1　路基的受力与路基工作区 ····· 6
　　0.2.2　土基的承载力 ···················· 8
　　0.2.3　路基的变形、破坏及防治 ···· 10
　任务0.3　公路自然区划与路基干湿
　　　　　类型 ······························ 13
　　0.3.1　公路自然区划 ·················· 13
　　0.3.2　路基的干湿类型划分 ·········· 16
　任务0.4　路基土的分类与工程性质 ···· 19
　　0.4.1　路基土的分类 ·················· 19
　　0.4.2　路基土的工程性质 ············ 20
　任务0.5　路面的结构及层位功能 ······ 21
　　0.5.1　路面横断面形式 ··············· 21
　　0.5.2　路拱横坡度 ···················· 21
　　0.5.3　路面结构分层及层位功能 ··· 22
　任务0.6　路面的分类 ····················· 24
　　0.6.1　按材料划分路面类型 ········· 24
　　0.6.2　按力学特性划分路面类型 ··· 24
　任务0.7　教材项目载体介绍 ············ 25
　　0.7.1　路线设计成果 ·················· 25
　　0.7.2　路基路面设计成果 ············ 25
　项目小结 ······································ 26
　习题 ·· 27

项目1　一般路基设计 ······················ 29
　任务1.1　认识一般路基 ·················· 30
　任务1.2　路基标准横断面设计 ········· 31
　　1.2.1　路基标准横断面组成 ········· 31
　　1.2.2　路基宽度 ······················· 32

　　1.2.3　公路用地范围 ·················· 33
　任务1.3　一般路基设计 ·················· 36
　　1.3.1　路基的分类 ···················· 36
　　1.3.2　路基的基本组成 ··············· 39
　　1.3.3　路基压实与强度要求 ········· 45
　　1.3.4　路基附属设施 ·················· 47
　项目小结 ······································ 51
　习题 ·· 52

项目2　路基边坡稳定性分析 ············ 54
　任务2.1　认识路基稳定性 ··············· 55
　　2.1.1　高填方路基 ···················· 55
　　2.1.2　深挖路堑 ······················· 56
　　2.1.3　陡坡路堤 ······················· 56
　　2.1.4　浸水路堤 ······················· 57
　任务2.2　路基稳定性分析参数确定 ···· 57
　　2.2.1　边坡滑动面形状确定 ········· 57
　　2.2.2　路基稳定性分析边坡的
　　　　　取值 ······························ 59
　　2.2.3　路基顶面汽车荷载当量高度
　　　　　计算 ······························ 59
　　2.2.4　路基边坡稳定性分析土的
　　　　　计算参数确定 ·················· 60
　任务2.3　路基边坡稳定性分析 ········· 62
　　2.3.1　高填方路堤稳定分析法 ······ 62
　　2.3.2　砂类土质路堑稳定分析法 ··· 67
　　2.3.3　陡坡路堤稳定分析法 ········· 68
　　2.3.4　浸水路堤稳定分析法 ········· 70
　项目小结 ······································ 81
　习题 ·· 81

项目3　路基防护设计 ······················ 83
　任务3.1　认识路基防护工程 ············ 84
　　3.1.1　路基防护的目的和要求 ······ 84
　　3.1.2　防护工程的分类 ··············· 85
　任务3.2　路堤边坡防护设计 ············ 86
　　3.2.1　植物防护 ······················· 86

3.2.2 骨架植物防护 …………… 89
　　3.2.3 砌石护坡 ………………… 90
　　3.2.4 沿河路基防护 …………… 92
任务3.3 路堑边坡防护设计 …………… 96
　　3.3.1 植物防护 ………………… 97
　　3.3.2 骨架植物防护 …………… 99
　　3.3.3 圬工防护 ………………… 99
　　3.3.4 封面、捶面 ……………… 102
项目小结 ………………………………… 102
习题 ……………………………………… 103

项目4　挡土墙设计 ……………………… 105

任务4.1　认识挡土墙 …………………… 106
　　4.1.1 挡土墙的作用及用途 …… 106
　　4.1.2 挡土墙的组成 …………… 107
　　4.1.3 挡土墙的类型与适用
　　　　 范围 ………………………… 107
　　4.1.4 重力式挡土墙的构造 …… 109
任务4.2　挡土墙的布置 ………………… 114
　　4.2.1 挡土墙的横向布置 ……… 114
　　4.2.2 挡土墙的纵向布置 ……… 114
　　4.2.3 挡土墙的平面布置 ……… 115
任务4.3　挡土墙设计参数的确定 ……… 116
　　4.3.1 土压力设计参数 ………… 116
　　4.3.2 地基承载力计算参数 …… 118
　　4.3.3 摩擦系数 ………………… 118
任务4.4　挡土墙土压力计算 …………… 119
　　4.4.1 土压力类型 ……………… 119
　　4.4.2 主动土压力的计算 ……… 120
　　4.4.3 车辆荷载的换算 ………… 121
任务4.5　重力式挡土墙设计 …………… 124
　　4.5.1 作用在挡土墙的力系（荷载）
　　　　 和组合 ……………………… 124
　　4.5.2 挡土墙设计原则 ………… 126
　　4.5.3 挡土墙稳定性验算 ……… 129
　　4.5.4 地基计算 ………………… 132
　　4.5.5 墙身承载能力验算 ……… 133
任务4.6　挡土墙设计成果 ……………… 138
　　4.6.1 挡土墙结构设计图 ……… 138
　　4.6.2 挡土墙立面图 …………… 139

　　4.6.3 挡土墙要素及工程数量表 … 139
项目小结 ………………………………… 139
习题 ……………………………………… 140

项目5　路基排水设计 …………………… 142

任务5.1　认识路基排水 ………………… 143
　　5.1.1 路基排水的目的 ………… 143
　　5.1.2 路基排水设计的一般
　　　　 原则 ………………………… 144
任务5.2　路基排水设计 ………………… 144
　　5.2.1 路基地表排水设计 ……… 144
　　5.2.2 路基地下排水设计 ……… 154
任务5.3　路基排水系统的综合设计 …… 159
　　5.3.1 路基排水综合设计的
　　　　 意义 ………………………… 159
　　5.3.2 路基排水综合设计的
　　　　 基本要求 …………………… 160
　　5.3.3 路基排水综合设计的
　　　　 内容 ………………………… 161
项目小结 ………………………………… 163
习题 ……………………………………… 163

项目6　沥青路面设计 …………………… 165

任务6.1　认识沥青路面 ………………… 166
　　6.1.1 沥青路面的特性 ………… 166
　　6.1.2 沥青路面的分类 ………… 166
　　6.1.3 沥青路面设计的内容 …… 169
任务6.2　交通荷载计算 ………………… 169
　　6.2.1 标准轴载 ………………… 169
　　6.2.2 设计年限 ………………… 170
　　6.2.3 轴载换算 ………………… 170
　　6.2.4 设计年限内累计当量
　　　　 轴次 ………………………… 171
　　6.2.5 交通等级 ………………… 172
任务6.3　沥青路面结构组合设计 ……… 174
　　6.3.1 结构层设计 ……………… 175
　　6.3.2 结构组合设计 …………… 181
任务6.4　路面材料设计参数的确定 …… 183
　　6.4.1 路基回弹模量 E_0 ………… 183
　　6.4.2 结构层回弹模量 E_i ……… 185

  6.4.3 结构层材料的劈裂强度 …… 186
  6.4.4 设计参数确定要求 …… 186
 任务6.5 沥青路面设计弯沉与容许拉应力计算 …… 188
  6.5.1 路表回弹弯沉 …… 188
  6.5.2 容许弯拉应力 …… 189
 任务6.6 新建路面结构厚度计算 …… 191
  6.6.1 路表计算弯沉值 l_s …… 192
  6.6.2 层底拉应力 σ_m 计算 …… 192
  6.6.3 设计指标选用要求 …… 192
  6.6.4 新建路面厚度设计步骤 …… 192
  6.6.5 新建路面厚度确定方法 …… 193
 任务6.7 沥青路面设计成果 …… 195
  6.7.1 路面结构设计图 …… 195
  6.7.2 编制路面工程数量表 …… 196
 项目小结 …… 201
 习题 …… 202

项目7 水泥混凝土路面设计 …… 204

 任务7.1 认识水泥混凝土路面 …… 205
  7.1.1 水泥混凝土路面类型和特点 …… 205
  7.1.2 水泥混凝土路面组成 …… 207
  7.1.3 水泥混凝土路面设计内容和方法 …… 207
 任务7.2 交通荷载计算 …… 209
  7.2.1 标准轴载 …… 209
  7.2.2 设计基准期 …… 209
  7.2.3 轴载换算 …… 210
  7.2.4 设计基准期内累计当量轴次 …… 210
  7.2.5 水泥混凝土路面交通等级划分 …… 212
 任务7.3 水泥混凝土路面结构组合设计 …… 213
  7.3.1 路基 …… 214
  7.3.2 垫层 …… 214
  7.3.3 基层 …… 215
  7.3.4 面层 …… 217
  7.3.5 路肩 …… 219
  7.3.6 路面排水 …… 220
 任务7.4 普通水泥混凝土路面厚度设计 …… 220
  7.4.1 目标可靠度与疲劳极限状态方程 …… 220
  7.4.2 应力分析及厚度设计 …… 222
 任务7.5 水泥混凝土路面接缝设计 …… 228
  7.5.1 纵向接缝 …… 229
  7.5.2 横向接缝 …… 230
  7.5.3 交叉口接缝布设 …… 233
  7.5.4 端部处理 …… 234
  7.5.5 接缝填封材料 …… 236
 任务7.6 水泥混凝土路面设计成果 …… 238
  7.6.1 水泥混凝土路面结构设计图 …… 238
  7.6.2 水泥混凝土路面分块布置及接缝构造设计图 …… 238
  7.6.3 特殊部位构造设计图 …… 239
  7.6.4 编制路面工程数量表 …… 239
 项目小结 …… 239
 习题 …… 240

参考文献 …… 242

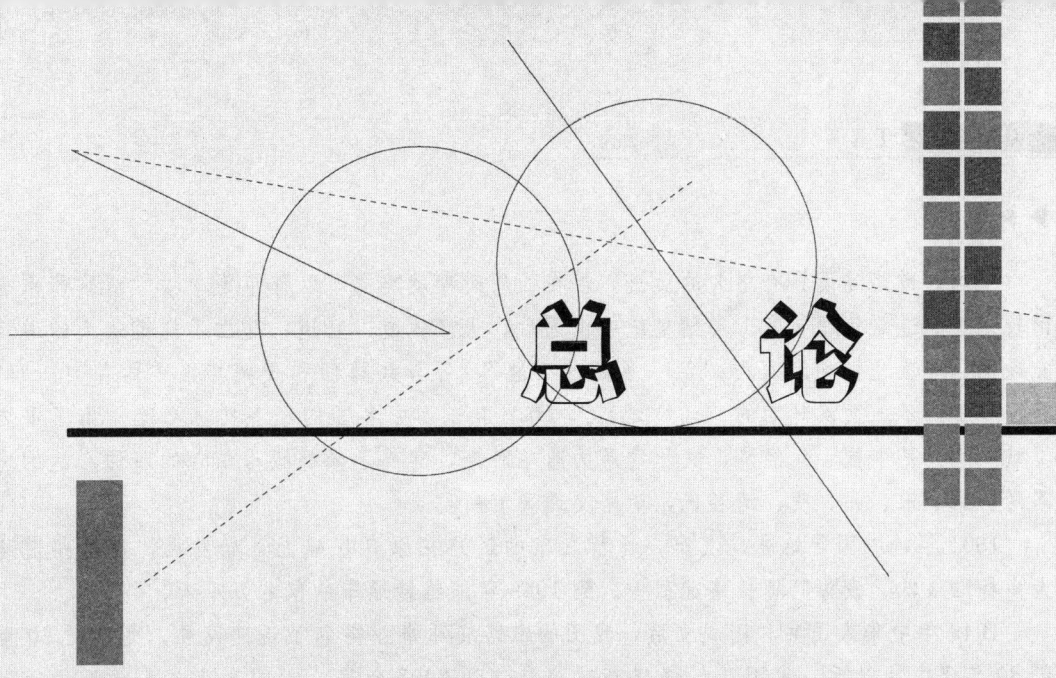

总 论

教学目标

通过总论的学习，了解路基路面的特点、要求和影响因素；掌握路基工作区的概念和计算方法；掌握路基强度指标的概念和测试方法；了解公路自然区划；掌握路基干湿类型的划分方法；熟悉路基土的分类和性质；掌握路面结构、层位功能和路面分类。

教学要求

能力目标	知识要点	权重
了解路基路面的特点、要求和影响因素	路基路面的特点、设计要求、稳定性影响因素	5%
掌握路基工作区的概念和计算方法	路基受力状况、路基工作区	20%
掌握路基强度指标	回弹模量、加州承载比（CBR）	20%
了解公路自然区划	公路自然区划	5%
掌握路基干湿类型的概念和划分方法	干湿类型划分、稠度指标、临界高度	25%
熟悉路基土的分类和工程性质	路基土的分类和工程性质	10%
掌握路面结构、层位功能和路面分类方法	面层、基层、垫层的功能，路面的分类	15%

▶▶ 引例

中国的道路建设具有悠久的历史。早在西周时期就建立了以都市为中心的道路体系和比较完善的道路管理制度。秦始皇统一中国后，大修驰道、直道，建立了规模宏大的道路交通网，秦直道被誉为人类"第一条高速公路"，可与兵马俑和长城相媲美的伟大工程，如图0.1所示。西汉时期的"丝绸之路"，为当时东西方各国的经济文化交流作出了重要贡献。唐代是中国古代经济、文化发展的鼎盛时期，建成了以都城为中心的四通八达的道路网。到了宋、元、明、清各代，道路交通又有所发展。

1901年，中国开始进口汽车，通行汽车的道路在原有基础上开始发展，但这些道路大多标准很低、设施简陋、路况很差。到1949年能维持通车的仅8万千米。

1949年中华人民共和国成立后，我国的道路交通事业得到了迅速发展。尤其是20世纪80年代中期以后，我国开始修建高速公路。到2007年底，我国高速公路总里程达到5.39万千米，不少省份都将"县县通高速"作为高速公路发展目标，如图0.2所示。

图0.1 秦直道遗址（图片来源于网络）

图0.2 某高速公路

路基路面作为直接承受车辆轮胎作用的结构物，是汽车快速、高效、安全、舒适行驶的决定性因素之一，而且往往成为控制工程质量、工期和成本的关键，是公路工程最重要的组成部分。因此，路基路面工程在道路桥梁工程技术、市政工程技术等专业的课程体系中属于专业主干核心课，起承上启下的作用。路基路面工程是工程地质、土力学、公路工程材料等选修课程的具体应用，同时又为公路施工技术、公路施工组织设计、公路工程检测与养护等后续课程奠定坚实的基础。

学习好本课程，掌握路基路面工程设计的基本知识和基本理论，对于日后从事道路勘察设计、道路施工、施工图图纸会审和工程计量等工作具有极其重要的意义。

任务0.1 路基路面工程概述

0.1.1 路基路面工程的特点

路基和路面是道路的主要工程结构物。路基是在天然地表面按照道路的设计线形（位置)和设计横断面(几何尺寸)的要求开挖或堆填而成的岩土结构物。路面是在路基顶面的行车部分用各种混合料铺筑而成的层状结构物。路基是路面结构的基础，坚强而又稳定的路基为路面结构长期承受汽车荷载提供了重要的保证，而路面结构层的存在又保护了路基，使其免受车辆和大气的直接破坏，长期处于稳定状态。路基和路面相辅相成，是不可分离的整体，应综合考虑它们的工程特点，综合解决两者的强度、稳定性等工程技术问题。

路基与路面工程是公路工程的主要组成部分，工程数量十分可观，例如微丘区的三级公路，每千米土石方数量为 8 000~16 000m³，山岭、重丘区的三级公路每千米可达 20 000~60 000m³，对于高速公路，数量更为可观。路面结构在道路造价中所占比重很大，一般都要达到30%左右。因此精心设计，精心施工，使路基路面能长时期具备良好的使用性能，对节约投资、提高运输效益具有十分重要的意义。

> **特别提示**
>
> 公路工程由路基路面、桥涵、隧道、交通工程及沿线设施等部分组成。对于大部分的公路工程，路基路面往往是其最重要，也是最主要的组成部分。

路基路面是一项线形工程，有的公路延续数百千米，甚至上千千米。公路沿线地形起伏、地质、地貌、气象特征多变，再加上沿线城镇经济发达程度与交通繁忙程度不一，因此决定了路基与路面工程复杂多变的特点，工程技术人员必须掌握广博的知识，善于识别各种变化的环境因素，恰当地进行处理，建造出理想的路基路面工程结构。

0.1.2 路基设计的一般要求

路基除断面尺寸应符合设计规范要求外，还应满足下列基本要求。

(1) 具有足够的整体稳定性。路基是直接在地面上填筑或挖去一部分地面建成的。路基建成后，改变了原地面的天然平衡状态。在工程地质不良的地区，修建路基可能加剧原地面的不平衡状态；开挖路堑使两侧边坡土体失去支撑力，可能导致边坡坍滑或滑坡；天然坡面特别是陡坡面上的填方路堤可能因自重而下滑。对于上述种种情况，都必须因地制宜地采取措施保证路基的整体稳定性。

(2) 具有足够的承载力。公路上的行车荷载通过路面传递给路基，对其产生一定压力，路基自重及路面的重力也给予路基和地基一定压力。这些压力都可以使路基产生一定的变形，使路面变形而遭到破坏，直接影响路面的使用品质。因此，要求路基具有足够的承载力，抵御外力产生的各种应力，并不产生超过容许范围的变形。

(3) 具有足够的水温稳定性和耐久性。路基在地面水和地下水作用下，其强度将显著地降低。特别是在季节性冰冻地区，由于水温状况(湿度与温度状况)的变化，路基将发生周期性冻融破坏，使路基强度急剧下降。因此，路基不仅应具有足够的强度，而且还应保证在最不利的水温状况下，强度不会显著降低，即要求路基具有足够的水温稳定性与耐久性。

(4) 应符合环境保护要求，避免引发地质灾害，减少对生态环境的影响。

0.1.3 路面设计的一般要求

为了保证道路最大限度地满足车辆行驶的要求，提高行车速度，增强安全性和舒适性，降低运输成本和延长道路的使用年限，路面应满足下述基本要求。

(1) 具有足够的承载力。行驶在路面上的车辆通过车轮把荷载传给路面，在路面结构内部产生应力、应变及位移。如果路面结构整体或某一组成部分的强度或抗变形能力不足以抵抗这些应力、应变及位移，则路面会出现断裂、沉陷，路表面会出现波浪或车辙，使路况恶化，服务水平下降。因此，要求路面结构整体及其各组成部分都具有与行车荷载相适应的承载能力。

结构承载能力包括强度和刚度两方面。路面结构应具有足够的强度以抵抗车辆荷载引起的各个部位的各种应力，如压应力、拉应力、剪应力等，保证不发生压碎、拉断、剪切等各种破坏。路面整体结构或各个结构层应具有足够的刚度，使其在车辆荷载作用下不发生过量的变形，保证不发生车辙、沉陷或波浪等各种病害。

(2) 具有足够的稳定性。路面结构暴露在大气之中，经常受到大气温度、降水和湿度变化的影响。结构的物理、力学性质将随之发生变化，处于另外一种不稳定状态。路面结构能否经受这种不稳定状态，而保持工程设计所要求的几何形状及物理力学性质，称为路面结构的稳定性。路面的稳定性包括高温稳定性、低温稳定性和水稳定性。

大气温度周期性的变化对路面结构的稳定性有重要影响，高温季节沥青路面软化，在车轮荷载作用下产生永久变形；水泥混凝土路面在高温季节因结构物变形产生过大内应力，导致路面被压曲破坏。在北方冰冻地区的低温冰冻季节，水泥混凝土路面、沥青路面、半刚性基层由于低温收缩产生大量裂缝，最终失去承载力。

大气降水使路面结构内部的湿度状态发生变化，水泥混凝土路面如果不能及时将水分排出结构层，会发生唧泥现象，冲刷基层，导致结构层被提前破坏。沥青混凝土路面中水分的侵蚀会引起沥青结构层剥落，结构松散。因此，路面的防水、排水是确保路面稳定的重要方面。

(3) 具有足够的耐久性。路面工程投资大，从规划、设计、施工至建成通车需要较长的时间，对于这样的大型工程都应有较长的使用年限，一般的道路工程使用年限至少为数十年。承重并经受车辆直接碾压的路面部分要求使用年限在 20 年以上，因此路基路面工程应具有耐久的性能。

路面在车辆荷载的反复作用与大气水温周期性的重复作用下，使用性能将逐年下降，强度与刚度将逐年衰变，路面材料的各项性能也可能由于老化衰变而引起路面结构的损坏。因此，提高路面的耐久性，保持其强度、刚度、几何形态经久不衰，除了进行精心设计、施工和选材之外，要把长年的养护、维修、恢复路用性能的工作放在重要的位置。

(4) 具有足够的表面平整度。路面表面平整度是影响行车安全、行车舒适性以及运输效益的重要使用性能。不平整的路表面会增大行车阻力，并使车辆产生附加的振动作用。这种振动作用会造成行车颠簸，影响行车的速度和安全，驾驶的平稳和乘客的舒适感。同时，振动作用还会对路面施加冲击力，从而加剧路面和汽车机件的损坏和轮胎的磨损，并增大油料的消耗。而且，不平整的路面还会积滞雨水，加速路面的破坏。因此，为了减少振动冲击力，提高行车速度和增进行车舒适性、安全性，路面应保持一定的平整度。

路面的平整度同整个路面结构和路基顶面的强度、抗变形能力有关，同结构层所用材料的强度、抗变形能力以及均匀性有很大关系。强度和变形能力差的路面结构和面层混合料经不起车轮荷载的反复作用，极易出现沉陷、车辙和推挤破坏，从而形成不平整的路面表面。

（5）具有足够的表面抗滑性能。路面表面要求平整，但不宜光滑，汽车在光滑的路面上行驶时，车轮与路面之间缺乏足够的附着力或摩擦力。雨天高速行车，或紧急制动，或突然启动，或爬坡、转弯时，车轮也易产生空转或打滑，致使行车速度降低，油料消耗增多，甚至引起严重的交通事故。对于高速公路的高速行车道，要求具有较高的抗滑性能。

路面表面的抗滑能力可以通过采用坚硬、耐磨、表面粗糙的粒料组成路面表层材料来实现，有时也可以采用一些工艺措施来实现，如水泥混凝土路面的刷毛或刻槽等。

0.1.4　影响路基路面稳定性的因素

路基路面暴露在大气中，其稳定性在很大程度上由当地的自然条件所决定。因此，深入调查公路沿线的自然条件，从总体到局部，从大区域到具体路段的自然情况，对其进行分析研究，掌握其规律及对路基路面稳定性的影响，因地制宜地采取有效的工程措施，以确保路基路面具有足够的强度和稳定性。

路基路面的稳定性通常与下列因素有关。

1. 地理条件

公路沿线的地形、地貌和海拔高度不仅会影响到路线的选定，也会影响到路基与路面的设计。平原、丘陵、山岭各区地势不同，路基的水温情况也不同。平原区地势平坦，排水困难，地表易积水，地下水位相应较高，因而路基需要保持一定的最小填土高度，路面结构层应选择水稳定性良好的材料，并采取一定的结构排水设施；丘陵区和山岭区地势起伏较大，路基路面的排水设计至关重要，否则会导致稳定性下降，出现破坏现象，影响路基路面的稳定性。

2. 地质条件

沿线的地质条件，如岩石的种类、成因、节理，风化程度情况，岩石产状、层理和岩层厚度，有无夹层或遇水软化的夹层，以及有无断层或其他不良地质现象（岩溶、冰川、泥石流、地震等）都会对路基路面的稳定性产生一定的影响。

3. 气候条件

气候条件如气温、降水、湿度、冰冻深度、日照、蒸发量、风向、风力等都会影响公路沿线地面水和地下水的状况，并且会影响路基路面的水温情况。

在一年之中，气候有季节性的变化，因此路基路面的水温情况也随之变化。气候还受地形的影响，例如山顶与山脚、山南坡与山北坡的气候有很大的差别，这些因素都会严重影响路基路面的稳定性。

4. 水文和水文地质条件

水文条件如公路沿线地表水的排泄，河流洪水位、常水位，有无地表积水和积水时期的长短，河岸的淤积情况等。水文地质条件如地下水位，地下水移动的规律，有无层间水、裂隙水、泉水等。所有这些地面水及地下水都会影响路基路面的稳定性，如果处理不当，常会引起各种病害。

5. 土的类别

土是建筑路基和路面的基本材料，不同的土类具有不同的工程性质，因而将直接影响路基和路面的强度与稳定性。

不同的土类含有不同粒径的土颗粒砂粒成分多的土，强度构成以内摩擦力为主，强度高，受水的影响小，但施工时不易压实。较细的砂在渗流情况下容易流动，形成流沙。黏粒成分多的土，强度形成以黏聚力为主，其强度随密实程度的不同变化较大，并随湿度的增大而降低。粉土类土毛细现象强烈，路基路面的强度和承载力随着毛细水上升，湿度增大而下降，在负温度坡差作用下，水分通过毛细作用移动并积聚，使局部土层湿度大幅度增加，造成路基冻胀，最后导致路基翻浆、路面结构层断裂等各种破坏。

任务 0.2　土基的力学强度特性

0.2.1　路基的受力与路基工作区

1. 路基受力状况

路基在工作过程中，同时受到由路面传下来的行车荷载，以及路基和路面的自重作用。在路基上部靠近路面结构的一定深度范围内，路基土主要承受车辆荷载的作用。正确的设计应使路基所受的力在弹性限度范围内，而当车辆驶过后，路基能恢复原状，以保证路基相对稳定，不致使路面被破坏。图 0.3 所示为土质路基受力时，不同深度 Z 范围内的应力分布图。

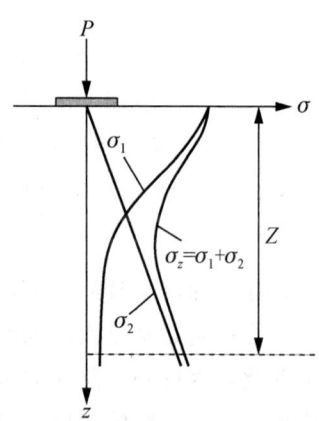

图 0.3　土基中沿深度的应力分布示意图

σ_1—车辆荷载引起的应力；σ_2—土基自重引起的应力；σ_z—应力之和

其中，σ_1为车轮荷载在土基内部任一点产生的竖向压应力，把车轮荷载简化为集中力时，σ_1可按布辛奈斯克公式进行计算。

$$\sigma_1 = \frac{P}{Z^2} \cdot \frac{3}{2\pi\left[1+\left(\frac{\gamma}{Z}\right)^2\right]^{5/2}} = K \cdot \frac{P}{Z^2} \quad (0-1)$$

式中　P——车轮荷载，kN；

　　　Z——荷载作用下的垂直深度，m；

　　　K——应力系数，$K = \dfrac{3}{2\pi\left[1+\left(\frac{\gamma}{Z}\right)^2\right]^{5/2}}$。

土基自重引起的垂直压应力按式(0-2)计算。

$$\sigma_2 = \gamma Z \quad (0-2)$$

式中　γ——土的重度，kN/m³。

因此，土中任一点受到的竖向压应力σ_z按式(0-3)计算。

$$\sigma_z = \sigma_1 + \sigma_2 = K \cdot \frac{P}{Z^2} + \gamma Z \quad (0-3)$$

2. 路基工作区

由式(0-1)和式(0-2)可见，车轮荷载产生的垂直应力σ_1随深度增加而减小，自重应力σ_2则随深度增加而增大，因此，车轮荷载在土基中产生的应力与土基自重应力之比σ_1/σ_2也随之急剧减小。当此比值减小到一定数值时，例如$\sigma_1/\sigma_2 = 0.1 \sim 0.2$，即在某一深度$Z_a$处，行车荷载在土基中产生的应力仅为土基自重应力的$0.1 \sim 0.2$倍，与土基自重应力相比，车辆荷载在$Z_a$以下土基中产生的应力已很小，可忽略不计。把车辆荷载在土基中产生应力作用的这一深度范围叫做路基工作区。

据此，可以计算路基工作区深度Z_a。

$$n = \frac{\sigma_2}{\sigma_1} = \frac{\gamma Z}{K\dfrac{P}{Z^2}}$$

从而得到

$$Z_a = \sqrt[3]{\frac{KnP}{\gamma}} \quad (0-4)$$

式中　n——系数，取$n = 5 \sim 10$；

　　　Z_a——路基工作区深度，m。

由式(0-4)可见，路基工作区随车轮荷载的加大而加深，表0-1列出了各种型号汽车对应的路基工作区深度。

由于路基、路面材料不同，路面材料的强度和刚度及重度比土基大，路基工作区的实际深度随路面强度和厚度的增加而减小。因此，要精确计算Z_a必须将路面折算为当量厚度后再进行计算。

在路基工作区内，土基的强度和稳定性对保证路面结构的强度和稳定性极为重要，对工作区深度范围内的土质选择和路基的压实度应提出较高的要求。

表 0-1　路基工作区深度

汽车型号	工作区深度/m		汽车型号	工作区深度/m	
	$n=5$	$n=10$		$n=5$	$n=10$
解放 CA10B	1.6	2.0	交通 SH141	1.6	2.0
北京 BJ130	1.2	1.6	上海 SH130	1.2	1.5
跃进 NJ130	1.4	1.7	黄河 JN150	1.9	2.4
红旗 CA773	1.0	1.3			

当工作区深度大于路基填土高度时，如图 0.4 所示，行车荷载的作用不仅施加在路堤上，而且还施加在天然地基的上部土层，因此，天然地基上部土层和路堤应同时满足工作区的要求，均应充分压实。

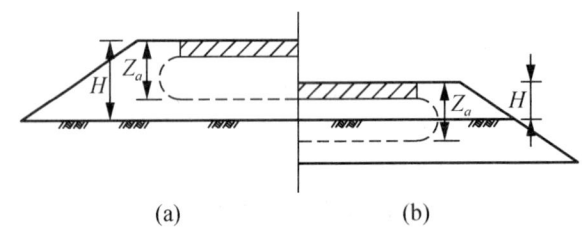

图 0.4　工作区深度和路基高速
(a)路堤高度大于 Z_a；(b)路堤高度小于 Z_a

0.2.2　土基的承载力

在车轮荷载作用下，路基路面结构的强度与刚度除了与路面材料的品质有关外，路基的支撑起着决定性的作用。路基作为路面结构的基础，它的抵抗车轮荷载能力的大小主要取决于路基顶面在一定应力级位下抵抗变形的能力，所以路基的承载能力都采用一定应力级位下的抗变形能力来表征。尽管柔性路面设计和刚性路面设计以不同的理论体系为基础，不同的设计方法有不同的假定前提，但是用于表征路基承载力的各种指标的前提基本上是相同的，也就是土基在一定应力级位下的抗变形能力。用于表征土基承载力的参数指标有回弹模量、加州承载比(CBR)等。

1. 土基回弹模量

以回弹模量表征土基的承载能力可以反映土基在瞬时荷载作用下的可恢复变形性质，因而可以应用弹性理论公式描述荷载与变形之间的关系。以回弹模量作为表征土基承载能力的参数可以在以弹性理论为基本体系的各种设计方法中得到应用。为了模拟车轮印迹的作用，通常都以圆形承载板压入土基的方法测定回弹模量。

1）刚性承载板法

有两种承载板可以用于测定土基回弹模量，即柔性压板和刚性压板，通常采用刚性承载板。

用刚性承载板测定土基回弹模量,压板下土基顶面的挠度为定值,不随坐标 r 变化。但是板底接触压力则随 r 而变化,成鞍形分布,如图 0.5 所示。

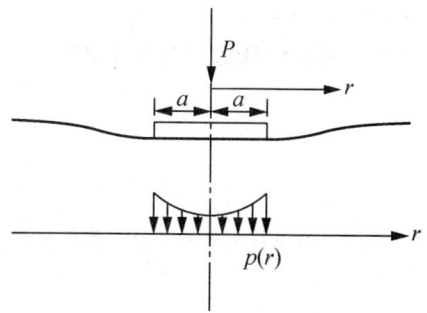

图 0.5 土基在圆形刚性承载板下的压力和挠度曲线

根据弹性理论,在圆形刚性承载板作用下,测出板底挠度,即土基回弹变形值,通过计算求得土基回弹模量

$$E_0 = \frac{2pa(1-\mu_0^2)}{l} \frac{\pi}{4} \qquad (0-5)$$

式中 E_0——土基的回弹模量,MPa;

l——承载板下的土基回弹变形值,cm;

a——承载板半径,cm;

μ_0——土的泊松比,通常取 0.35;

p——承载板压力,MPa。

因土质材料具有非线性性质,在不同的压力作用下,测定的回弹模量均不相同。所以,一般在土基表面,通过用承载板对土基逐级加载、卸载,测出每级荷载 p_i 下相应的土基回弹变形 l_i,然后按线性回归公式由式(0-6)计算土基回弹模量 E_0 值。

$$E_0 = \frac{\pi a}{2} \cdot \frac{\sum p_i}{\sum l_i}(1-\mu_0^2) \qquad (0-6)$$

式中 E_0——土基的回弹模量,MPa;

l_i——结束试验前的各级实测回弹变形值;

a——承载板半径,cm;

μ_0——土的泊松比,通常取 0.35;

p_i——对应于 l_i 的各级压力值。

2) 弯沉仪法

由于承载板测试回弹模量的野外测试速度慢,因此工程中常用贝克曼梁测定土基回弹模量,它避免了逐级加载卸载的复杂操作,通过标准汽车的前进卸载试验,根据测得的回弹弯沉计算土基的回弹模量,即

$$E_1 = \frac{2p\delta}{l_1}(1-\mu_0^2)a \qquad (0-7)$$

式中 E_1——土基的回弹模量,MPa;

l_1——土基的回弹弯沉值；

δ——测定用标准车双圆荷载单轮传压面当量圆的半径(cm)，通常取 10.65cm；

μ_0——土的泊松比，通常取 0.35；

p——测定车轮的平均垂直荷载(MPa)，为 0.7MPa；

a——弯沉系数，为 0.712。

> **特别提示**
>
> 弯沉仪法实质上采用了柔性承载板，只不过这里的柔性承载板是由汽车轮胎来充当的。

2. 加州承载比

加州承载比(CBR)是早年由美国加利福尼亚州(California)提出的一种评定土基及路面材料承载能力的指标。承载能力以材料抵抗局部荷载压入变形的能力表征，并采用高质量标准碎石作为标准，以规定贯入量时荷载压强与标准压强的比值表示 CBR 值。

试验时，用一个端部面积为 19.35cm² 的标准压头以 0.127cm/min 的速度压入土中。记录每贯入 0.254cm 时的单位压力，直至压入深度达到 1.27cm 时为止。标准压力值是用高质量标准碎石通过试验求得的，其值见表 0-2。

表 0-2 标准压强

贯入度/cm	0.254	0.508	0.762	1.016	1.270
标准压力/kPa	7 030	10 550	13 360	16 170	18 230

CBR 值按式(0-8)计算。

$$CBR = \frac{p_1}{p_s} \times 100\% \tag{0-8}$$

式中 p_1——对应于某一贯入度的荷载压强，MPa；

p_s——标准压强(MPa)，当贯入量为 2.5mm 时为 7MPa，当贯入量为 5.0mm 时为 10.5MPa。

CBR 一般以贯入量为 2.5mm 时的测定值为准，当贯入量为 5.0mm 时的 CBR 大于 2.5mm 时的 CBR 时，应重新试验，如重新试验仍然如此，则以贯入量为 5.0mm 时的 CBR 为准。

0.2.3 路基的变形、破坏及防治

路基暴露在大气中，经受土体自重、行车荷载和各种自然因素的不断作用，各个部位将产生变形。路基的变形分为可恢复的变形和不可恢复变形，路基的不可恢复变形将引起路基标高和边坡坡度、形状的改变。严重时将造成土体位移，危及路基的整体性和稳定性，对路基造成各种破坏。

1. 路基的变形、破坏形式

路基的主要病害有以下几种。

1) 路基沉陷

路基沉陷是指路基表面在垂直方向产生较大的沉落。路基的沉陷分两种情况,一是路基本身的压缩沉降;二是由于路基下部天然地面承载能力不足,在路基自重的作用下引起沉陷或向两侧挤出而造成的。

堤身沉陷是因为路基填料选择不当,填筑方法不合理,压实度不足,在路基堤身内部形成过湿的夹层等因素,在荷载和水温综合作用之下引起的,如图0.6(a)所示。

地基的沉陷是指原天然地面有软土、泥沼或不密实的松土存在,承载能力极低,路基修筑前未经处理,在路基自重作用下,地基下沉或向两侧挤出引起的,如图0.6(b)所示。

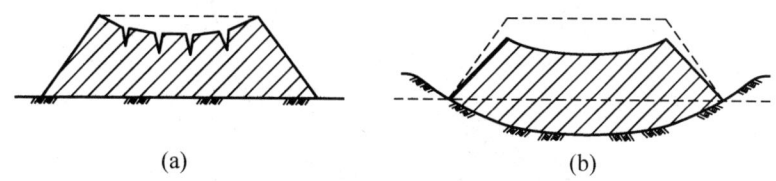

图 0.6 路基沉陷

(a)堤身沉陷;(b)地基沉陷

2) 边坡滑坍

路基边坡滑坍是最常见的路基病害,根据边坡土质类别、坡坏原因和规模的不同,可分为溜方与滑坡两种情况。

(1) 溜方:由于少量土体沿土质边坡向下移动所形成。溜方通常指的是边坡上表面薄层土体下溜,主要是由于流动水冲刷边坡或施工不当而引起的,如图0.7(a)、(b)所示。

(2) 滑坡:一部分土体在重力作用下沿某一滑动面滑动。滑坡主要是由于土体的稳定性不足所引起的,如图0.7(c)所示。

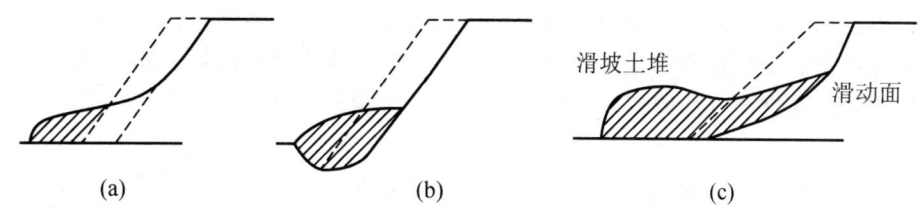

图 0.7 路基边坡的破坏

(a)、(b)溜方;(c)滑坡

路堤边坡坡度过陡,或边坡坡脚被冲刷淘空,或填土层次安排不当是路堤边坡发生滑坡的主要原因。

路堑边坡滑坡的主要原因是边坡高度和坡度与天然岩土层次的性质不相适应。黏性土层和蓄水的砂石层交替分层且有倾向于路堑方向的斜坡层理存在时容易造成滑动。

3) 剥(碎)落和崩塌

剥落和碎落是指路堑边坡风化岩层表面在大气温度与湿度的交替作用,以及雨水冲刷和动力作用之下,表层岩石从坡面上剥落下来,向下滚落。大块岩石脱离坡面沿边坡滚落称为崩塌。

4) 路基沿山坡滑动

在较陡的山坡上填筑路基,如果原地面未经除杂草、凿毛或人工挖台阶,坡脚又未进行必要的支撑,特别是受水的润滑时,填方与原地面之间的抗剪力很小,在自重和荷载作用下,路基整体或局部有可能沿原地面向下移动,如图0.8所示。此种破坏虽不普遍,但也不应忽视,如果不针对其产生破坏的原因采取措施,路基稳定性就得不到保证,导致路基的破坏。

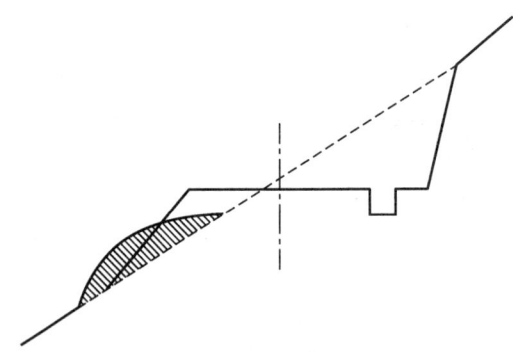

图0.8 路堤沿山坡滑动示意图

5) 不良地质和水文地质条件造成的路基破坏

公路通过不良地质条件(如泥石流、溶洞等)和较大自然灾害(如大暴雨)地区,均可能导致路基的大规模毁坏。

2. 路基破坏原因综合分析

由上面路基变形破坏的形式及原因分析可知,路基破坏的原因是多方面的,各种变形破坏既有各自的特点,又往往具有共同的原因,大致可归纳为以下几个方面。

(1) 不良的工程地质和水文地质条件,如地质构造复杂、岩层走向及倾角不利、岩性松软、风化严重、土质较差、地下水位较高以及其他特殊不良地质灾害等。

(2) 不利的水文与气候因素,如降雨量大、洪水猛烈、干旱、冰冻、积雪或温差特别大等。

(3) 设计不合理,如断面尺寸不符合设计标准要求,包括边坡取值不当,填挖布置不合要求,最小填土高度不足,未进行合理的防护、加固与排水设计等。

(4) 施工不符合规范要求,如填筑顺序不当,土基压实不足,盲目进行大型爆破以及不按设计要求和操作规程施工,工程质量不满足标准等。

在上述原因中,地质条件是影响路基工程质量和产生病害的基本前提,水是造成路基病害的主要原因。为此,必须强调设计前应详细进行地质与水文的勘察工作,针对具体条件及各种因素的综合作用,采取正确的设计方案与施工方法,消除和尽可能减少路基病害,确保路基工程达到规定的质量要求。

3. 路基病害防治

为了提高路基的稳定性,防治各种病害的产生,主要可以采取以下一些措施。

(1) 正确设计路基横断面。

(2) 选择良好的路基用土填筑,必要时对路基上层填土进行稳定处理。

(3) 采取正确地填筑方法，充分压实路基，保证达到规定的压实度。

(4) 适当提高路基，防止水分从侧面渗入或从地下水位上升进入路基工作区范围。

(5) 正确进行排水设计（包括地面排水、地下排水、路面结构排水以及地基的特殊排水）。

(6) 必要时设计隔离层隔绝毛细水上升，设置隔温层减少路基冰冻深度和水分累积，设置砂垫层以疏干土基。

(7) 采取边坡加固、修筑挡土结构物、土体加筋等防护技术措施，以提高其整体稳定性。

以上各项技术措施的宗旨在于限制水分浸入路基，将已浸入路基的水分迅速排除，保持路基干燥，提高路基的整体强度与稳定性。

任务 0.3　公路自然区划与路基干湿类型

0.3.1　公路自然区划

由于我国地域辽阔，各地气候、地形、水文地质条件等相差很大，而自然条件与公路建设密切相关，各种自然因素对公路构造物产生的影响和造成的病害也各不相同，因此，在不同地区的公路设计中应考虑的问题也各有侧重。如何根据各地自然条件特点对路线勘测、路基路面的设计、筑路材料的选择、施工方案的拟订等问题进行综合考虑是十分必要的。根据我国各地自然条件及其对公路建筑物影响的主要特征，制定《公路自然区划标准》（JTJ 003—1986），如图 0.9 所示，相应的列出了不同地理区域自然条件对公路工程影响的差异性，并在路基路面的设计、施工和养护中采取适当的技术措施和设计参数。

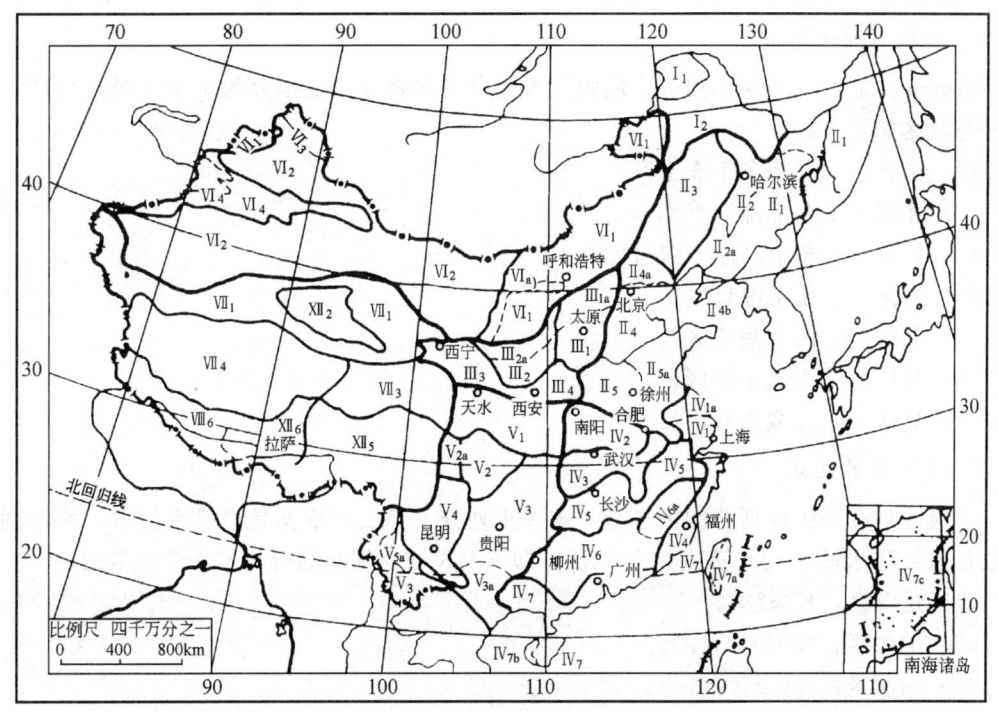

图 0.9　全国公路自然区划

根据影响公路工程的地理、地貌及气候的差异特点，公路自然区划按以下3项原则进行划分。

(1) 道路工程特征相似的原则。即在同一区划内，在同样的自然因素下筑路具有相似性，例如，北方不利季节主要是春融时期，有翻浆病害，南方不利季节在雨季，有冲刷、水毁等病害。

(2) 地表气候区划差异性的原则。即地表气候是地带性差异与非地带性差异的综合结果。通常，地表气候随着当地纬度而变，如北半球北方寒冷、南方温暖，这称为地带性差异。除此之外，还与高程的变化有关，即沿垂直方向的变化，如青藏高原由于海拔高，与纬度相同的其他地区相比，气候更加寒冷，即称为非地带性差异。

(3) 自然气候因素既有综合又有主导作用的原则。即对公路工程的影响是各种自然气候因素综合作用的结果，但其中又有某种因素起主导作用，例如道路冻害是水和热综合作用的结果。但是在南方，只有水而没有寒冷气候的影响，不会有冻害，说明温度起主导作用；西北干旱区与东北潮湿区同样都有负温度，但前者的冻害轻于后者，说明水起主导作用。

根据《公路自然区划标准》(JTJ 003—1986)的规定，我国公路自然区划划分为3个等级。

一级区划首先将全国划分为多年冻土、季节冻土和全年不冻土三大地带，再根据水热平衡和地理位置，划分为冻土、湿润、干湿过渡、湿热、潮暖、干旱和高寒7个一级区域。二级区划在一级区划基础上以潮湿系数为主进行了进一步划分。三级区划是在二级区划内划分更低一级的区域或类型单元。

1. 一级自然区划

根据不同地理、气候、构造、地貌界线的交错和叠合，全国分为7个一级自然区，其代号与名称如下。

(1) Ⅰ区——北部多年冻土区。
(2) Ⅱ区——东部温润季冻区。
(3) Ⅲ区——黄土高原干湿过渡区。
(4) Ⅳ区——东南湿热区。
(5) Ⅴ区——西南潮暖区。
(6) Ⅵ区——西北干旱区。
(7) Ⅶ区——青藏高寒区。

2. 二级自然区划

二级区划在一级区划范围内进行了进一步划分，其主要依据是潮湿系数 K。所谓潮湿系数是指年降水量 R 与年蒸发量 Z 之比，即 $K=R/Z$，据此划分为6个潮湿等级。

(1) 过湿区：$K>2.0$。
(2) 中湿区：$2.0 \geqslant K>1.5$。
(3) 润湿区：$1.5 \geqslant K>1.0$。
(4) 润干区：$1.0 \geqslant K>0.5$。

(5) 中干区：$0.5 \geq K > 0.25$。

(6) 过干区：$K < 0.25$。

根据二级区划的主要因素与标志，在全国7个一级自然区内又分为33个二级区和19个二级副区(亚区)，共有52个二级自然区。全国公路自然区划一、二级区名称见表0-3。

表 0-3 公路自然区划名称表

Ⅰ 北部多年冻土区	Ⅳ₇ 华南沿海台风区
Ⅰ₁ 连续多年冻土区	Ⅳ₇ₐ 台湾山地副区
Ⅰ₂ 岛状多年冻土区	Ⅳ₇ᵦ 海南岛西部润干区
Ⅱ 东部湿润季冻区	Ⅳ₇꜀ 南海诸岛副区
Ⅱ₁ 东北东部山地湿冻区	Ⅴ 西南潮暖区
Ⅱ₁ₐ 三江平原副区	Ⅴ₁ 秦巴山地润湿区
Ⅱ₂ 东北中部山前平原重冻区	Ⅴ₂ 四川盆地中湿区
Ⅱ₂ₐ 辽河平原冻融交替副区	Ⅴ₂ₐ 雅安、乐山过湿副区
Ⅱ₃ 东北西部润干冻区	Ⅴ₃ 三西、贵州山地过湿区
Ⅱ₄ 海滦中冻区	Ⅴ₃ₐ 滇南、桂西润湿副区
Ⅱ₄ₐ 冀北山地副区	Ⅴ₄ 川、滇、黔高原干湿交替区
Ⅱ₄ᵦ 旅大丘陵副区	Ⅴ₅ 滇西横断山地区
Ⅱ₅ 鲁豫轻冻区	Ⅴ₅ₐ 大理副区
Ⅱ₅ₐ 山东丘陵副区	Ⅵ 西北干旱区
Ⅲ 黄土高原干湿过渡区	Ⅵ₁ 内蒙草原中干区
Ⅲ₁ 山西山地、盆地中冻区	Ⅵ₁ₐ 河套副区
Ⅲ₁ₐ 雁北张宣副区	Ⅵ₂ 绿洲—荒漠区
Ⅲ₂ 陕北典型黄土高原中冻区	Ⅵ₃ 阿尔泰山地冻土区
Ⅲ₂ₐ 榆林副区	Ⅵ₄ 天山—界山山地区
Ⅲ₃ 甘东黄土山地区	Ⅵ₄ₐ 塔城副区
Ⅲ₄ 黄渭间山地、盆地轻冻区	Ⅵ₄ᵦ 伊犁河谷副区
Ⅳ 东南湿热区	Ⅶ 青藏高寒区
Ⅳ₁ 常见中下游平原润湿区	Ⅶ₁ 祁连—昆仑山地区
Ⅳ₁ₐ 盐城副区	Ⅶ₂ 柴达木荒漠区
Ⅳ₂ 江淮丘陵山地润湿区	Ⅶ₃ 河源山原草甸区
Ⅳ₃ 长江中游平原中湿区	Ⅶ₄ 羌塘高原冻土区
Ⅳ₄ 浙闽沿海山地中湿区	Ⅶ₅ 川藏高山峡谷区
Ⅳ₅ 江南丘陵过湿区	Ⅶ₆ 藏南高山台地区
Ⅳ₆ 武夷南岭山地过湿区	Ⅶ₆ₐ 拉萨副区
Ⅳ₆ₐ 武夷副区	

3. 三级区划

划分方法有两种：一是以水文、地理和地貌为标志，将二级区划细分为若干个具有相似性的区域单元；另一种是以地貌、水文和土质类型为依据，分为若干个类型单元。三级区划未列入全国性的区划中，由各省结合当地自然情况自行划分。

各级区划的范围不同，在公路工程中的应用也各有侧重，一级区划主要为全国性的公路总体规划和设计服务；二级区划主要为各地的公路路基路面设计、施工、养护提供较全面的地理、气候依据和有关参数，如土基和路面材料的回弹模量、路基临界高度、土基压实标准等。

0.3.2 路基的干湿类型划分

路基的强度与稳定性同路基的干湿状态有密切关系，并在很大程度上影响路面结构设计。因此，在进行路基路面设计前应严格区分路基的干湿类型。

1. 路基潮湿的来源

引起路基湿度变化的水源主要有：①大气降水，通过路面、路肩和边坡渗入路基；②边沟水及排水不良时的地表积水，以毛细水的形式渗入路基；③靠近地面的地下水，借助毛细作用上升到路基内部；④在土粒空隙中流动的水蒸气，遇冷凝结为水，如图 0.10 所示。

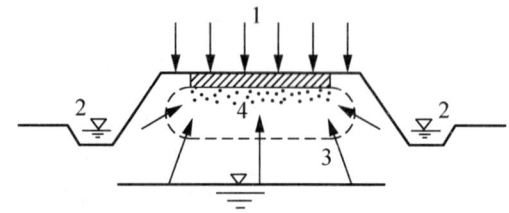

图 0.10 路基湿度来源示意图

1—大气降水；2—地面水；3—地下水上升的毛细水；4—水蒸气凝结的水

上述各种导致路基湿度变化的水源，其影响程度随当地自然条件和气候特点以及所采取的工程措施等而不同。

2. 路基干湿类型

路基的强度与稳定性不但与土质有关，而且与干湿状态密切相关，并在很大程度上影响路面结构及厚度的选定。因此，确定路基干湿类型对路面结构设计具有重要意义。

在路基路面设计中，把路基干湿类型划分为 4 类：干燥、中湿、潮湿和过湿。由于土的稠度较准确地表示了土的各种形态与湿度的关系，稠度指标综合了土的塑性特性，包含了液限与塑限，全面直观地反映了土的软硬程度，物理概念明确，因此用稠度作为划分土质路基干湿类型的指标。

土的稠度定义为土的含水率 w 和土的液限 w_L 之差与土的塑限 w_P 和液限 w_L 之差的比值，即

$$w_c = \frac{w_L - w}{w_L - w_P} \qquad (0-9)$$

式中　w_c——土的稠度；

　　　w_L——土的液限；

　　　w——土的含水率；

　　　w_P——土的塑限。

(1) $w_c = 1.0$，即 $w = w_P$，为半固体与硬塑状的分界值；

(2) $w_c = 0$，即 $w = w_L$，为流塑与流动状分界值；

(3) $0 < w_c < 1.0$，即 $w_P < w < w_L$，土处于可塑状态。

> **特别提示**
>
> 可将土的稠度指标与《土力学》中土的液性指数比较一下。

在公路勘测设计中，确定路基的干湿类型需要在现场进行勘查。对于原有公路，实测不利季节路床顶面以下 80cm 深度内土的平均稠度，然后按表 0-4 路基干湿状态的稠度建议值确定。也可根据公路自然区划、土质类型、排水条件以及路床顶面距地下水位或地表积水位的高度按表 0-5 的一般特征确定。

表 0-4　路基干湿状态的稠度建议值

干湿状态 土组	干燥状态 $w_c \geqslant w_{c1}$	中湿状态 $w_{c1} > w_c \geqslant w_{c2}$	潮湿状态 $w_{c2} > w_c \geqslant w_{c3}$	过湿状态 $w_c < w_{c3}$
土质砂	$w_c \geqslant 1.20$	$1.20 > w_c \geqslant 1.00$	$1.00 > w_c \geqslant 0.85$	$w_c < 0.85$
黏质土	$w_c \geqslant 1.10$	$1.10 > w_c \geqslant 0.95$	$0.95 > w_c \geqslant 0.80$	$w_c < 0.80$
粉质土	$w_c \geqslant 1.05$	$1.05 > w_c \geqslant 0.90$	$0.90 > w_c \geqslant 0.75$	$w_c < 0.75$

注：w_{c1}、w_{c2}、w_{c3} 分别为干燥和中湿、中湿和潮湿、潮湿和过湿状态路基的分界稠度，w_c 为路床顶面以下 80cm 深度内的平均稠度。

表 0-5　路基干湿类型

路基干湿类型	路床顶面以下 80cm 深度内平均稠度 w_c 与分界稠度 w_{ci} 的关系	一般特征
干燥	$w_c \geqslant w_{c1}$	土基干燥稳定，路面强度和稳定性不受地下水和地表积水影响 路基高度 $H_0 > H_1$
中湿	$w_{c1} > w_c \geqslant w_{c2}$	土基上部土层处于地下水或地表积水影响的过渡带内 路基高度 $H_2 < H_0 \leqslant H_1$

续表

路基干湿类型	路床顶面以下 80cm 深度内平均稠度 w_c 与分界稠度 w_{ci} 的关系	一般特征
潮湿	$w_{c2} > w_c \geqslant w_{c3}$	土基上部土层处于地下水或地表积水毛细影响区内 路基高度 $H_3 < H_0 \leqslant H_2$
过湿	$w_c < w_{c3}$	路基极不稳定，冰冻区春融翻浆，非冰冻区软弹土基经处理后方可用于铺筑路面 路基高度 $H_0 \leqslant H_3$

注：① H_0 为不利季节路床顶面距地下水或地表积水位的高度。
② 地表积水指不利季节积水 20d 以上。
③ H_1、H_2、H_3 分别为干燥、中湿和潮湿状态的路基临界高度。
④ 划分土基干湿类型以平均稠度 w_c 为主，缺少资料时可参照表中一般特征确定。

路基的平均稠度按式(0-10)计算。

$$w_c = \frac{w_L - \bar{w}}{w_L - w_P} \qquad (0-10)$$

式中　w_c——土的平均稠度；
　　　w_L——土的液限；
　　　$\bar{w}$——土的平均含水率；
　　　w_P——土的塑限。

对于新建道路，路基尚未建成，不能得到路床土的平均含水率，这时土基的干湿类型可用路基临界高度作为标准来确定。

路基临界高度是指在最不利季节，当路基分别处于干燥、中湿或潮湿状态时，路床顶面距地下水位或长期地表积水位的最小高度。若以 H 表示路面底距地下水位的高度，当 H 变化时，平均含水率 $\bar{w}$ 将改变，土的平均稠度也会随之改变，路基的干湿状态将相应地发生变化。路基临界高度与干湿类型关系如图 0.11 所示。

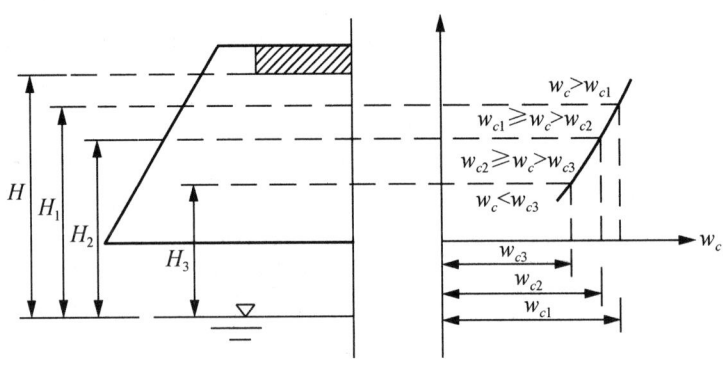

图 0.11　路基临界高度与路基干湿类型

H_1 相应于 w_{c1}，为干燥和中湿状态的分界标准。
H_2 相应于 w_{c2}，为中湿和潮湿状态的分界标准。

H_3 相应于 w_{c3}，为潮湿和过湿状态的分界标准。

在设计新建道路时，如能确定路基临界高度值，则可以作为判别标准，与路基设计高度进行比较而确定路基的干湿类型，见表 0-5。

为了保证路基的强度和稳定性不受地下水及地表积水的影响，在设计路基时，要求路基保持干燥或中湿状态，路槽底距地下水或地表积水的距离要大于或等于干燥、中湿状态所对应的临界高度。不同土质和自然区划的路基临界高度见《公路沥青路面设计规范》中表 F.0.1。

任务 0.4　路基土的分类与工程性质

0.4.1　路基土的分类

我国公路用土依据土的颗粒组成特征、土的塑性指标和土中有机质存在的情况，分为巨粒土、粗粒土、细粒土和特殊土 4 类。土的颗粒组成特征用不同粒径粒组在土中的百分含量表示。表 0-6 所列为不同粒组的划分界限和范围。

表 0-6　粒组划分表

粒径	200	60	20		5	2	0.5	0.25	0.075	0.002/mm
巨粒组			粗粒组						细粒组	
漂石（块石）	卵石（小块石）	砾（角砾）			砂				粉粒	黏粒
		粗	中	细	粗	中	细			

土分类总体系包括 4 类并细分为 12 种，如图 0.12 所示。

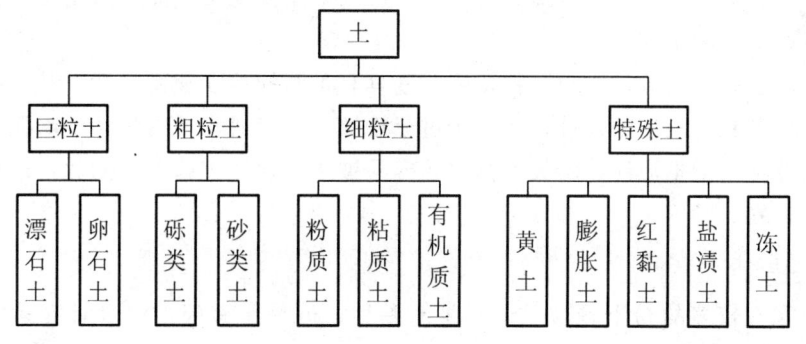

图 0.12　土分类总体系

巨粒组质量多于总质量 50% 的土称为巨粒土。巨粒土又分为漂石土和卵石土。

粗粒土分为砾类土和砂类土两种。粗粒土中砾粒组质量多于砂粒组质量的土称为砾类土。粗粒土中砾粒组质量少于或等于砂粒组质量的土称为砂类土。

细粒组土粒质量多于或等于总质量 50% 的土称为细粒土。细粒土中粗粒质量小于总质量 25% 的土称为粉质土或黏质土。粗粒组质量为总质量 25%~50% 的土称为含粗粒的粉质土或含粗粒的黏质土。有机质含量多于或等于总质量的5%，且少于总质量10%的土称为有机质土。

特殊土主要包括黄土、膨胀土、红黏土和盐渍土。黄土、膨胀土、红黏土按塑性指数和液限划分，根据特殊塑性图上的位置定名。黄土属于低液限黏土，$w_L<40\%$；膨胀土属于高液限黏土，$w_L>50\%$；红黏土属于高液限粉土，$w_L>55\%$。盐渍土按土层中所含盐的种类和质量百分率进行分类，分为弱盐渍土、中盐渍土、强盐渍土和过盐渍土。

0.4.2 路基土的工程性质

公路用土具有不同的工程性质，在选择路基填筑材料，以及修筑稳定土路面结构层时，应根据不同的土类分别采取不同的工程技术措施。

1. 巨粒土

巨粒土具有很高的强度及稳定性，是填筑路基的最好材料。对于漂石土，在码砌边坡时应正确选用边坡值，以保证路基稳定。对于卵石土，填筑时应保证具有足够的密实度。

2. 粗粒土

砾类土由于粒径较大，内摩擦力也大，因此强度和稳定性均能满足要求。级配良好的砾类土混合料密实度好。对于级配不良的砾类土混合料，填筑时应保证密实度，防止由于空隙大而造成路基积水、不均匀沉陷或表面松散等破坏。

砂类土又可分为砂、含细粒土砂（或称砂土）和细粒土质砂（或称砂性土）3种。

砂和砂土无塑性，透水性强，毛细上升高度小，具有较大的内摩擦系数，强度和水稳定性均好，但黏结性小，易于松散，压实困难，但是经充分压实的砂土路基，压缩变形小，稳定性好。为了加强压实和提高稳定性，可以采用振动法或灌水法压实，并可掺加少量黏土，以改善级配组成。

砂性土既含有一定数量的粗颗粒，使路基具有足够的强度和稳定性，又含有一定数量的细颗粒，使其具有一定的黏性，不至于过分松散。一般遇水干得快，不膨胀，干时具有足够的黏结性，雨天不泥泞，晴天不扬尘，容易被压实，便于施工。因此，砂性土是理想的路基填筑材料。

3. 细粒土

粉质土含有较多的粉土颗粒，干时虽有黏性，但易于破碎，浸水时容易成为流动状态。粉质土毛细作用强烈，毛细上升高度大（可达1.5m）。在季节性冰冻地区容易造成冻胀、翻浆等病害。粉质土属于不良的公路用土，如果必须用粉质土填筑路基，则应采取技术措施改良土质并加强排水，采取隔离水等措施。

黏质土中细颗粒含量多，土的内摩擦系数小而黏聚力大，透水性小而吸水能力强，毛细现象显著，有较大的可塑性。黏性土干燥时较坚硬，施工时不易破碎。浸湿后能长期保持水分，不易挥发，因而承载力小。对于黏质土如果在含有适当含水量时加以充分压实和设置良好的排水设施，筑成的路基也能获得稳定。

有机质土(如泥炭、腐殖土等)不宜作为路基填料,如遇有机质土均应在设计和施工上采取适当措施。

4. 特殊土

黄土属大孔和多孔结构,具有湿陷性;膨胀土受水浸湿发生膨胀,失水则收缩;红黏土失水后体积收缩量较大;盐渍土潮湿时承载力很低。因此,特殊土也不宜作为路基填料。

任务0.5 路面的结构及层位功能

0.5.1 路面横断面形式

在路基顶面铺筑面层结构,沿横断面方向由行车道、硬路肩和土路肩所组成。路面横断面随道路等级的不同可选择不同的形式,通常分为槽式横断面和全铺式横断面,如图0.13所示。

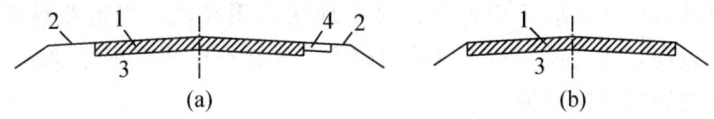

图0.13 路面横断面形式
(a)槽式;(b)全铺式
1—路面;2—土路肩;3—路基;4—硬路肩

1. 槽式横断面

在路基上按路面行车道及硬路肩设计宽度开挖路槽,保留土路肩,形成浅槽,在槽内铺筑路面。也可以采用培槽方法,在路基两侧培槽,或以半填半挖的方法培槽。

2. 全铺式横断面

在路基全部宽度内都铺筑路面。在高等级公路建设中,有时为了将路面结构内部的水分迅速排出,在全宽范围内铺筑基层材料,保证水分由横向排入边沟。有时考虑到道路交通的迅速增长,适应扩建的需要,将硬路肩及土路肩的位置全部按行车道标准铺筑面层。在盛产石料的山区或较窄的路基上,全宽铺筑中、低级路面。

0.5.2 路拱横坡度

为了保证路面上的雨水能够及时排出,减少雨水对路面的浸润和渗透而减弱路面结构强度,路面表面应做成直线型或抛物线形的路拱。等级高的路面平整度和水稳定性较好,透水性也小,通常采用直线型路拱和较小的路拱横坡度。对于等级低的路面,为了有利于迅速排除路表积水,一般采用抛物线形路拱和较大的路拱横坡度。表0-7列出了各种不同类型路面的路拱平均横坡度。

表 0-7 各类路面的路拱平均横坡度

路面类型	路拱平均横坡度/%
沥青混凝土、水泥混凝土	1～2
厂拌沥青碎石、路拌沥青碎(砾)石、沥青贯入碎(砾)石、沥青表面处治、整齐石块	1.5～2.5
半整齐石块、不整齐石块	2～3
碎石、砾石等	2.5～3.5
炉渣土、砾石土、沙砾土等	3～4

特别提示

通常沥青混凝土路面的横坡度取2.0%，水泥混凝土路面的横坡度取1.5%。

选择路拱横坡度时应充分考虑有利于行车平稳和有利于横向排水两方面的要求。在干旱和有积雪、浮冰的地区，应采用低值，多雨地区采用高值。当道路纵坡较大或路面较宽，或行车速度较高，或交通量和车辆载重较大，或常有拖挂汽车行驶时，应采用平均横坡度的低值；反之则应采用高值。

高速公路和一级公路设有中央分隔带，通常采用两种方式布置路拱横断面。若在分隔带未设置排水设施，则做成中间高、两侧路面低，由单向横坡向路肩方向排水；若在分隔带设置了排水设施，则两侧路面分别单独做成中间高、两边低的路拱，向中间排水设施和路肩两个方向排水。

路肩横坡度一般较路面横坡大1%。但是当高速公路和一级公路的硬路肩采用与路面行车道相同的结构时，应采用与路面行车道相同的路面横坡度。

0.5.3 路面结构分层及层位功能

行车荷载和自然因素对路面的影响随深度的增加而逐渐减弱。因此，对路面材料的强度、抗变形能力和稳定性的要求也随深度的增加而逐渐降低。为了适应这一特点，路面结构通常是分层铺筑的，按照使用要求、受力状况、土基支承条件和自然因素影响程度的不同分成若干层次。通常按照各个层位功能的不同划分为3个层次，即面层、基层和垫层，如图 0.14 所示。

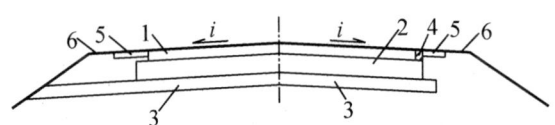

图 0.14 路面结构层次划分示意图
1—面层；2—基层(有时包括底基层)；3—垫层；
4—路缘石；5—硬路肩；6—土路肩

1. 面层

面层是直接同行车和大气接触的表面层次，它承受较大的行车荷载的垂直力、水平力和冲击力的作用，同时还受到降水的侵蚀和气温变化的影响。因此，同其他层次相比，面层应具备较高的结构强度、抗变形能力、较好的水稳定性和温度稳定性，而且应当耐磨、不透水；其表面还应有良好的抗滑性和平整度。

修筑面层所用的材料主要有水泥混凝土、沥青混凝土、沥青碎（砾）石混合料、沙砾或碎石掺土或不掺土的混合料以及块料等。

面层有时分两层或3层铺筑，如高速公路沥青面层总厚度为18～20cm时，可分为上、中、下3层铺筑，并根据各分层的要求采用不同的级配类型。水泥混凝土路面也有分上下两层铺筑，分别采用不同标号的水泥混凝土材料。水泥混凝土路面上加铺4～8cm沥青混凝土这样的复合式结构也是常见的。但是砂石路面上所铺的2～3cm厚的磨耗层或1cm厚的保护层，以及厚度不超过1cm的简易沥青表面处治，不能作为一个独立的层次，应看成面层的一部分。

2. 基层

基层主要承受由面层传来的车辆荷载的垂直力，并扩散到下面的垫层和土基中去，实际上基层是路面结构中的承重层，它应具有足够的强度和刚度，并具有良好的扩散应力的能力。基层遭受大气因素的影响虽然比面层小，但是仍然有可能经受地下水和通过面层渗入雨水的浸湿，所以基层结构应具有足够的水稳定性。基层表面虽不直接供车辆行驶，但仍然要求有较好的平整度，这是保证面层平整性的基本条件。

特别提示

对于沥青路面来说，基层是主要的承重层；而对于水泥混凝土路面来说，由于路面板的刚度大，传递给基层的应力较小，所以基层的主要作用不是承重，而是提供均匀、密实的支撑。

修筑基层的材料主要有各种结合料（如石灰、水泥或沥青等）稳定土或稳定碎（砾）石、贫水泥混凝土、天然沙砾、各种碎石或砾石、片石、块石或圆石、各种工业废渣（如煤渣、粉煤灰、矿渣、石灰渣等）和土、砂、石所组成的混合料等。

基层厚度太厚时，为保证工程质量可分为两层或3层铺筑。当采用不同材料修筑基层时，基层的最下层称为底基层，对底基层材料质量的要求较低，可使用当地材料来修筑。

3. 垫层

垫层介于土基与基层之间，它的功能是改善土基的湿度和温度状况，以保证面层和基层的强度、刚度和稳定性不受土基水温状况变化所造成的不良影响。另一方面的功能是将基层传下的车辆荷载应力加以扩散，以减小土基产生的应力和变形。同时也能阻止路基土挤入基层中，影响基层结构的性能。

修筑垫层的材料强度要求不一定高，但水稳定性和隔温性能要好。常用的垫层材料分为两类，一类是由松散粒料，如砂、砾石、炉渣等组成的透水性垫层；另一类是用水泥或石灰稳定土等修筑的稳定类垫层。

任务0.6　路面的分类

路面的类型可以从不同角度来划分，但是一般都按面层所用的材料区划，如水泥混凝土路面、沥青路面、砂石路面等。但是在工程设计中，主要从路面结构的力学特性和设计方法的相似性出发，将路面划分为柔性路面、刚性路面和半刚性路面3类。

0.6.1　按材料划分路面类型

《公路工程技术标准》(JTJ 001—1997)将路面分为4个等级，即高级、次高级、中级及低级，并与公路等级相对应。鉴于这些对应关系已不符合目前公路建设的实际情况，同时，中级路面、低级路面与国际上的统计口径也不相同(国际上一般将沥青混凝土路面和水泥混凝土路面称为有铺装路面；表面处治、贯入式路面等称为简易铺装路面；砂石路面等计入未铺装路面)，因此，现行的《公路工程技术标准》(JTG B01—2003)不再提及路面等级，只列出路面类型的适用范围，逐步弱化路面等级的概念。根据面层材料划分的路面类型及其适用范围见表0-8。

表0-8　路面面层类型及适用范围

面层类型	适用范围
沥青混凝土	高速公路、一级公路、二级公路、三级公路、四级公路
水泥混凝土	高速公路、一级公路、二级公路、三级公路、四级公路
沥青贯入、沥青碎石、沥青表面处治	三级公路、四级公路
砂石路面	四级公路

0.6.2　按力学特性划分路面类型

1. 柔性路面

柔性路面的总体结构刚度较小，在车辆荷载作用之下产生较大的弯沉变形，路面结构本身的抗弯拉强度较低，它通过各结构层将车辆荷载传递给土基，使土基承受较大的单位压力。路基路面结构主要靠抗压强度和抗剪强度承受车辆荷载的作用。柔性路面主要包括各种用沥青处理或未经处理的粒料基层和各类沥青面层、碎(砾)石面层或块石面层组成的路面结构。

2. 刚性路面

刚性路面主要指用水泥混凝土作面层或基层的路面结构。水泥混凝土的强度高，与其他筑路材料比较，它的抗弯拉强度高，并且有较高的弹性模量，故呈现出较大的刚度。在车辆荷载作用下，水泥混凝土结构层处于板体工作状态，竖向弯沉较小，路面结构主要靠水泥混凝土板的抗弯拉强度承受车辆荷载。通过板体的扩散分布作用，传递给基础上的单位压力较柔性路面小得多。

3. 半刚性路面

用水泥、石灰等无机结合料处治的土或碎(砾)石及含有水硬性结合料的工业废渣修筑的基层，在前期具有柔性路面的力学性质，后期的强度和刚度均有较大幅度的增长，但是最终的强度和刚度仍远小于水泥混凝土。由于这种材料的刚度处于柔性路面与刚性路面之间，因此把这种基层和铺筑在它上面的沥青面层统称为半刚性路面，这种基层称为半刚性基层。

刚性路面、柔性路面和半刚性路面，这种以力学特性为标准的分类方法主要是为了便于从功能原理和设计方法方面出发进行区分，并没有绝对的定量分界界限。近年来材料科学的发展正在逐步改变这种属性，如水泥混凝土的增塑研究正在使它的刚性降低而保留它的高强度性质，沥青的改性研究使沥青混凝土随气候而变化的力学性质趋向于稳定，其刚度得到大幅度提高。

任务 0.7　教材项目载体介绍

教材选择浙江省某条高速公路的 K138+750～K141+640 段作为教学项目载体，并进行了适当的加工创造以方便教学，本段公路全长 2 890m，路基宽度为 24.5m，设计车速为 80km/h。本路段全线有一座桥梁(中心桩号 K139+050)、一个互通(范围为 K139+380～K140+420)、一个隧道(范围为 K140+840～K141+325)，桥梁、互通和隧道范围均不纳入本书路基路面设计内容。

0.7.1　路线设计成果

路基路面设计中的各项内容均要以路线设计的成果作为依据。一般来说，路基路面设计需要的路线设计成果为公路总体布置图、路线纵断面图和路基横断面设计图。本书在书后提供公路总体布置图和路线纵断面图。路基横断面设计图占用篇幅较多，可在http://www.pup6.com 下载。

0.7.2　路基路面设计成果

本书各项目对应的设计成果如下。

项目1　一般路基设计

路基标准横断面设计图(一)～(三)	图号 S3-1-1～3
一般路基设计图(一)～(三)	图号 S3-2-1～3
中央分隔带路基渐变段设计图(一)～(二)	图号 S3-3-1～2

项目3　路基防护设计

路堤防护工程数量表	图号 S3-4
填方路基方格植草防护设计图	图号 S3-5
挖方路基防护工程数量表	图号 S3-6

挖方路基防护设计表	图号 S3-7
路堑边坡施工断面设计图	图号 S3-8
挖方边坡 TBS 生态植被护坡设计图	图号 S3-9
挖方边坡三维植被网防护设计图	图号 S3-10

项目4　挡土墙设计

挡土墙要素及工程数量表	图号 S3-11
挡土墙结构设计图	图号 S3-12
挡土墙立面图	图号 S3-13

项目5　路基排水设计

沿线排水设计图	图号 S3-14-1~3
路基排水工程数量表	图号 S3-15
路基排水结构设计图	图号 S3-16
路基填挖交接急流槽设计图	图号 S3-17
截水沟急流槽设计图	图号 S3-18
排水沟与通道灌涵相交设计图	图号 S3-19

项目6　沥青路面设计

路面工程数量表	图号 S3-20
沥青路面结构设计图	图号 S3-21

项目7　水泥混凝土路面设计

路面工程数量表	图号 S3-22
水泥混凝土路面结构设计图	图号 S3-23
路面布置和接缝构造设计图	图号 S3-24

上述设计图均在 http://www.pup6.com 下载。

特别提示

图号中的"S"为施工图的意思，S后面的"3"指的是第三篇路基路面及排水。本段公路实际采用的是沥青混凝土路面，为了保证全书的完整性，增加并列的水泥混凝土路面设计内容。

项目小结

总论主要包含以下内容。

(1) 路基和路面是道路的主要工程结构物。路基是在天然地表面按照道路的设计线形（位置）和设计横断面（几何尺寸）的要求开挖或堆填而成的岩土结构物。路面是在路基顶面的行车部分用各种混合料铺筑而成的层状结构物。

(2) 对路基路面设计的要求主要集中于承载力、稳定性和耐久性等方面，对于路面还要求足够的表面平整度和抗滑性能。

（3）路基所受的车轮荷载引起的应力随着深度的增加而减小，而路基自重应力随着深度的增加而增加，若在某一深度处，车轮荷载引起的应力与自重应力相比可忽略不计，则该深度以上的路基部分称为路基工作区。在路基工作区内，车轮荷载产生不可忽略的应力，因此土基的强度和稳定性对保证路面结构的强度和稳定性极为重要，对工作区深度范围内的土质选择、路基的压实度应提出较高的要求。

（4）路基的承载能力都采用一定应力级位下的抗变形能力来表征。常用的路基强度指标有回弹模量和加州承载比(CBR)，回弹模量的测试有承载板法和弯沉仪法。

（5）根据我国各地自然条件及其对公路建筑物影响的主要特征，制定《公路自然区划标准》(JTJ 003—1986)，相应的列出了不同地理区域自然条件对公路工程影响的差异性，并在路基路面的设计、施工和养护中采取适当的技术措施和设计参数。

（6）在路基路面设计中，把路基干湿类型划分为4类：干燥、中湿、潮湿和过湿。可采用稠度指标进行判定，对于新建道路可采用临界高度判定。为了保证路基的强度和稳定性不受地下水及地表积水的影响，在设计路基时，要求路基保持干燥或中湿状态，路槽底距地下水或地表积水的距离要大于或等于干燥、中湿状态所对应的临界高速度。

（7）我国公路用土依据土的颗粒组成特征、土的塑性指标和土中有机质存在的情况，分为巨粒土、粗粒土、细粒土和特殊土4类。要根据各类土的工程性质合理选用。

（8）路面结构通常是分层铺筑的，按照使用要求、受力状况、土基支承条件和自然因素影响程度的不同，分成若干层次。通常按照各个层位功能的不同，划分为3个层次，即面层、基层和垫层。各层均具有各自的功能。

（9）按照路面材料的不同，路面可分为沥青混凝土路面、水泥混凝土路面、沥青贯入式路面、沥青碎石路面、沥青表面处治路面及砂石路面等。按照力学特性，路面可分为柔性路面、刚性路面和半刚性路面。

习 题

一、填空题

1. 用于表征土基承载力的参数指标有_____、_____等。
2. 在路基路面设计中，把路基干湿类型划分为四类：_____、_____、_____和_____。
3. 为了保证路基的强度和稳定性不受地下水及地表积水的影响，在设计路基时，要求路基保持_____状态。
4. 我国公路用土依据土的_____、_____和_____的情况，分为_____、_____、_____和_____4类。
5. 从路面结构的力学特性和设计方法的相似性出发，将路面划分为_____、_____和_____3类。

二、名词解释

1. 路基工作区
2. 土基回弹模量

3. 路基临界高度

三、简答题

1. 路基工作区与路基高度有何关系?
2. 保证路基强度和稳定性的措施有哪些?
3. 简述路基干湿类型的划分方法。
4. 简述砂性土的工程性质。

四、计算题

测得某路槽下 80cm 内土层含水量见表 0-9。$w_{c1}=1.08$,$w_{c2}=0.86$,$w_{c3}=0.77$,土的液限为 40%,塑限为 18%,试判断土基干湿类型。

表 0-9　路槽下 80cm 内土层含水量

深度/cm	0～10	10～20	20～30	30～40	40～50	50～60	60～70	70～80
含水率/%	18.54	18.63	19.21	19.23	19.52	19.75	19.85	19.87

项目 1 一般路基设计

教学目标

通过本项目任务的学习，了解一般路基设计的概念与方法；掌握路基标准横断面的组成、路基宽度的确定方法和路基标准横断面的设计方法和内容，了解公路用地范围的基本概念；掌握路基的基本形式和基本组成；重点掌握一般路基的设计方法和内容以及其边坡坡度的确定方法；掌握路基压实的原理和规范对路基压实度、强度要求；了解路基附属设施的设计原则和方法；了解路基衔接部的设计原则。

教学要求

能力目标	知识要点	权重
了解一般路基设计的概念和方法	一般路基设计的概念和方法	5%
掌握路基标准横断面的组成、路基宽度的确定方法	整体式路基、分离式路基、路基宽度	15%
掌握路基标准横断面的设计方法和内容	路基标准横断面图的绘制	20%
掌握路基的基本形式和基本组成	路堤、路堑、半填半挖、零填零挖、路基三要素	15%
掌握一般路基的设计方法和内容	一般路基设计图的绘制	20%
掌握路基压实的基本原理和要求	压实度、CBR	15%
了解路基附属设施的设计	取土坑、弃土堆、护坡道、碎落台、堆料坪	5%
了解路基衔接部的设计	填挖衔接、桥台衔接	5%

▶▶引例

一般路基设计是路基设计中的首要任务，了解和掌握一般路基的设计要求和构造特点，对于正确完成整个路基设计任务具有举足轻重的意义。图1.1和图1.2分别为浙江上三高速公路和浙江金丽温高速公路。

图1.1　浙江上三高速公路

图1.2　浙江金丽温高速公路

任务1.1　认识一般路基

路基是按照路线位置和一定技术要求修筑的带状构造物，是路面的基础，它承受着土体本身的自重和路面结构的重力，以及由路面传递下来的车辆荷载，所以路基是道路的承重主体。

路基承受行车荷载的作用主要是在应力作用区，其深度一般在路基顶面以下0.8m范围内。此部分路基可视为路面结构的路床，其强度与稳定性要求应根据路基路面综合设计的原则确定。坚固的路基不仅是路面强度与稳定性的重要保证，而且能为延长路面使用寿命创造有利条件，所以路基路面的综合设计至为重要。

为了确保路基的强度与稳定性，使路基在外界因素作用下不致产生过量的变形，在路基的整体结构中还必须包括各种附属设施，其中有路基排水、路基防护与加固以及与路基工程直接相关的设施，如弃土堆、取土坑、碎落台、护坡道、堆料坪及错车道等。

由于路基高程与原地面高程有差异，且各路段岩土性质的变化，各处附属设施的布置不尽相同，因此各路段的路基横断面形状差别很大。路基横断面形式的选定和各项附属设施的设计同是路基设计的基本内容。

一般路基指在良好的水文地质等条件下，填方边坡高度不超过20m、土质路堑边坡高度不超过20m、岩质路堑边坡高度不超过30m，并可以结合当地的地形、地质情况直接选用长期生产实践和科学研究总结拟定的典型横断面图或设计规范进行设计，而不必进行个别论证和验算的路基。对于超过规范规定高度的高填、深挖路基，以及特殊水文地质条件下的路基，必须进行个别设计和验算，合理地选择路基断面形式，正确确定边坡坡度，以及相应的防护和加固措施。

任务1.2　路基标准横断面设计

知识讲解

路基标准横断面设计的任务主要是确定标准段路基的基本形式和各组成部分及其尺寸等内容。

1.2.1　路基标准横断面组成

对等级高、交通量大的公路(高速公路、一级公路),通常是将上、下行车辆分开。分隔的方式有两种:一种是用等宽等高的分隔带分隔,另一种是将上、下行车道放在不同的平面上分隔。前者叫做整体式路基,后者叫做分离式路基。

(1)高速公路、一级公路的路基标准横断面分为整体式路基和分离式路基。

整体式路基的标准横断面应由车道、中间带(中央分隔带、左侧路缘带)、路肩(右侧硬路肩、土路肩)等部分组成,如图1.3所示。

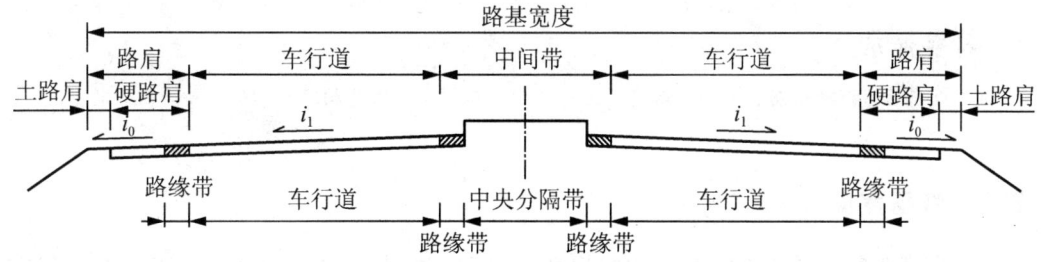

图1.3　整体式路基示意图

分离式路基的标准横断面应由车道、路肩(右侧硬路肩、左侧硬路肩、土路肩)等部分组成,如图1.4所示。

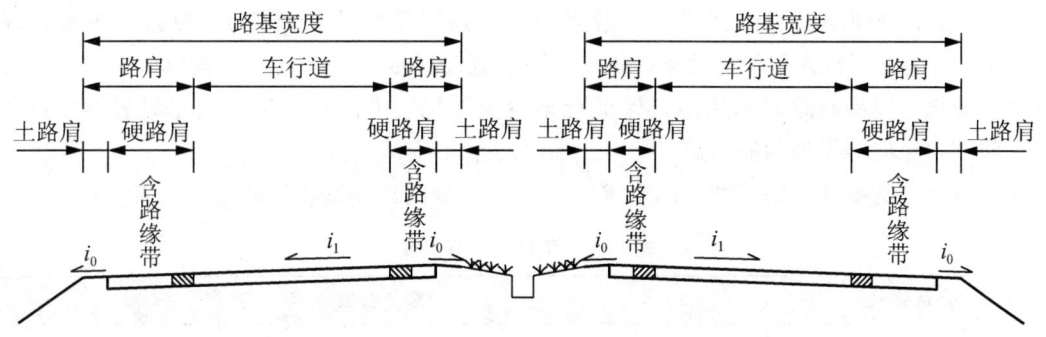

图1.4　分离式路基示意图

(2)二级公路路基的标准横断面应由车道、路肩(右侧硬路肩、土路肩)等部分组成,如图1.5所示。

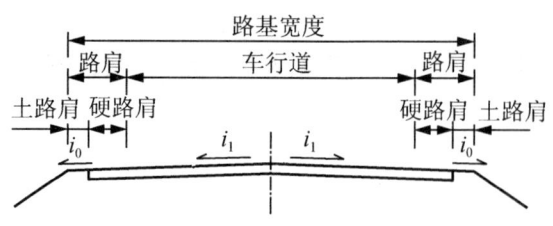

图 1.5　二级公路路基示意图

（3）三、四级公路路基的标准横断面应由车道、路肩等部分组成，如图 1.6 所示，三、四级公路一般不设硬路肩。

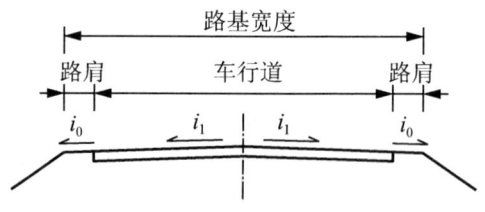

图 1.6　三、四级公路路基示意图

特别提示

文中提到的右侧硬路肩、左侧硬路肩，这个"右"和"左"均是相对于车辆驾驶者而言的。

1.2.2　路基宽度

路基宽度为行车道路面及其两侧路肩宽度之和。技术等级高的公路，当设有中间带、加（减）速车道、爬坡车道、紧急停车带、错车道等时，应计入这些部分的宽度。

行车道供机动车行驶，两侧路肩可保护行车道稳定，兼供临时停车及行人和非机动车通行。行车道宽度应满足车辆行驶的需要，根据设计车速，一般每个车道宽度为 3.0~3.75m。路肩分硬路肩与土路肩，一般来说，土路肩不宜小于 0.5m，硬路肩不宜小于 0.75m。城镇近郊行人与非机动车较集中，路肩宽度应尽可能增大，一般取 1~3m，土路肩最好硬化，以提高路肩利用率，保证行车少受干扰。中间带宽度应满足设置必要的安全、防眩和导向等设施的需要。

各级公路的整体式路基宽度的要求见表 1-1，分离式路基宽度的要求见表 1-2。

表 1-1　整体式路基宽度

公路等级		高速公路							
设计速度/(km/h)		120			100			80	
车道数		8	6	4	8	6	4	6	4
路基宽度/m	一般值	42.0	34.5	28.0	41.0	33.5	26.0	32.0	24.5
	最小值	40.0	—	25.0	38.5	—	23.5	—	21.5

续表

公路等级		一级公路				
设计速度/(km/h)		100		80		60
车道数		6	4	6	4	4
路基宽度/m	一般值	33.5	26.0	32.0	24.5	23.0
	最小值	—	23.5	—	21.5	20.0

公路等级		二级公路		三级公路		四级公路	
设计速度/(km/h)		80	60	40	30	20	
车道数		2	2	2	2	2 或 1	
路基宽度/m	一般值	12.0	10.0	8.5	7.5	6.5（双车道）	4.5（单车道）
	最小值	10.0	8.5	—	—		

注：一般值为正常情况下的采用值；最小值为条件受限制时可采用的值。

表 1-2 高速公路、一级公路分离式路基宽度

公路等级		高速公路							
设计速度/(km/h)		120			100			80	
车道数		8	6	4	8	6	4	6	4
路基宽度/m	一般值	22.00	17.00	13.75	21.75	16.75	13.00	16.00	12.25
	最小值	—	—	13.25	—	—	12.50	—	11.25

公路等级		一级公路				
设计速度/(km/h)		100		80		60
车道数		6	4	6	4	4
路基宽度/m	一般值	16.75	13.00	16.00	12.25	11.25
	最小值	—	12.50	—	11.25	10.25

注：① 8 车道的内侧车道如果采用 3.5m，相应路基宽度可减 0.25m。

② 一般值为正常情况下的采用值；最小值为条件受限制时可采用的值。

特别提示

路基宽度指的是两侧土路肩外缘之间的距离，当设路肩墙时，路基宽度不应包括路肩墙的宽度。有关车道、中间带、路肩、横坡等设计内容详见《道路勘测设计》。

1.2.3 公路用地范围

公路路堤两侧排水沟外边缘（无排水沟时为路堤或护坡道坡脚）以外，或路堑坡顶截水

沟外边缘（无截水沟为坡顶）以外不小于1m范围内的土地，在有条件的地段，高速公路和一级公路不小于3m、二级公路不小于2m范围内的土地为公路路基用地范围，如图1.7～图1.9所示。

任务实施

路基标准横断面是公路全线绝大部分路段采用的路基横断面布置形式。而一条公路的全路段不一定采用相同的公路等级，也不一定采用相同的设计车速；此外，公路线形为了适应地形、地质情况，可能会变化的采用整体式路基或分离式路基。上述这些情况均会造成路基横断面的宽度和形式变化，因此，对于一条较长的公路来说，路基标准横断面常常不是唯一的，往往需要分段进行路基标准横断面设计，以代表各路段路基横断面的主要布置形式，如图1.7、图1.8与图1.9所示，分别表示某公路3段不同的路基标准横断面布置形式。

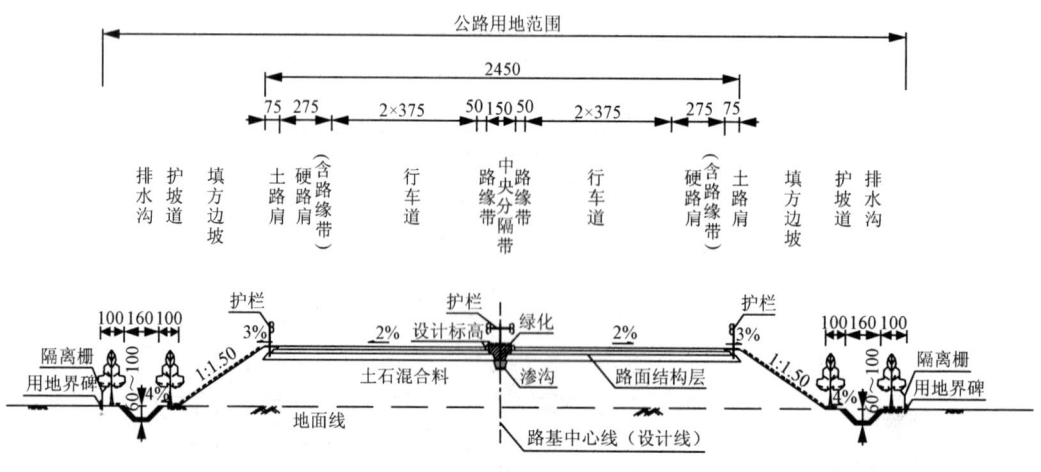

图1.7 整体式填方路基标准横断面图

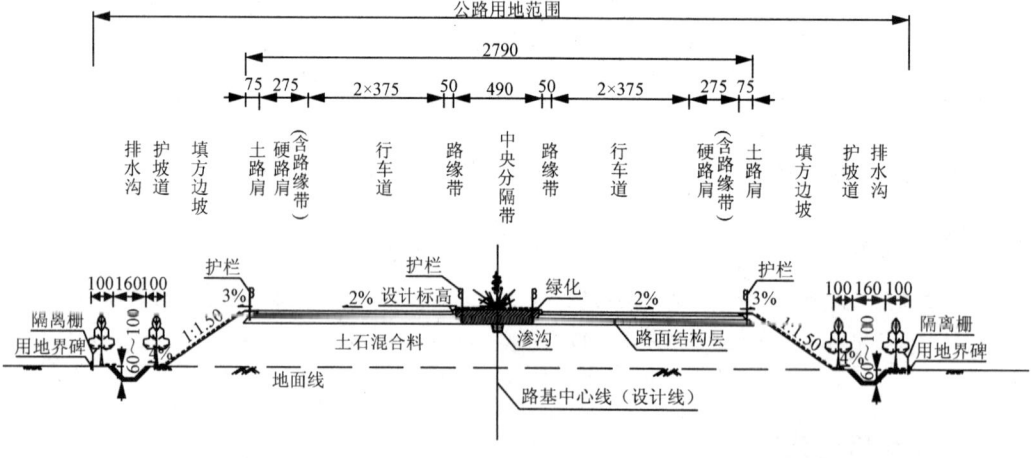

图1.8 连体隧道洞口路基标准横断面图

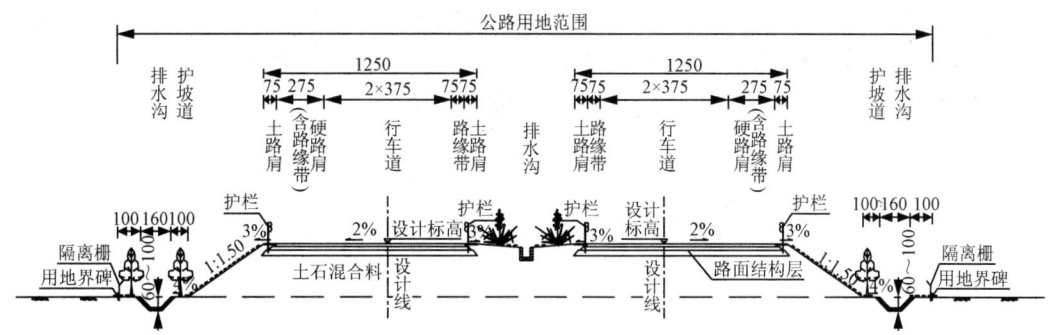

图 1.9 分离式填方路基标准横断面图

路基标准横断面设计的成果是路基标准横断面图。根据要求，在路基标准横断面图中，应示出路中心线、行车道、设计标高、拦水缘石（如果有）、路肩、路拱横坡、边坡、护坡道、边沟、碎落台、截水沟、用地界碑等各部分组成及其尺寸，路面宽度及概略结构。高速公路、一级公路按整体式路基、分离式路基分别绘制，还应示出中央分隔带、缘石（如果有）、左侧路缘带、硬路肩（含右侧路缘带）、护栏、隔离栅、预埋管道（如果有）等设置位置。比例尺用 1∶100～1∶200。

路基宽度主要取决于公路等级、设计车速、车道数及车道宽度，这些内容均在总体设计中进行确定。本段公路在总体设计中明确了设计车速为 80km/h，车道数为双向 4 车道，路基宽度为 24.5m。

> **特别提示**
>
> 公路的设计文件一般由十二篇组成：第一篇总体设计；第二篇路线；第三篇路基、路面；第四篇桥梁、涵洞；第五篇隧道；第六篇路线交叉；第七篇交通工程及沿线设施；第八篇环境保护与景观设计；第九篇其他工程；第十篇筑路材料；第十一篇施工组织计划；第十二篇施工图预算。本课程的内容属于第三篇，而技术标准、建设规模等内容需要在第一篇总体设计中确定。

在本段中，路基均为整体式路基，无分离式路基。在隧道洞口，为与隧道衔接顺畅，中央分隔带宽度为 4.9m。因此，本段路基标准横断面布置如下。

（1）中央分隔带 1.5m（隧道洞口 4.9m）。

（2）左侧路缘带宽度 2×0.5m。

（3）行车道 2×7.5m。

（4）硬路肩 2×2.75m。

（5）土路肩 2×0.75m。

（6）横坡采用 2%，土路肩横坡 3%。

（7）路基设计标高为中央分隔带边缘。

一般来说，需要分别绘制填方与挖方路基的标准横断面图。对于挖方路基标准横断面图，挖方边坡的坡度、高度、平台宽度、碎落台宽度等内容在路基标准横断面图中可不明确，待在路基设计中进行确定。

根据上述要求,本段公路需绘制整体式填方路基标准横断面图、连体隧道洞口路基标准横断面图和整体式挖方路基标准横断面图。此外,还需对两种宽度的中央分隔带如何衔接进行设计,因此需要增加中央分隔带路基平面渐变设计图,详见 S3-1-1~3 和 S3-3-1~2。

任务1.3　一般路基设计

知识讲解

由路线设计确定的路基高程与天然地面高程通常是不同的,路基设计高程低于天然地面高程时,需要进行开挖;路基设计高程高于天然地面高程时,需要进行填筑。按照填挖情况的不同,路基可分为路堤、路堑、填挖结合和不填不挖 4 种形式。

1.3.1　路基的分类

1. 路堤

路堤是高于原地面的填方路基。路堤在结构上分为上路堤和下路堤,上路堤是指路面底面以下 0.8~1.50m 范围内的填方部分;下路堤是指上路堤以下的填方部分。

按填土高度不同,路堤可划分为矮路堤、一般路堤和高路堤。填方边坡高度小于 1.0~1.5m 者为矮路堤;填方边坡高度在 1.5~20m 范围的路堤属于一般路堤;填方边坡高度大于 20m 的路堤属于高路堤。根据路堤所处环境条件和加固类型的不同,还有浸水路堤、护脚路堤及挖沟填筑路堤等形式,如图 1.10 所示。

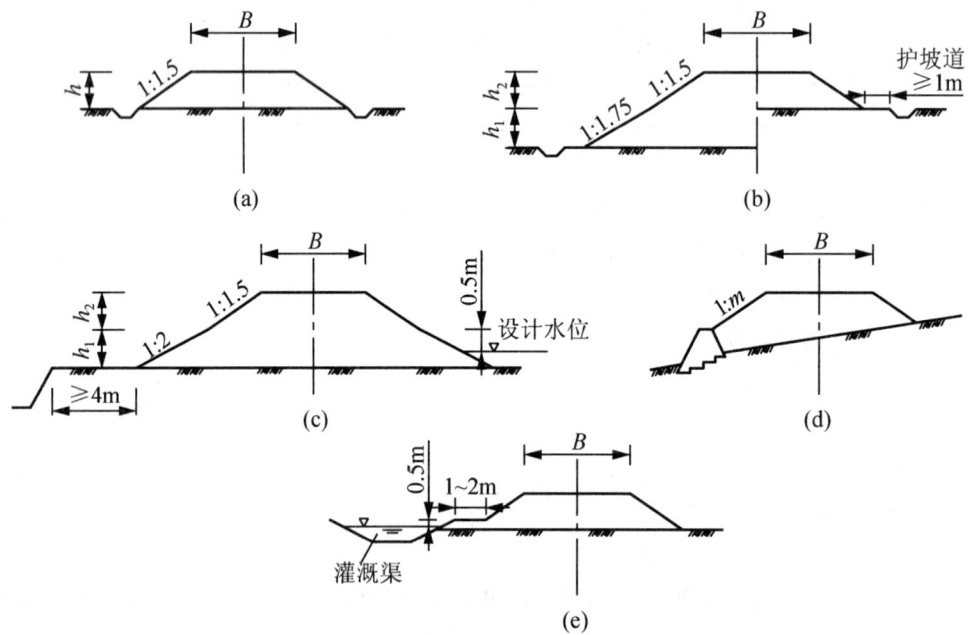

图 1.10　路堤的几种常用横断面形式
(a)矮路堤;(b)一般路堤;(c)浸水路堤;(d)护脚路堤;(e)挖沟填筑路堤

1）矮路堤

矮路堤通常在地形平坦地区取土困难时采用。由于平坦地区地势低，水文条件较差，易受地下水和地表水的影响，设计时应满足最小填土高度的要求，力求不低于干燥或中湿状态的路基临界高度，使路基处于干燥或中湿状态，并在路基两侧设置边沟。由于矮路堤高度通常接近或小于路基工作区的深度，施工中，除填土本身要满足规定的压实度要求外，天然地面亦应进行压实，达到规定的压实度。必要时需采取换土、设置隔离层、排除地下水或降低地下水位等措施，以保证路基路面的强度和稳定性。在南方地区，对于矮路堤通常采用清除基底土换填宕渣的处理方法，换填宕渣的厚度视填土高度而定，一般不宜小于0.6m。

2）一般路堤

填方高度在1.5～20m范围内的为一般路堤，填方数量较少，全部填方或部分填方可在两侧设置取土坑，使之与排水沟渠结合。为保护填方坡脚不受流水冲刷，保证边坡稳定，可在坡脚与沟渠之间预留1～2m甚至4m以上宽度的护坡道，如图1.10(b)、(c)所示。

一般路堤可不设边沟。沿河路堤浸水部分，其边坡应按规定放缓或采取防护与加固措施。

3）高路堤

高路堤的填方数量大，占地多，为使路基稳定和断面经济合理，需进行个别设计。高路堤和浸水路堤的边坡可采用上陡下缓的折线式（图1.10(b)）或台阶形式，如在边坡中部设置护坡道。为防止水流侵蚀和冲刷坡面，高路堤和浸水路堤的边坡需采取适当的坡面防护与加固措施。

4）地基表层的处理

填筑路堤时，地基表层的处理须符合下列要求。

(1) 对于稳定斜坡上的地基表层的处理要求如下。

① 地面横坡缓于1∶5时，在清除地表草皮、腐殖土后，可直接在天然地面上填筑路堤，具体清表的厚度视地质而定，一般不宜小于0.3m。

② 地面横坡为1∶5～1∶2.5时，原地面应挖台阶，台阶宽度不应小于2m。当基岩面上的覆盖层较薄时，宜先清除覆盖层后再挖台阶；当覆盖层较厚且稳定时，可予保留。

(2) 地面横坡陡于1∶2.5时地段的陡坡路堤，必须验算路堤整体沿基底及基底下软弱层滑动的稳定性，抗滑稳定系数应符合规范要求，否则应采取改善基底条件或设置支挡构造物等防滑措施。

(3) 当地下水影响路堤稳定时，应采取拦截引排地下水或在路堤底部填筑渗水性好的材料等措施。

(4) 应将地基表层碾压密实。在一般土质地段，高速公路、一级公路和二级公路基底的压实度（重型）不应小于90%；三、四级公路不应小于85%。路基填土高度小于路面和路床总厚度时，应将地基表层土进行超挖并分层回填压实，其处理深度不应小于重型汽车荷载作用的工作区深度。

2. 路堑

路堑是低于原地面的挖方路基，常见的有全挖式、台口式和半山洞 3 种，如图 1.11 所示。

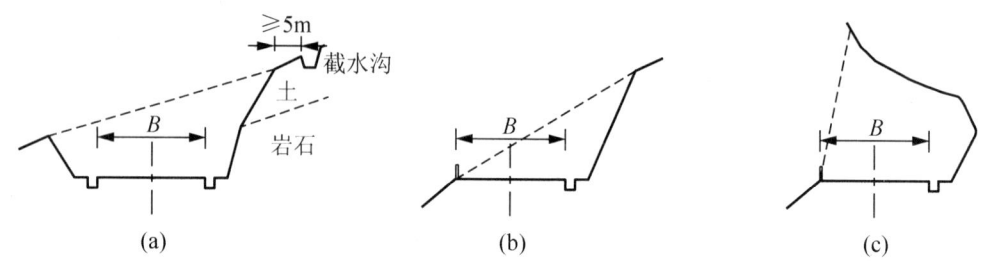

图 1.11 路堑的几种常用横断面形式
(a)全挖式路基；(b)台口式路基；(c)半山洞路基

路堑开挖破坏了原地面的天然平衡状态，其稳定性主要取决于地质与水文地质条件，以及边坡的高度和坡度，因此路堑的设计需要根据具体的地质与水文地质条件和边坡高度，设置成直线式、折线式或台阶式边坡，并选择合适的边坡坡度和采用合适的防护方式。

水文状况对路堑的影响较大，地质条件越差，水的破坏作用越明显。因此，路堑排水非常重要。挖方边坡的坡脚必须设置路堑边沟，以汇集和排除路基范围内的地表径流。为防止大量地表水流向路基，造成坡面冲刷和边沟溢流，路堑的上方应设置一道或多道截水沟。截水沟的弃土可堆放在其下方。若边坡坡面为已风化的岩石，在坡脚处（边沟外侧）应设置碎落台，其宽度不宜小于 1.0 m，或对坡面采取防护措施。台阶式边坡中部应设置平台，宽度不宜小于 2.0 m。

陡峻山坡上的半路堑，路中线宜向内移动，尽量采用台口式路基，避免路基外侧少量填筑。遇到整体性的坚硬岩层，为节省石方工程，可采用半山洞路基。

如果挖方路基所处土层的水文状况不良，经常发生水分积聚现象，可能会导致路面的破坏，在这种情况下，路堑以下的天然土基要人工压实至规定的密实度，必要时还应翻挖、重新分层填筑或换土，或采取加铺隔离层，设置必要的地下排水设施等措施。

3. 填挖结合路基

当天然地面横坡大，且路基较宽，需要一侧开挖而另一侧填筑时，称为填挖结合路基，也叫半填半挖路基，如图 1.12 所示。

位于山坡上的路基，通常取路中心的高程接近原地面高程，以减少土石方数量，避免高填深挖和保持土石方数量的横向填挖平衡。若处理得当，路基稳定可靠，是比较经济的路基横断面形式。

填挖结合路基兼有路堤和路堑两者的特点，因此均应满足前述路堤和路堑的设计要求。填方部分的原地面横坡为 1∶5～1∶2.5 时，土质地面应挖台阶或石质地面应凿毛（图 1.12(a)）；填方部分的局部路段，如果遇到原地面的短缺口，可采用石砌路肩（图 1.12(c)）。如果填方量较大，可就近利用废弃石方砌筑护坡或护墙（图 1.12(d)、 (e))。砌石护坡和护墙相当于简易式挡土墙,承受一定的侧向压力,要求坚固稳定。有时为了保证路基的稳定,压缩用地宽度,可在填方部分设置路肩或路堤挡土墙(图 1.12(f))。如果填方部分悬空,而纵向又有埋深较浅的基岩,则可以沿路基纵向建成半山桥的路基(图 1.12(g))。

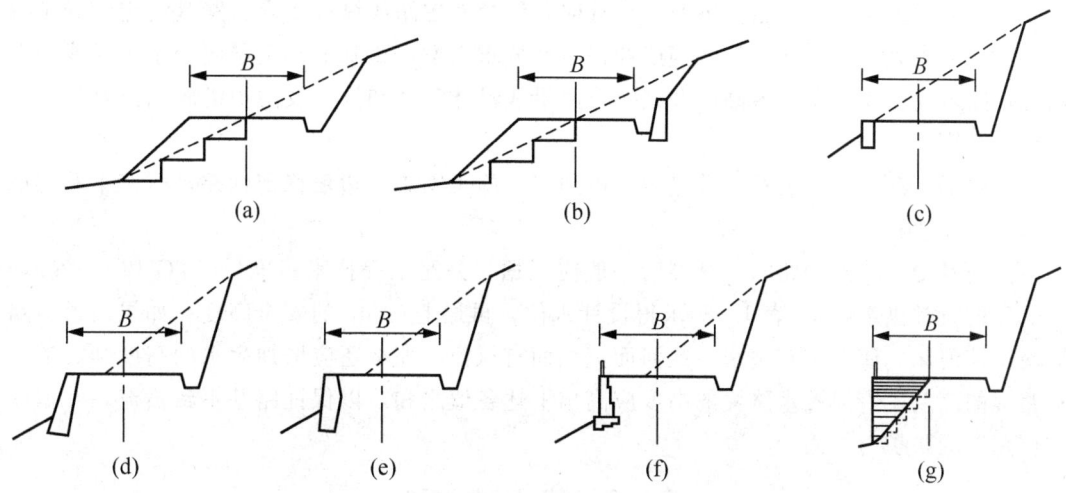

图 1.12　半填半挖路基的几种常用横断面形式
(a)一般填挖路基;(b)矮挡土墙填挖路基;(c)护肩填挖路基;
(d)砌石护坡路基;(e)砌石护墙路基;(f)挡土墙支撑路基;(g)半山桥路基

从路基稳定性需要考虑,陡坡路基一般应"宁挖勿填"或"多挖少填";在陡峻山坡上,尤其是沿溪路线,为减少石方的开挖数量,避免大量废方阻塞溪流,有时又需要少挖多填。因此,填挖结合的路基在选定路线和线形设计时应予统一安排,进行路线的平、纵、横三者综合设计,权衡利弊,择优而定。

4. 零填零挖路基

当原地面较平坦且与路基设计高程基本相同时,基本不填不挖,构成零填零挖(或称不填不挖)路基,这是一种特殊的路基形式。

1.3.2　路基的基本组成

路基的主体由宽度、高度和边坡坡度三者构成。路基宽度取决于公路等级、设计车速、车道数及车道宽度,在任务 1.2 中进行了讨论;路基高度(包括路中心线的填挖高度,路基两侧的边坡高度)取决于路线的纵坡设计及地形;路基边坡坡度取决于地质条件、水文条件及边坡高度,并由边坡稳定性和横断面经济性因素比较确定。

1. 路基高度

路基高度是指路基设计高程与路中线原地面高程之差,即路堤的填筑厚度或路堑的开挖深度。新建公路的路基设计标高为路基边缘标高,在设置超高、加宽路段,则为设置超高、加宽前的路基边缘标高;改建公路的路基设计标高可与新建公路相同,也可采用路中线标高。设有中央分隔带的高速公路、一级公路,其路基设计标高为中央分隔带的外侧边缘标高。

由于原地面沿横断面方向往往是倾斜的，因此在路基宽度范围内，两侧的高差有差别。路基两侧边坡高度是指填方坡脚或挖方坡顶与路基边缘的相对高差，这一高差通常称为边坡高度。

路基的填挖高度是在路线纵断面设计时，综合考虑路线纵坡要求、路基稳定性和工程经济性等因素确定的。从路基的强度和稳定性要求出发，路基上部土层应处于干燥或中湿状态，路基高度应根据临界高度并结合公路沿线具体条件和排水及防护措施确定路堤的最小填土高度。

高路堤和深路堑的土石方数量大，占地多，施工困难，边坡稳定性差，行车不利，应尽可能避免使用。

沿河及受水浸淹的路基，其高度一般应根据《公路工程技术标准》(JTG B01—2003)所规定的设计洪水频率(表1-3)求得设计水位，再加上0.5m的安全高度；如果河道因路堤而压缩河床，使上游有壅水，或河面宽阔而有风浪，那么还应增加壅水的高度和波浪冲上路堤的高度。沿河浸水路堤的高度应高出上述各值之和，以保证路基不致被淹，并据此进行路基的防护与加固。

表1-3 路基设计洪水频率

公路等级	高速公路	一级公路	二级公路	三级公路	四级公路
设计洪水频率	1/100	1/100	1/50	1/25	视具体情况而定

2. 路基边坡坡度

路基的边坡坡度对路基稳定十分重要，确定路基边坡坡度是路基设计的重要内容。公路路基的边坡坡度通常用边坡高度 H 与边坡宽度 b 之比表示，并取 $H=1$，如图1.13所示，$H:b=1:0.5$(路堑边坡)或$1:1.5$(路堤边坡)，通常用 $1:n$ 或 $1:m$ 表示其坡率，称为边坡坡率。

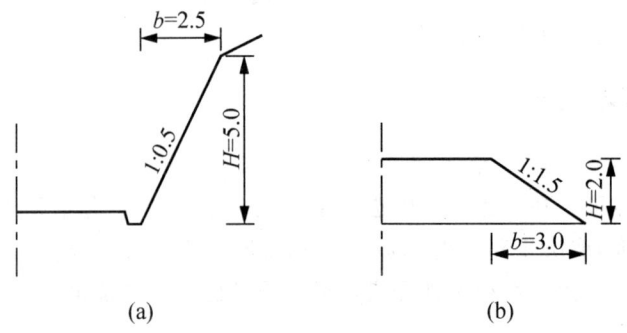

图1.13 路基边坡坡度示意图
(a)路堑；(b)路堤

路基的边坡坡度关系到路基的稳定和投资，尤其是陡坡地段的路堤及较深路堑的挖方边坡，不仅工程量大，而且隐患多，在不良的地质与水文地质条件下，往往病害严重。因此,正确地确定路基边坡坡度,对路基稳定和工程经济至关重要。

路基边坡坡度的大小主要取决于边坡的土质、岩质及水文地质条件等自然因素和边坡的高度。对于一般路基的边坡坡度可根据多年工程实践经验和设计规范推荐的数值采用。

1) 路堤边坡

一般路堤边坡坡度可根据填料种类和边坡高度按表1-4的规定选用。

表1-4 土质路堤边坡坡率

填料类别	边坡坡率	
	上部高度($H \leqslant 8m$)	下部高度($H \leqslant 12m$)
细粒土	1:1.5	1:1.75
粗粒土	1:1.5	1:1.75
巨粒土	1:1.3	1:1.5

对边坡高度超过20m的路堤,边坡形式宜采用阶梯形,边坡坡率应经过稳定性分析计算确定,并应进行个别设计。

浸水路堤在设计水位以下的边坡坡率不宜陡于1:1.75,通常采用1:1.75~1:2.0,在常水位以下的部分通常采用1:2.0~1:3.0,并视水流情况采取加固措施。

当公路沿线有大量天然石料或开挖路堑的废石方时,可以用来填筑路堤。填石路堤可采用与土质路堤相同的路堤断面形式,填石路堤的边坡坡率应根据填石种类、边坡高度和基底的地质条件确定。易风化岩石与软质岩石用作填料时,应按土质边坡设计。在路堤基底良好时,填石路堤边坡坡率不宜陡于表1-5的规定。

表1-5 填石路堤边坡坡率

填料类别	边坡坡率	
	上部高度($H \leqslant 8m$)	下部高度($H \leqslant 12m$)
硬质岩石	1:1.1	1:1.3
中硬岩石	1:1.3	1:1.5
软质岩石	1:1.5	1:1.75

特别提示

用粒径大于40mm、含量超过70%的石料填筑的路堤称为填石路堤。按照单轴饱和抗压强度分为硬质岩石、中硬岩石和软质岩石,其单轴饱和抗压强度分别为大于60MPa、30~60MPa和5~30MPa。

填石路堤边坡较高时,可在边坡中部设边坡平台,宽度为1~3m。中硬和硬质岩石及以上填石路堤应进行边坡码砌,边坡码砌应采用强度大于30MPa的不易风化的石料,码砌石块的最小尺寸不应小于30cm,石块形状应规则。填高小于5m的填石路堤,边坡码砌厚度不小于1m;填高5~12m的填石路堤,边坡码砌厚度不小于1.5m;12m以上填高的路堤边坡码砌厚度不小于2m。

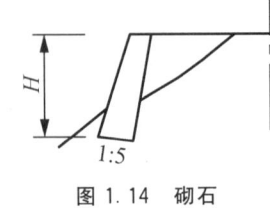

图 1.14 砌石

陡山坡上的半填半挖路基,当填筑困难,而附近又有较多挖方石料时,可采用砌石路基,如图 1.14 所示。砌石路基应选用当地不易风化的片、块石砌筑,内侧填石;岩石风化严重或软质岩石路段及高等级道路不宜采用砌石路基。砌石顶宽不小于 0.8m,基底面向内倾斜,砌石高度不宜超过 15m。砌石路基内、外坡率不宜陡于表 1-6 的规定。

表 1-6 砌石边坡坡率

序 号	砌石高度/m	内坡坡率	外坡坡率
1	≤5	1∶0.3	1∶0.5
2	≤10	1∶0.5	1∶0.67
3	≤15	1∶0.6	1∶0.75

2) 路堑边坡

路堑是在天然地面上开挖后形成的路基结构形式。设计路堑边坡时,首先应从地貌和地质构造上判断其整体稳定性。在遇到工程地质或水文地质条件不良的地层时,应尽量使路线避绕它;而对于稳定的地层,则应考虑开挖后,是否会由于减少支撑,坡面风化加剧而引起失稳。

路堑边坡形状和坡度的确定与边坡高度、坡体土石性质、地质构造特征、岩石风化和破碎程度、地面水和地下水等因素有关。一般来说,路堑的边坡形状有:直线形、折线形和台阶形。当边坡为匀质或薄层土质且高度不大时,可采用一坡到顶的直线形;当边坡较高或由多层土组成时,可采用折线形,根据实际情况采用上陡下缓或上缓下陡的形式;当在边坡中部或各层土分界处设置不小于 1.0m 宽平台时,就成为台阶形。

(1) 土质路堑:土质(包括粗粒土)路堑边坡形式和坡率应根据工程地质与水文地质条件、边坡高度、排水设施、施工方法,并结合自然稳定山坡和人工边坡的调查及力学分析综合确定。边坡高度不大于 20m 时,边坡坡率不宜陡于表 1-7 的规定值。路堑边坡高度大于 20m 时,其边坡形式及坡率应进行个别设计。

表 1-7 土质路堑边坡坡率

土的类别		边坡坡率
土、粉质黏土、塑性指数大于 3 的粉土		1∶1
中密以上的中砂、粗砂、砾砂		1∶1.5
卵石土、碎石土、圆砾土、角砾土	胶结和密实	1∶0.75
	中密	1∶1

土的密实程度划分见表 1-8。

表 1-8 土的密实程度划分表

分　　级	试坑开挖情况
较松	铁锹很容易铲入土中，试坑坑壁容易坍塌
中密	天然坡面不易陡立，试坑坑壁有掉块现象，部分需用镐开挖
密实	试坑坑壁稳定，开挖困难，土块用手使力才能破碎，从坑壁取出大量颗粒处能保持凹面形状
胶结	细粒土密实度高，粗颗粒之间呈弱胶结，试坑用镐开挖很困难，天然坡面可以陡立

（2）岩质路堑：岩石路堑边坡形式及坡率应根据工程地质与水文地质条件、边坡高度、施工方法，结合自然稳定边坡和人工边坡的调查综合确定，必要时可采用稳定性分析方法予以验算。岩石的种类、风化程度及边坡的高度是决定坡率的主要因素，当岩质路堑边坡高度不大于30m时，无外倾软弱结构面的边坡设计可根据这些因素参照表 1-9 和表 1-10、表 1-11 选定。

> **特别提示**
>
> 由于地表岩层和自然条件复杂，以及路基的构造要求与形式变化极大，岩质路堑边坡坡率难以定型，表列数值为一般条件下的经验值，运用时应结合当地的工程地质条件和水文地质条件，参考各地现有的自然稳定山坡和人工成型的稳定山坡，加以对比选用。

表 1-9 岩质路堑边坡坡率

边坡岩体类型	风化程度	边坡坡率	
		$H<15m$	$15m \leqslant H<30m$
Ⅰ类	未风化、微风化	1:0.1～1:0.3	1:0.1～1:0.3
	弱风化	1:0.1～1:0.3	1:0.3～1:0.5
Ⅱ类	未风化、微风化	1:0.1～1:0.3	1:0.3～1:0.5
	弱风化	1:0.3～1:0.5	1:0.5～1:0.75
Ⅲ类	未风化、微风化	1:0.3～1:0.5	
	弱风化	1:0.5～1:0.75	
Ⅳ类	弱风化	1:0.5～1:1	
	强风化	1:0.75～1:1	

注：① 有可靠的资料和经验时，可不受本表限制。
② Ⅳ类强风化包括各类风化程度的极软岩。

表 1-10 岩质边坡的岩体分类

边坡岩体类型 \ 判定条件	岩体完整程度	结构面结合程度	结构面产状	直立边坡自稳能力
Ⅰ	完整	结构面结合良好或一般	外倾结构面或外倾不同结构面的组合线倾角大于75°或小于35°	30m高边坡长期稳定，偶有掉块
Ⅱ	完整	结构面结合良好或一般	外倾结构面或外倾不同结构面的组合线倾角35°～75°	15m高的边坡稳定，15～30m高的边坡欠稳定
Ⅱ	完整	结构面结合差	外倾结构面或外倾不同结构面的组合线倾角大于75°或小于35°	15m高的边坡稳定，15～30m高的边坡欠稳定
Ⅱ	较完整	结构面结合良好或一般	外倾结构面或外倾不同结构面的组合线倾角小于35°，有内侧结构面	边坡出现局部塌落
Ⅲ	完整	结构面结合差	外倾结构面或外倾不同结构面的组合线倾角35°～75°	8m高的边坡稳定，15m高的边坡欠稳定
Ⅲ	较完整	结构面结合良好或一般	外倾结构面或外倾不同结构面的组合线倾角35°～75°	8m高的边坡稳定，15m高的边坡欠稳定
Ⅲ	较完整	结构面结合差	外倾结构面或外倾不同结构面的组合线倾角大于75°或小于35°	8m高的边坡稳定，15m高的边坡欠稳定
Ⅲ	较完整（碎裂镶嵌）	结构面结合良好或一般	结构面无明显规律	8m高的边坡稳定，15m高的边坡欠稳定
Ⅳ	较完整	结构面结合差或很差	外倾结构面以层面为主，倾角多为35°～75°	8m高的边坡不稳定
Ⅳ	不完整（散体、碎裂）	碎块间结合很差		8m高的边坡不稳定

表 1-11 岩体完整程度划分

岩体完整程度	结构面发育程度	结构类型	完整性系数 K_V
完整	结构面1～2组，以构造节理或层面为主，密闭型	巨块状整体结构	>0.75
较完整	结构面2～3组，以构造节理或层面为主，裂隙多呈密闭型，部分微张型，少有充填物	块状结构、层状结构、镶嵌碎裂结构	0.35～0.75
不完整	结构面大于3组，在断层附近受构造作用影响较大，裂隙以张开型为主，多有充填物，厚度较大	碎裂状结构、散体结构	<0.35

注：完整性系数 $K_V = \left(\dfrac{v_R}{v_P}\right)^2$，$v_R$ 为弹性纵波在岩体中的传播速度；v_P 为弹性纵波在岩块中的传播速度。

1.3.3 路基压实与强度要求

路基填土需分层压实，使之具有一定的密实度。土质路堑开挖至设计标高后，需检验路基顶面工作区内天然状态土的密实度，该密实度通常低于设计要求，必要时应挖开后再分层压实，使之达到一定的密实度。分层压实的路基顶面能防治水分干湿作用引起的自然沉陷和行车荷载反复作用产生的压密变形，确保路面的使用品质和使用寿命。

1. 土基压实

1) 土基压实机理

土是由固体土颗粒、颗粒之间孔隙和水组成的三相体。路基施工破坏了土体的原始天然结构，使土体呈松散状态。因此，为使路基具有足够的强度和稳定性，必须对土体进行人工压实以提高其密实程度。压实的机理在于使土颗粒重新组合，彼此挤紧，孔隙减少，土的单位重度提高，水渗入土体的渠道也减少而形成密实的整体，内摩阻力和黏聚力大大增加，从而使土基强度增加、稳定性增强。

2) 影响路基压实效果的因素

路基压实的效果受到很多因素的影响，对具有塑性的细粒土，影响压实效果的因素有内因和外因两方面：内因主要是土质和含水率；外因主要是压实功、压实机具和压实方法等。

(1) 含水率对压实效果的影响。在路基压实过程中，如果能控制工地含水率为最佳含水率，就能获得最好的压实效果。试验表明，一般塑性土的最佳含水率(按轻型击实标准)大致相当于该种土液限含水率的 0.58～0.62 倍，平均约 0.6 倍。

(2) 土质对压实效果的影响。不同的土质，其压实效果不同。不同的土质具有不同的最佳含水率及最大干密度。分散性(液限、黏性)较高的土，其最佳含水率较高而最大干密度较低，这是由于土粒越细，比面积越大，土粒表面的水膜越多，加之黏土中还含有亲水性较高的胶体物质。对砂土，由于其颗粒较粗并且呈松散状，水分易于散失，故最佳含水率对其没有更多的实际意义。

(3) 压实功能对压实效果的影响。压实功能是指压实机具重量、碾压次数、作用时间等。压实功能是影响压实效果的又一重要因素。通常对同一种土，随着压实功能的增大，最佳含水率会随之减小，而最大干密度随之增加。因此，增大压实功能是提高土基密实度的又一种方法，然而这种方法有一定的局限性，因为压实功能增加到一定程度后，土的密实度增长就不明显了。因此最经济的办法是严格控制工地现场含水率，使碾压在接近最佳含水率时进行，这样便能容易地达到规定的压实度。

(4) 压实工具和压实方法对压实效果的影响。不同的压实机具，其压力传布作用深度不同，因而压实效果也不同。通常夯击作用深度最大，振动式次之，静力碾压最浅。

不同的压实厚度其压实效果也不同。通常情况下，夯击不宜超过 20cm，8～12t 光面碾不宜超过 20～30cm。压实作用时间愈长，土密实度愈高，但随时间进一步加长，其密实度的增长幅度会逐渐减小，故压实时，要求压实机具以较低的速度行驶，以便达到预期的压实效果。

3) 压实度

路基压实度是衡量路基施工质量的一个重要指标。压实度是指筑路材料压实后的干密度与标准最大干密度的比值,以百分率表示,即

$$K=\frac{\rho_d}{\rho_c}\times 100\% \tag{1-1}$$

式中 K——压实度,%;

ρ_d——路基土的现场干密度,g/cm^3;

ρ_c——由击实试验得到的路基土的最大干密度,g/cm^3。

> **特别提示**
>
> ρ_d 的测定一般采用灌砂法、核子密实度仪、环刀法等试验方法,详见路基路面检测相关课程。有重型或轻型击实试验得到 ρ_c,一般采用重型击实试验。

一般而言,路基土的压实应在该土的最佳含水率±2%以内进行,而土的最佳含水率和最大干密度是在路基修筑半个月前,取其具有代表性的土进行标准击实试验而确定的。

路基的压实应分层进行,每一层均要检验其压实度,合格后才可以进行下一层的填筑。否则必须查明原因,采取措施进行补压。检验频率是每 2 000 m² 检验 4 处。待土质路床顶面压实后,除进行压实度试验外,还应进行弯沉检验。必须两项全部满足规范要求,该路基压实方为合格。

2. 路基强度要求

1) 路床

路床是路面底面以下 80cm 范围内的路基部分,其中 0～30cm 范围为上路床,30～80cm 范围为下路床。路床填料应均匀、密实,并符合表 1-12 的规定,路床填料的最大粒径应小于 10cm,路床顶面横坡应与路拱横坡一致。

表 1-12 路床土最小强度和压实度要求

项目分类		路面底面以下深度 /m	路床土最小强度(CBR)/%			压实度/%		
			高速公路、一级公路	二级公路	三级公路、四级公路	高速公路、一级公路	二级公路	三级公路、四级公路
填方	上路床	0～0.30	8	6	5	≥96	≥95	≥94
	下路床	0.30～0.80	5	4	3	≥96	≥95	≥94
零填及挖方	上路床	0～0.30	8	6	5	≥96	≥95	≥94
	下路床	0.30～0.80	5	4	3	≥96	≥95	—

注:① 表列压实度以重型击实试验法为准。

② 当三、四级公路铺筑沥青混凝土路面或水泥混凝土路面时,其压实度应采用二级公路的规定值。

2) 路堤

各级公路路堤填料的最小 CBR（强度）要求、压实度要求和填料最大粒径应符合表 1-13 的规定。

表 1-13 路堤土最小强度和压实度要求

项目分类	路面底面以下深度/m	路床土最小强度(CBR)/%			压实度/%			填料最大粒径/cm
		高速公路、一级公路	二级公路	三级公路、四级公路	高速公路、一级公路	二级公路	三级公路、四级公路	
上路堤	0.80~1.50	4	3	3	≥94	≥94	≥93	15
下路堤	1.50 以下	3	2	2	≥93	≥92	≥90	15

注：① 表列压实度以重型击实试验法为准。
② 当三、四级公路铺筑沥青混凝土路面或水泥混凝土路面时，其压实度应采用二级公路的规定值。
③ 路堤采用特殊填料或处于特殊气候地区时，压实标准可根据试验路的论证在保证路基强度要求的前提下适当降低。

3) 路基的最低回弹模量要求

为了保证路面的强度和稳定性，除加强路基排水外，可采用低剂量的石灰稳定路基土上层或加设粒料垫层等技术措施进行综合处理，以改善路基水温状况，并保证处理后土基回弹模量应大于 30MPa，重交通、特重交通公路土基回弹模量值应大于 40MPa。

土基回弹模量的测定方法一般采用承载板法或弯沉仪法，详见总论。

1.3.4 路基附属设施

除路基基本主体结构及排水、防护与加固等主体工程外，与一般路基工程相关的附属设施有：取土坑、弃土堆、护坡道、碎落台、堆料坪及错车道等。这些设施是路基设计的组成部分，正确合理地设置具有十分重要的意义。

1. 取土坑与弃土堆

路基土石方的填挖平衡是公路路线设计的基本原则，但往往难以做到完全平衡。考虑经济运距等众多因素，虽然土石方工程量经过合理调配，但仍然会有部分借方和弃方（又称废方）。

路基土石方的借弃，首先要合理选择地点，即合理确定取土坑或弃土堆的位置。选点时要兼顾土质、数量、用地及运输条件等因素，还必须结合沿线区域规划，因地制宜，综合考虑，维护自然平衡，防止水土流失，做到借之有利，弃之无害。

借弃所形成的坑或堆，要求尽量结合当地地形，充分加以利用，并注意外形规整，弃堆稳固。尤其对于大规模的取弃土场，需要覆土绿化，并设置完善的排水、防护措施，防止暴雨天气下土堆崩塌或造成泥石流等灾害。对高等级公路或位于城郊附近的干线公路尤应注意环境保护与景观绿化。

平坦地区，如果用土量较小，可以沿道路两侧设置取土坑，并与路基排水和农田水利灌溉相结合。路旁取土坑大致如图 1.15 所示,深度为 1m 或稍大一些,宽度依用土数量和用地允许而定。为防止坑内积水危害路基,当堤顶与坑底高差小于 2m 时,在路基坡脚与坑之间须设宽度不小于 1.0m 的护坡平台,坑底设纵横排水坡及相应设施。

桥头引道两侧一般不设取土坑,如果设取土坑要距河流中水位边界 10m 以外,并与导治结构物位置相适应。此类取土坑要求水流畅通,不得长期积水危及路基或构造物稳定。

路基开挖的废方应尽量加以利用,如果用以加宽路基或加固路堤,填补坑洞或路旁洼地,亦可兼顾农田水利或基建等所需,做到变废为用,弃而不乱。

废方一般选择路旁低洼地就近弃堆。原地面倾斜度小于 1:5 时,路旁两侧均可设弃土堆,地面较陡时,宜设在路基下方。沿河路基爆破后的废石方往往难以远运,条件许可时可以部分占用河道,但要注意河道压缩后,不致壅水危及上游路基及附近农田。

如图 1.16 所示,是一例路旁弃土堆,要求堆弃整平,顶面具有适当横坡,并设平台、三角土块及排水沟,宽度 d 与地面土质有关,最小 3.0m,最大可按路堑深度加 5.0m,即 $d \geq H + 5.0m$。积砂或积雪地段的弃土堆,宜有利于防砂防雪,可设在迎面的一侧,并具有足够距离。

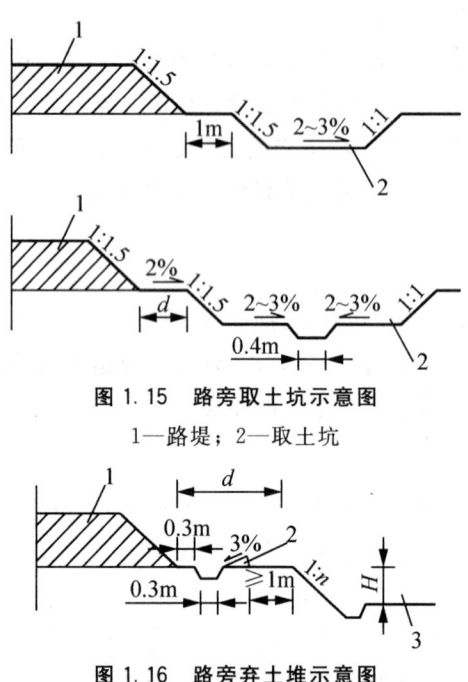

图 1.15 路旁取土坑示意图
1—路堤;2—取土坑

图 1.16 路旁弃土堆示意图
1—弃土堆;2—平台与三角土块;3—路堑

2. 护坡道与碎落台

护坡道是保护路基稳定性的措施之一,设置的目的是加宽边坡横向距离,减少边坡平均坡度,如图 1.17 所示。护坡道越宽,越有利于边坡稳定。宽度大,则工程数量亦随之增加,因此,护坡道的宽度要兼顾边坡稳定性和经济合理性。一般情况下,护坡道宽度不宜小于 2.0m。

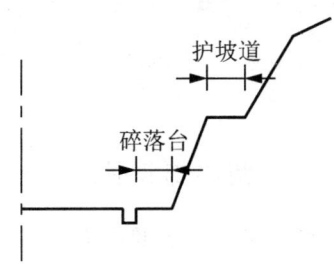

图 1.17 碎落台与护坡道示意图

碎落台设于土质和石质挖方边坡的坡脚处(边沟外侧),主要供零星土石碎块下落临时堆积,保护边沟不致阻塞,亦有护坡道的作用。碎落台宽度不宜小于 1.0m,一般为 1.0~3.0m,如果兼有护坡作用,可适当放宽。碎落台上的堆积物应定期清理。

3. 堆料坪与错车道

路面养护所用的矿质材料可就近选择路旁适当地点堆置备用。亦可在路肩外缘设堆料坪,其面积可结合地形与材料数量而定,例如每隔 50~100m 设一个堆料坪,长 5~8m,宽 2m。高级路面或采用机械化养路的路段,可以不设,或另设集中备用料场,以维护公路线形的视觉平顺和景观。

单车道四级公路,由于双向行车会车和相互避让的需要,通常应在不大于 300m 的距离内选择有利地点设置错车道,使驾驶人员能看到相邻两错车道驶来的车辆。错车道处路基宽度≥6.5m,有效长度≥20m,两端各有长度为 10m 的过渡段。错车道是单车道路基的一个组成部分,应与路基同时设计与施工。

 任务实施

公路全线的地质、地形情况复杂,会遇到多种路基设计方式,比如对于一般路堤、陡坡路基、挖方路基、沿河路堤、设挡土墙路堤等,它们的路基设计都是不同的。一般路基设计的任务主要是对公路全线遇到的所有一般路基情况进行设计,要全面,不要有遗漏。

一般路基设计的成果是一般路基设计图。根据要求,一般路基设计图中,应绘出一般路堤、低填路堤(路基高度较小且需特殊处理)、路堑、半填半挖路基、陡坡路基、填石路基、半路半桥路基、悬出路台或半山洞路基(如果有)、水田内路堤及沿河(江)或水塘(库)等不同形式的代表性路基设计图,并应分别示出路基、边沟、碎落台、截水沟、护坡道、排水沟、边坡坡率、护脚墙、护肩、护坡、挡土墙等结构类型及防护加固结构形式且标注主要尺寸。比例尺用 1:200。对于超过一般路基设计范围的高填深挖路基,在一般路基设计图中,仅示出其样式,具体的边坡高度、坡度、碎落台宽度、护坡道宽度等内容的确定将有专门论述,这部分内容不在本书的范围之内。

本段公路全线遇到的路基形式有:一般路堤(分为路堤高度 8m 以内和 8~20m 两种)、低填浅挖路基、一般挖方路基、半填半挖路基、路堤挡土墙填方路基等 5 种路基形式,详见 S3-2-1~3。

知识拓展

衔接部设计

山区公路中,半填半挖路基较为普遍,其填挖结合部的处理往往成为薄弱环节;此外,路基与桥台、涵洞等构造物连接处也非常容易出现问题。

1. 路基填挖交界处理

半填半挖路基在山区公路中分布较广,路基填挖之间常因差异沉降变形而使路基产生开裂,影响路基路面的稳定,因此必须加强填挖之间的处理。

半填半挖路基中的填方和挖方区应符合相应的要求,尤其在填方区,必要时可采用冲击碾压或强夯等进行增强补压,以消减路基填挖间的差异变形。

半填半挖路基填料应综合设计,当挖方区为土质时,应优先采用渗水性好的材料填筑,同时对挖方区路床0.8m范围内的土体进行超挖回填碾压,并在填挖交界处路床范围内铺设土工格栅,如图1.18所示;当挖方区为坚硬岩石时,宜采用填石路堤。

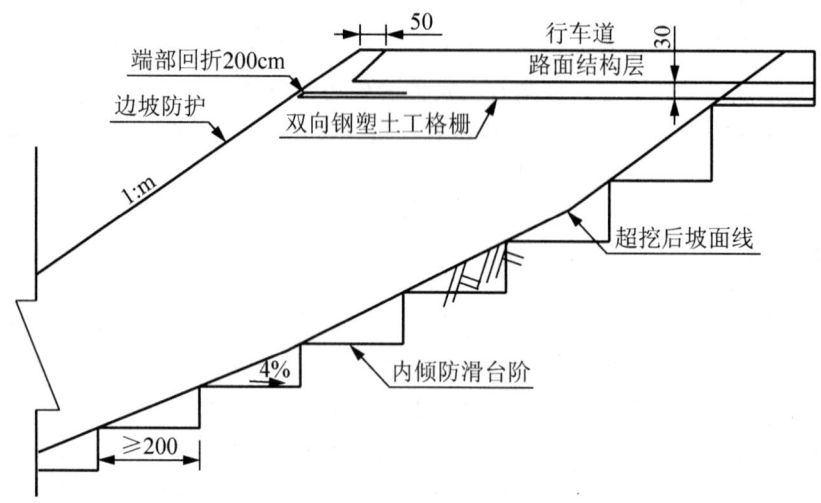

图1.18 路基横向填挖衔接设计图(尺寸:cm)

当地表斜坡陡于1:2.5时,应进行路基稳定性分析,必要时宜设置支挡结构。

根据地下水出露情况和岩土性质,设置完善的地下排水系统,除在边沟下设置纵向渗沟外,还应在填挖之间设置横向或纵向渗沟,可在很大程度上减轻路基病害。

纵向填挖交界处应设置过渡段,土质地段过渡段宜采用级配较好的砾类土、砂类土、碎石填筑,如图1.19所示。岩质地段过渡段可采用填石路堤。

2. 路堤与桥台、横向构造物(涵洞、通道)连接处处理

填方路基与桥梁、涵洞、通道相邻处常有跳车现象,其主要原因是路基压实度不够。为了消除桥头跳车现象,《公路路基设计规范》(JTG D30—2004)规定:高速公路、一级

公路、二级公路路堤与桥台、横向构造物(涵洞、通道)连接处应设置过渡段，路基压实度不应小于96%，并注意填料强度、地基处理、台背防排水系统等综合设计，过渡段长度宜按2～3倍路基填土高度确定。

图1.20所示为某柱式桥台桥头路基处理示意图。

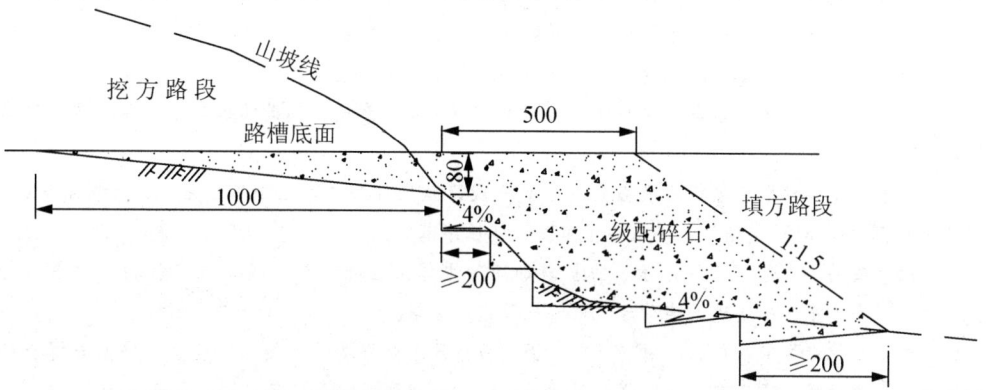

图1.19　路基纵向填挖衔接设计图(尺寸：cm)

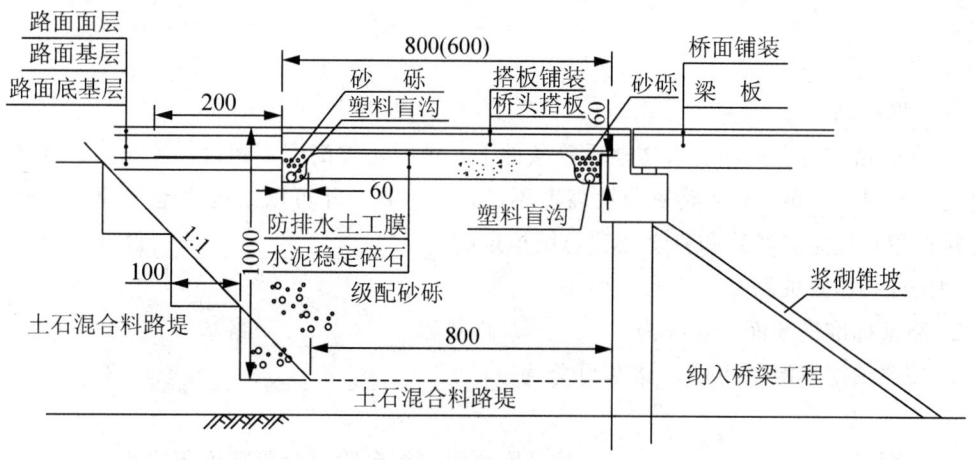

图1.20　柱式桥台桥头路基处理图(尺寸：cm)

本次一般路基设计主要包含以下内容。

(1) 一般路基指在良好的水文地质等条件下，填方边坡高度不超过20m、土质路堑边坡高度不超过20m、岩质路堑边坡高度不超过30m，并可以结合当地的地形、地质情况直接选用长期生产实践和科学研究总结拟定的典型横断面或设计规范进行设计，而不必进行个别论证和验算的路基。

(2) 路基标准横断面的基本形式分为整体式路基和分离式路基，一般二级及二级以下等级公路往往采用整体式路基。公路线形为了适应地形、地质情况，往往分段采用整体式路基或分离式路基。路基标准横断面图应包括路段所有的路基标准横断面形式。

(3) 按照填挖情况的不同,路基可分为路堤、路堑、填挖结合和不填不挖 4 种形式,各种路基形式均有各自的适用要求。

(4) 路基的主体由宽度、高度和边坡坡度三者构成。路基宽度取决于公路等级、设计车速、车道数及车道宽度;路基高度取决于路线的纵坡设计及地形;一般路堤边坡坡度可根据填料种类和边坡高度按照参考规范要求确定;一般土质路堑边坡坡度可根据土类和密实程度参考规范要求确定;一般岩质路堑边坡可根据岩体类型、风化程度和边坡高度参考规范要求确定。

(5) 路基压实的好坏对路基路面的强度和稳定性具有重要影响。因此路基的压实度与强度(CBR)均应严格满足规范要求。

(6) 一般路基设计图应包括路段遇到的所有一般路基设计形式,比如一般路堤、低填路堤(路基高度较小且需特殊处理)、路堑、半填半挖路基、陡坡路基等。

(7) 除路基基本主体结构及排水、防护与加固等主体工程外,与一般路基工程相关的附属设施有:取土坑、弃土堆、护坡道、碎落台、堆料坪及错车道等。

(8) 路基填挖衔接部往往成为薄弱环节,因此应按要求做好填挖衔接部的处理。路基与桥台应设置过渡段,过渡段的路基压实、填料强度、地基处理、台背防排水系统等应进行综合设计。

习　题

一、填空题

1. 一般路基指在良好的水文地质等条件下,填方边坡高度不超过＿＿＿m、土质路堑边坡高度不超过＿＿＿m、岩质路堑边坡高度不超过＿＿＿m,并可以结合当地的地形、地质情况直接选用长期生产实践和科学研究总结拟定的＿＿＿＿＿＿＿＿＿＿设计,而不必进行个别论证和验算的路基。

2. 路基标准横断面一般分为＿＿＿＿＿＿路基和＿＿＿＿＿＿路基。

3. 按照填挖情况的不同,路基可分为＿＿＿＿、＿＿＿＿、＿＿＿＿和＿＿＿＿四种形式。

4. 地面横坡为＿＿＿＿＿＿＿时,原地面应挖台阶,台阶宽度不应小于＿＿＿＿m。

5. 路基的主体由＿＿＿＿＿、＿＿＿＿＿和＿＿＿＿＿三者构成。

6. 新建公路的路基设计标高为＿＿＿＿＿＿,在设置超高、加宽路段,则为＿＿＿＿＿＿＿＿＿的路基边缘标高。

7. 一般土质边坡坡度为＿＿＿＿＿＿。

8. 一般土质路堑边坡坡度可根据＿＿＿＿＿＿和＿＿＿＿＿＿参考规范要求确定。

二、名词解释

1. 整体式路基
2. 分离式路基
3. 路堤

4. 路堑
5. 路基高度
6. 公路用地范围

三、简答题
1. 简述路基标准横断面的内容。
2. 简述一般路基设计图的内容。
3. 简述一般路基边坡坡度的确定方法。

项目 2

路基边坡稳定性分析

教学目标

通过本项目任务的学习,了解路基稳定分析的重要性;熟悉路基边坡稳定性分析的原理与方法;掌握路基边坡稳定分析相关参数的确定方法;掌握直线法、圆弧条分法和折线法的稳定性分析方法;了解浸水路堤边坡稳定性分析方法。

教学要求

能 力 目 标	知 识 要 点	权 重
了解路基稳定分析的重要性	路基稳定分析的重要性	10%
熟悉路基稳定性分析的原理与方法	工程地质法、力学分析法	15%
掌握路基稳定分析相关参数的确定方法	黏聚力、内摩擦角、重度、汽车荷载当量换算	20%
掌握直线法、圆弧法和折线法	直线法、圆弧条分法、危险圆心、剩余下滑力	50%
了解浸水路堤稳定性分析方法	动水压力	5%

▶▶引例

随着高填深挖路基的大量出现，路基失稳的案例越来越多。2010年4月25日，我国台湾一条交通要道，"北二高"基隆段发生严重的路堑边坡塌方，倾泻而下的土石压垮一座高架桥，并覆盖道路约200m，如图2.1所示。因此，研究公路边坡的稳定性是非常必要的。图2.2所示为陡坡路基失稳的案例。

图2.1 中国台湾"北二高"基隆段发生严重的路堑边坡塌方

图2.2 陡坡路基失稳案例

任务2.1 认识路基稳定性

以前，由于公路等级低，线形差，路基不宽，开挖不深，边坡稳定性对公路的影响不显著，人们对边坡稳定性没有引起足够的重视。但是随着国民经济建设的发展，公路交通事业日新月异，公路等级越来越高，高填深挖已经不可避免，公路边坡失稳的事例也越来越多。边坡失稳不仅影响行车安全，甚至掩埋公路，中断交通，造成不可估量的经济损失。因此，研究公路边坡的稳定性非常必要。

路基边坡滑坍是公路上常见的破坏现象之一。例如，在岩质或土质山坡上开挖路堑，有可能因自然平衡条件被破坏或者因边坡过陡，使坡体沿某一滑动面产生滑坡。对高路堤可能因水流冲刷、边坡过陡产生坍塌。为此，必须对可能出现失稳或已出现失稳的路基进行稳定性分析，保证路基设计既满足稳定性要求，又满足经济性要求。

一般路基设计可套用典型横断面图，不必进行边坡论证和验算，然而对于高路堤、深路堑、陡坡路堤、浸水路堤以及不良地质地段的路基，是不能沿用一般路基设计方法的。对于这些路基，应进行个别分析、设计及验算，以确定安全可靠、经济合理的路基断面形式，或据以寻求相应的防护与加固措施。

2.1.1 高填方路基

路堤边坡高度超过20m时称为高路堤。水稻田或常年积水地带用细粒土填筑路堤高度在6m以上时，也称为高路堤。

高路堤相对一般路堤而言，具有沉降大、沉降时间长、对地基承载力要求高、边坡稳定性差的特点。因此高路堤作为特殊路基必须进行边坡稳定性验算。

2.1.2 深挖路堑

当土质路基挖方边坡高度超过 20m，岩质挖方边坡高度超过 30m 时，称为深路堑。深挖路堑因为它的边坡较高，易于坍塌，且工程数量大，常是影响全线按期完工的重点工程。

深挖路堑在稳定性分析前，必须通过工程地质勘探收集了解挖方边坡处的土石界限、工程等级、岩层风化厚度及破碎程度等岩层工程特征，测定原状土的各项物理性质指标，为深挖路堑稳定性分析提供正确可靠的设计参数。

2.1.3 陡坡路堤

当路堤修筑在陡坡上，且地面横坡度大于 1:2.5 或在不稳固的山坡上时，路基不仅要分析路堤边坡稳定性，还要分析路堤沿陡坡或不稳定山坡下滑的稳定性。

图 2.3 给出了陡坡路堤滑动的几种可能：由于基底接触面较陡或强度较弱，致使路堤整体沿基底接触面产生滑动；由于基底修筑在较厚的软弱土层上，致使路堤连同其下的软弱土层沿某一滑动面滑动；由于基底下岩层强度不均匀，例如泥质页岩，致使路堤沿某一最弱的层面滑动。

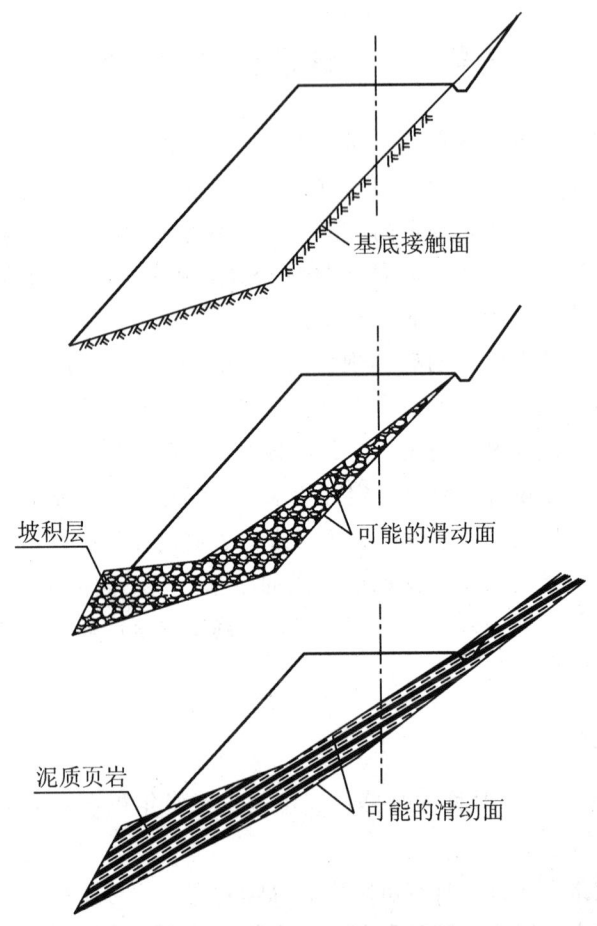

图 2.3 陡坡路堤可能的滑动面

陡坡路堤产生下滑的主要原因是地面横坡较陡、基底土层软弱或强度不均匀。因此，边坡稳定性分析中应采用滑动面附近较为软弱的土的有关测试数据。同时，如果滑动面附近有水的作用(包括地面水和地下水)，致使路堤下滑力增大，接触面或软弱面抗剪强度显著降低，因此，边坡稳定性分析中应采用因浸水而降低的强度数据。但是，要准确地确定黏聚力 c 和内摩擦角 φ 较为困难，为接近实际，选择合理的计算参数，可在基底开挖台阶时选择测试数据中较低的一组，并按滑动面受水浸湿的程度再予以适当降低。

2.1.4 浸水路堤

建筑在桥头引道、河滩及河流沿岸，受到季节性或长期浸水的路堤称浸水路堤。这种路堤的稳定性受水位涨落、路堤填料透水性等因素影响。在稳定性分析时要考虑填料的透水性及动水压力的作用。

浸水路堤除承受普通路堤所承受的外力及自重力外，还要承受浮力及渗透动水压力的作用。当路堤一侧或两侧水位发生变化时，由于水的渗透会产生动水压力。当水位上升时，土体除承受竖向的向上浮力外，还承受渗透动水压力的作用，其作用方向指向土体内部。当水位骤然下降时(图2.4(a))，由于水位的差异，其渗透动水压力的方向指向土体外面，会就剧烈破坏路堤边坡的稳定性，并可能产生边坡凸起和滑坡现象。此外，渗透水流还能带走路堤细小的土粒而引起路堤的变形。当在高水位时，如果路堤两侧边坡上的水位不一致(图2.4(b))，就会产生横穿路堤的渗透，即使水位相差较小，也需予以考虑动水压力的作用。

因此，凡是用黏性土填筑的浸水路堤(不包括渗透性极小的纯黏土)，都必须进行渗透动水压力的计算。

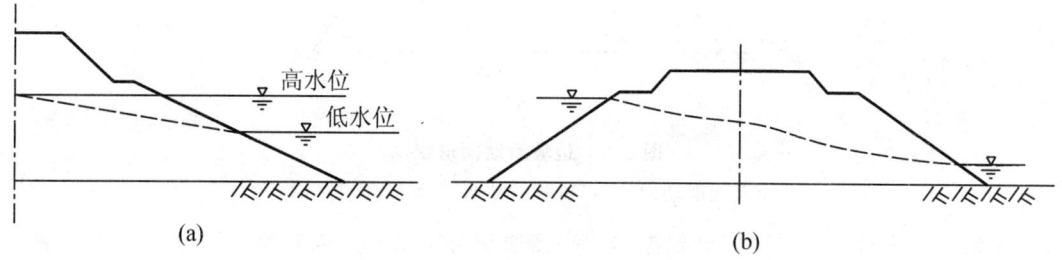

(a)　　　　　　　　　　　　　　(b)

图2.4　水位变化时路堤中的浸润曲线

(a)水位降落时的浸润曲线；(b)水位不一致时的浸润曲线

任务2.2　路基稳定性分析参数确定

知识讲解

2.2.1 边坡滑动面形状确定

路基边坡的稳定性与岩土性质、结构、边坡高度及坡度等因素有关。根据对边坡发生滑坍现象的大量观测，边坡滑塌破坏时会形成一滑动面。滑动面的形状主要因土质而异，

有的近似直线平面，有的呈曲面，有的则可能是不规则的折线平面，如图 2.5 所示。为简化计算，近似地将滑动破裂面与路基横断面的交线假设为直线、圆曲线或折线。

砂性土及碎(砾)石土因有较大的内摩擦角 φ 及较小的凝聚力 c，其破坏滑动面近似于直线平面。黏性土的凝聚力 c 较大，而其内摩擦角 φ 较小，边坡滑塌时，滑动面近似于圆曲面。

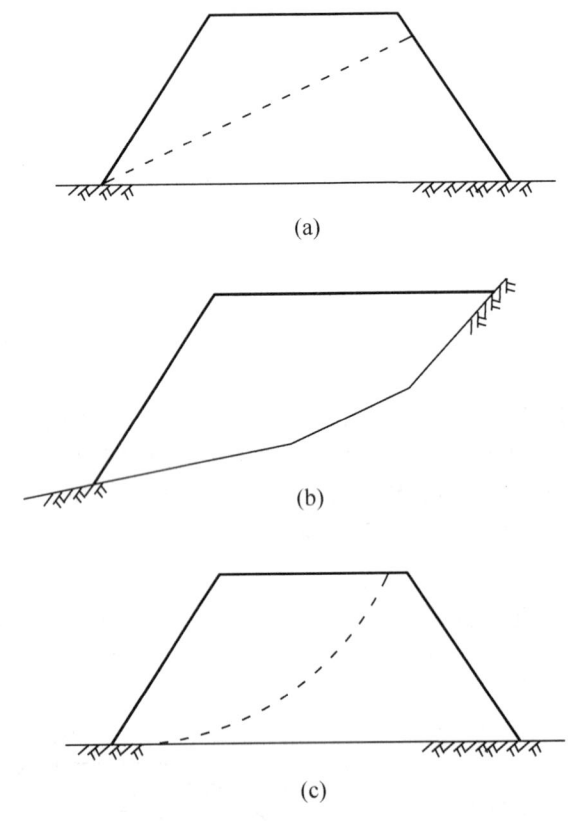

图 2.5　边坡滑动面形状

(a)直线滑动面；(b)折线滑动面；(c)圆弧滑动面

如果下滑面是单一平面，则根据静力平衡原理可以求解力未知量，这是一个静力平衡问题；如果下滑面具有两个破坏面，稳定性分析时必须确定两个破坏面上的法向力的大小和作用点，但只能建立 3 个平衡方程，因而这是一个超静定问题；如果下滑面具有多个破坏面，稳定性分析时必须确定每个破坏面法向力的大小和作用点，同样只能建立 3 个平衡方程，因而这是一个多次超静定问题。

为能求解这些静不定问题，通常需要作出某些假设，使之变为静定问题。

(1) 在用力学边坡稳定性分析法进行边坡稳定性分析时，为简化计算，通常都按平面问题来处理。

(2) 松散的砂性土和砾(石)土具有较大的内摩擦角 φ 和较小的黏聚力 c，边坡滑坍时，破裂面近似平面，在边坡稳定性分析时可采用直线破裂面法。

(3) 黏性土具有较大的黏聚力 c，而内摩擦角 φ 较小，破坏时滑动面有时像圆柱形，有时像碗形，通常近似于圆曲面，故可采用圆弧破裂面法。

在进行边坡稳定性分析时，大多采用近似的方法，并有如下的假设。

（1）不考虑滑动土体本身内应力的分布。

（2）认为平衡状态只在滑动面上达到，滑动土体成整体下滑。

（3）极限滑动面位置要通过试算来确定。

> **特别提示**
>
> 路基边坡稳定分析，一般情况下，可只考虑破裂面通过坡脚的稳定性；路基底面以下含有软弱夹层时，还应考虑滑动破裂面通过坡脚以下的可能；边坡为折线形，必要时应对通过变坡点的滑动面进行稳定性验算。验算时可根据不同的土质区分不同情况加以选择。

2.2.2 路基稳定性分析边坡的取值

边坡稳定性分析时，对于折线形或阶梯形边坡，一般可取平均值，例如图 2.6(a)取 AB 线，图 2.6(b)则取坡脚点和坡顶点的连线 AB。

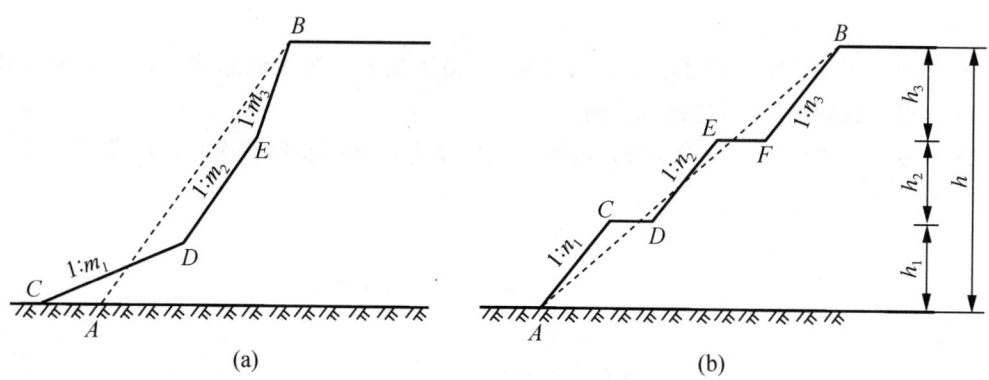

图 2.6 路基稳定性分析边坡的取值
(a)折线形边坡；(b)阶梯形边坡

2.2.3 路基顶面汽车荷载当量高度计算

路堤除承受自重作用外，同时还承受行车荷载的作用。在边坡稳定性分析时，需要将车辆按最不利情况排列，并将车辆的设计荷载换算成当量土柱高（即以相等压力的土层厚度来代替荷载），以 h_0 表示。

当量土柱高度 h_0 的计算式为

$$h_0 = \frac{NQ}{\gamma BL} \tag{2-1}$$

式中 N——横向分布的车辆数，单车道 $N=1$，双车道 $N=2$；

Q——每一辆车的重力(kN)，取 550kN；

γ——路基填料的重度，kN/m³；

L——汽车前后轴（或履带）的总距(m)，取 12.8m；

B——横向分布车辆轮胎最外缘之间总距，m。

$$B = Nb + (N-1)m + d$$

式中 b——后轮轮距(m)，取 1.8m；

  m——相邻两辆车后轮的中心间距(m)，取 1.3m；

  d——轮胎着地宽度(m)，取 0.6m。

> **特别提示**
>
> 荷载分布宽度可以分布在行车道(路面)的范围，考虑到实际行车可能有横向偏移或车辆停放在路肩上，也可认为 h_0 厚的当量土层分布在整个路基宽度上。
>
> 行车荷载对较高路基边坡的稳定性影响较小，换算高度可以近似分布于路基全宽上，以简化滑动体的重力计算。采用近似方法(如图解法或表解法等)计算时，亦可以不计算荷载。

2.2.4 路基边坡稳定性分析土的计算参数确定

边坡稳定分析所需土的计算参数包括：土的容重 γ(kN/m³)、内摩擦角 φ(°)和黏聚力 c(kPa)。

对于均匀土层稳定性验算参数，通过对土(路堑或天然边坡取原状土，路堤边坡取与现场压实度一致的压实土)进行试验测定。

对于多层土体稳定性验算参数，可采用以层厚为权重的加权平均值，见式(2-2)。

$$
\begin{aligned}
c &= \frac{c_1 h_1 + \cdots + c_n h_n}{\sum h_i} \\
\tan\varphi &= \frac{h_1 \tan\varphi_1 + \cdots + h_n \tan\varphi_n}{\sum h_i} \\
\gamma &= \frac{\gamma_1 h_1 + \cdots + \gamma_n h_n}{\sum h_i}
\end{aligned}
\qquad (2-2)
$$

式中 c_i——第 i 层土的黏聚力，kPa；

  φ_i——第 i 层土的内摩擦角，(°)；

  γ_i——第 i 层土的容重，kN/m³；

  h_i——第 i 层土的厚度，m。

> **特别提示**
>
> 边坡稳定性验算的精度取决于试验资料的可靠度。因此，试验资料应据当地气候条件、季节因素，以最不利季节状况下土的物理力学性质进行调整，以确保采取与将来路基实际使用情况相符的数据。

任务实施

因本段公路无高填和陡坡路段，为满足教学要求，所以项目 2 选取与本段公路无关的其他案例来进行分析。

1. 案例

选取某公路陡坡路堤与高填方路堤,已知公路设计车速 80km/h,路基宽度 24.5m,公路 I 级荷载。陡坡路堤横断面如图 2.7 所示,高填方路堤横断面如图 2.8 所示。

2. 路堤填料计算参数

取该路堤土样进行试验测得边坡稳定分析所需土的计算参数为:土的容重 $\gamma = 17.0\text{kN/m}^3$,内摩擦角 $\varphi = 24°$,黏聚力 $c = 10.0\text{kPa}$。

3. 确定边坡滑动面形状

路堤填土有黏聚力,因此高填方路堤按圆弧形滑动面进行稳定性验算。
陡坡路堤按折线法进行稳定性验算。

4. 确定稳定性验算边坡值

如图 2.7 所示,该陡坡路堤横断面为台阶形边坡,取坡脚点和坡顶点的连线,左侧边坡值为 1:1.5,右侧边坡值为 1:1.85。

如图 2.8 所示,该高填方路堤横断面也为台阶形边坡,同样取坡脚点和坡顶点的连线,左侧边坡值为 1:1.75,右侧边坡值为 1:1.75。

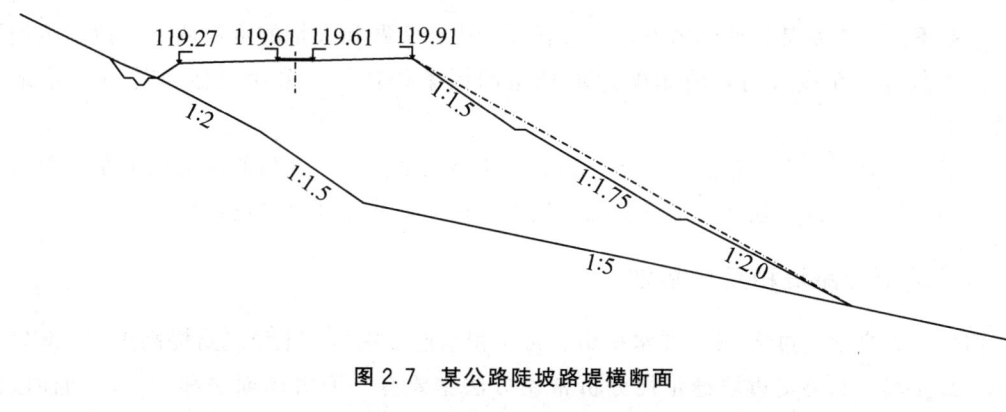

图 2.7　某公路陡坡路堤横断面

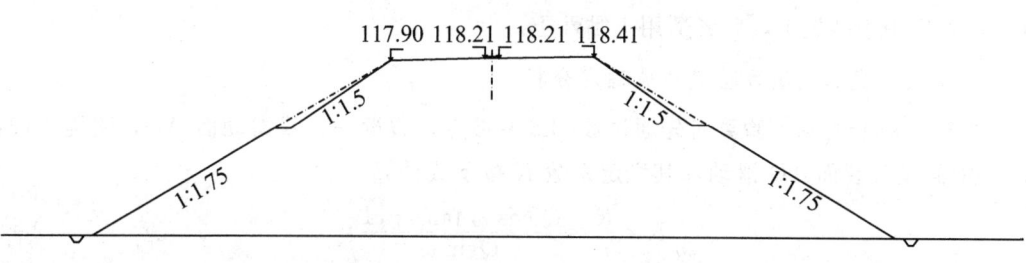

图 2.8　某公路高填路堤横断面

5. 计算路基顶面汽车荷载当量高度

由于这两个断面处填方较高,而行车荷载对较高路基边坡的稳定性影响较小,所以换算高度可以近似分布于路基全宽上(即 $B = 24.5\text{m}$)。根据式(2-1)将车辆的设计荷载换算成当量土柱高(即以相等压力的土层厚度来代替荷载),以 h_0 表示。

$$h_0 = \frac{NQ}{\gamma BL} = \frac{4 \times 550}{17.0 \times 24.5 \times 12.8} = 0.41(\text{m})$$

任务 2.3 路基边坡稳定性分析

知识讲解

路基边坡稳定分析与验算的方法很多，常用方法归纳起来有力学验算法和工程地质法两大类。

1. 力学验算法

（1）数解法：假定几个不同的滑动面，按力学平衡原理对每个滑动面进行边坡稳定性分析，从中找出极限滑动面，按此极限滑动面的稳定程度来判断边坡的稳定性。此法较精确，但计算较烦琐，建议学生自编或运用计算机程序进行数值计算。

（2）图解或表解法：在计算机和图解分析的基础上制定成图或表，用查图或查表法进行边坡稳定性分析。此法简单，但不如数解法精确。

2. 工程地质法

根据不同土类及其所处的状态，经过长期的生产实践和大量的资料调查，拟定边坡稳定值参考数据，在设计时，将影响边坡稳定的因素作比拟，采用类似条件下的稳定边坡值。

本书重点介绍力学验算法。力学验算法又叫极限平衡法，是指假定边坡沿某一形状滑动面破坏，以土的抗剪强度为理论基础，按力平衡原理建立计算式进行判断。

2.3.1 高填方路堤稳定分析法

路堤边坡高度超过 20m 或在水稻田、常年积水地带用细粒土填筑路堤高度在 6m 以上时称为高路堤。高路堤边坡稳定性分析常用方法主要有平面滑动面法和圆弧滑动面法两种。前者适用于砂类土，后者适用于黏性土。

1. 均质砂类土高填方路堤边坡稳定分析

如图 2.9(a)所示，验算时先通过坡脚或变坡点，假设一直线滑动面 AD，路堤土楔体 ABD 沿假设破裂面 AD 滑动，其稳定系数 K 按下式计算。

$$K = \frac{R}{T} = \frac{Q\cos\omega\,\tan\varphi + cL}{Q\sin\omega} \tag{2-3}$$

式中 R——沿破裂面的抗滑力，kN；

T——沿破裂面的下滑力，kN；

Q——土楔重量及路基顶面换算土柱的荷载之和，kN；

ω——破裂面对于水平面的倾斜角(°)；

φ——路堤土体的内摩擦角(°)；

c——路堤土体的单位黏聚力，kPa；

L——破裂面 AD 的长度，m。

进行边坡稳定性分析时，先假定路堤边坡值，然后通过坡脚 A 点，假定 3~4 个可能的破裂面 ω_i，如图 2.9(b) 所示。按式(2-3)求出相应的稳定系数 K_i 值，得出 K_i 与 ω_i 的关系曲线，如图 2.9(c) 所示。在 $K=f(\omega)$ 关系曲线上找到最小稳定系数值 $K_{\min}$ 及对应的极限破裂面倾斜角 ω 值。

由于土工试验所得的 c、φ 值有一定的局限性，为了保证边坡有足够的安全储备量，稳定系数 $K_{\min} \geqslant 1.25$，但 K 值亦不宜过大，以免工程不经济，所以 K 一般取 1.25~1.5。

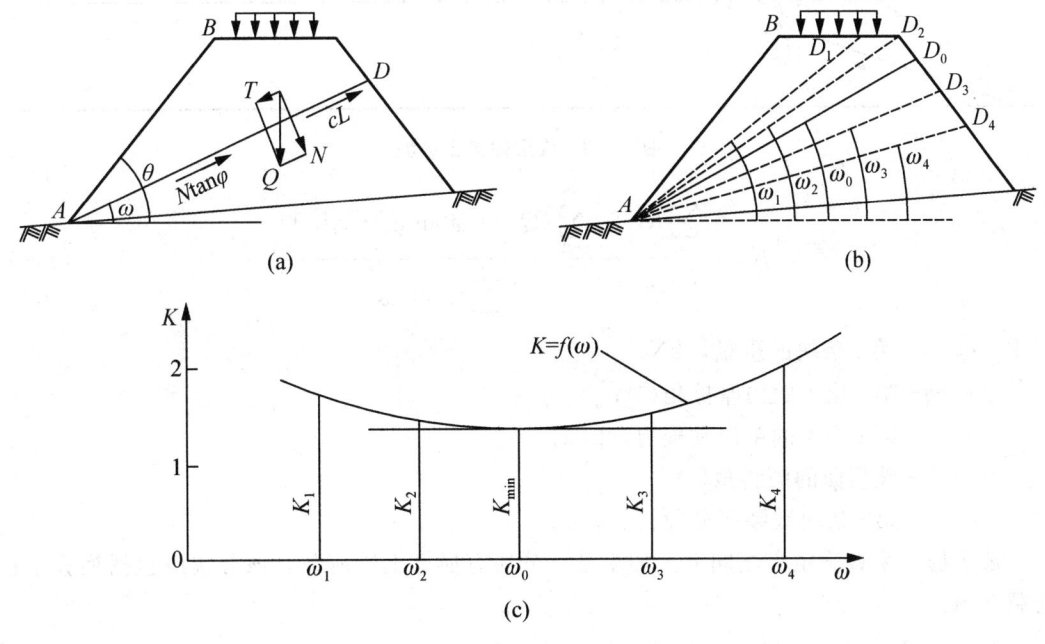

图 2.9　直线法计算图

(a)高填方路堤边坡；(b)假定 3~4 个可能的破裂面；(c)K_i 与 ω_i 的关系曲线

由于砂类土黏结力很小，一般可忽略不计，即取 $c=0$，则式(2-3)可表达为

$$K=\frac{R}{T}=\frac{Q\cos\omega\tan\varphi}{Q\sin\omega}=\frac{\tan\varphi}{\tan\omega} \tag{2-4}$$

由式(2-4)可知，当 $K=1$ 时，$\tan\varphi=\tan\omega$，抗滑力等于下滑力，滑动面土体处于极限平衡状态，此时路堤的极限坡度等于砂类土的内摩擦角，该角相当于自然休止角。当 $K>1$ 时，路堤边坡处于稳定状态，且与边坡高度无关；当 $K<1$ 时，则不论边坡高度多少，都不能保持稳定。

2. 成层砂类土高填方路堤边坡稳定分析

对成层的砂类土边坡，如图 2.10 所示，如果破裂面 AD 通过强度指标不同的各土层 Ⅰ、Ⅱ、Ⅲ……，可用竖直线将破裂面以上的土楔 ABD 划分为若干条块，每一条块的破裂面位于同一种土层内，其破裂面上的 c_i，φ_i 为定值。边坡稳定性分析时，计算每一条块的下滑力 Ti 和相应的抗滑力 Ri，边坡稳定系数按式(2-5)计算。

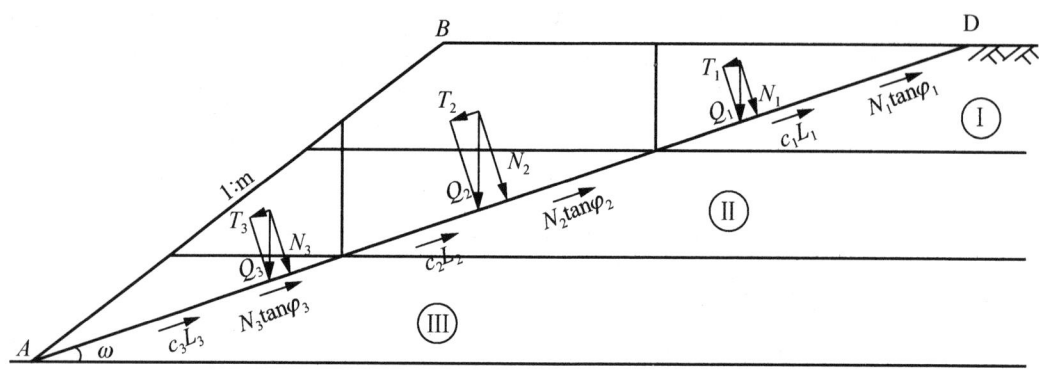

图 2.10 成层砂类土边坡

$$K = \frac{\sum_{i=1}^{n} R_i}{\sum_{i=1}^{n} T_i} = \frac{\sum_{i=1}^{n}(Q_i \cos\omega \tan\varphi_i + c_i L_i)}{\sum_{i=1}^{n} Q_i \sin\omega} \tag{2-5}$$

式中 Q_i——第 i 条块的重量，kN；

φ_i——第 i 层土的内摩擦角(°)；

c_i——第 i 层土的单位黏聚力，kPa；

ω——破裂面的倾斜角(°)；

L_i——第 i 条块破裂面分段长度，m。

最小稳定系数确定方法同上。如果某一分块有换算土柱荷载，该分块应包括换算土柱荷载在内。

3. 黏性土高填方路堤边坡稳定分析的圆弧条分法

黏性土高填方路堤边坡稳定分析一般用圆弧法。圆弧法假定滑动面为一圆弧，它适用于边坡有不同的土层、均质土边坡，部分被淹没、均质土坝，局部发生渗漏、边坡为折线或台阶形的黏性土的路堤与路堑。

圆弧法是将圆弧滑动面上的土体划分为若干竖向土条，依次计算每一土条沿滑动面的下滑力和抗滑力，然后叠加计算出整个滑动土体的稳定性。

圆弧法的计算精度主要与分段有关，分段愈多则计算结果愈精确。分段还可以结合横断面特性，如划分在边坡或地面坡度变化之处，以便简化计算。

圆弧法条分法又称瑞典法，有数解法及其简化的表解法和图解法，数解法最为常用，下面主要介绍数解法。

1) 基本原理

圆弧法条分法分析边坡稳定时，一般假定土为均质和各向同性；滑动面通过坡脚；不考虑土体的内应力分布及各土条之间相互作用力的影响，土条间无侧向力作用，或虽有侧向力，但与滑动面圆弧的切线方向平行。

2) 验算步骤

(1) 通过坡脚任意选定一个可能的圆弧滑动面，其半径为 R，取路线纵向为单位长度 1m。将滑动土体分成若干个大致相等宽度的垂直土条，其宽度一般为 2~4m，如图 2.11 所示。

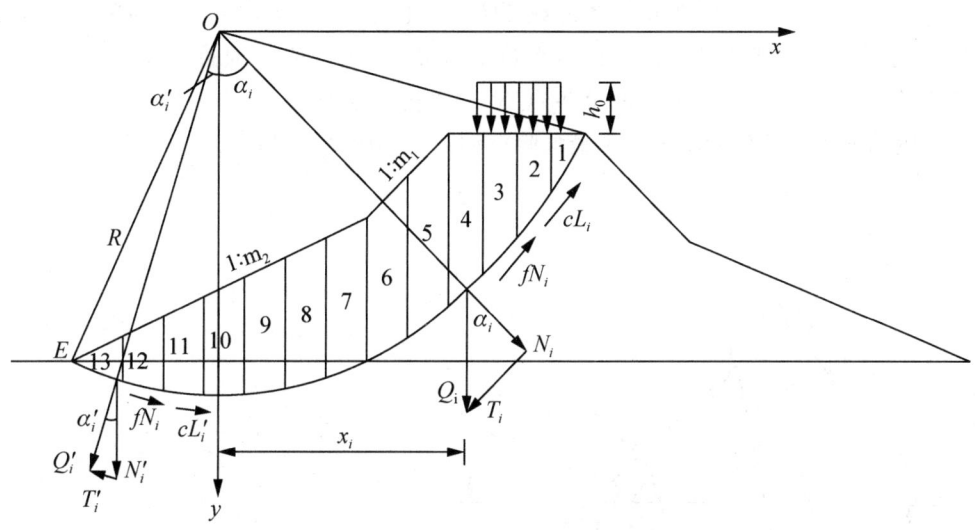

图 2.11 圆弧条分法边坡稳定性验算

(2) 计算每个土条土体重 Q_i，并引至圆弧线上，分解为

切向分力
$$T = Q_i \sin \alpha_i \tag{2-6}$$

法向分力
$$N = Q_i \cos \alpha_i \tag{2-7}$$

式中 α_i——通过第 i 条土体重心引垂线与圆弧相交，即交点法线与铅垂线的夹角。

为简化计算，可取第 i 条圆弧的中点法线与铅垂线的夹角。由 $\sin \alpha_i = x_i/R$ 得
$$\alpha_i = \arcsin(x_i/R)$$

(3) 以圆心 O 点为转动圆心，半径 R 为力臂，计算滑动面上各力对 O 点的滑动力矩。要注意的是，在 oy 轴右侧的土条 T_i 为正；而在 oy 轴左侧的土条 T'_i 值为负，力矩与滑动方向相反，起到抗滑作用，应在滑动力矩中扣除。由此，绕圆心 O 点的滑动力矩 M_s 则为：
$$M_s = R\left(\sum T_i - \sum T'_i\right) \tag{2-8}$$

(4) 绕圆心 O 点的抗滑力矩 M_r 为
$$M_r = R\left(\sum N_i f + \sum cL_i\right) \tag{2-9}$$

(5) 求稳定系数 K
$$K = \frac{M_r}{M_s} = \frac{R\left(\sum N_i f + \sum cL_i\right)}{R\left(\sum T_i - \sum T'_i\right)} = \frac{f\sum Q_i \cos \alpha_i + cL}{\sum Q_i \sin \alpha_i - \sum Q_i \sin \alpha'_i} \tag{2-10}$$

式中 L——滑动圆弧的总长度，m；

f——内摩阻系数，$f = \tan \varphi$；

c——凝聚力，kPa。

(6) 同上法，绘若干个可能的滑动圆弧，分别求各个滑动面的稳定系数 K，从中得出 K_{min} 值。K_{min} 值所对应的滑动面就是最危险滑动面。

最危险滑动面的求法是在圆心辅助线 MI 上，选定 O_1，O_2，…，O_n 为圆心，通过坡脚作对应的圆弧，计算各滑动面的稳定系数 K_1，K_2，…，K_n，通过 O_1，O_2，…，O_n 分别作 MI 的垂线，并按一定比例表示各点 K_i 的数值，绘出 $K=f(O)$ 的关系曲线，找到 K_{min}，对应的就是最危险滑动圆心及最危险滑动面，如图 2.12 所示。

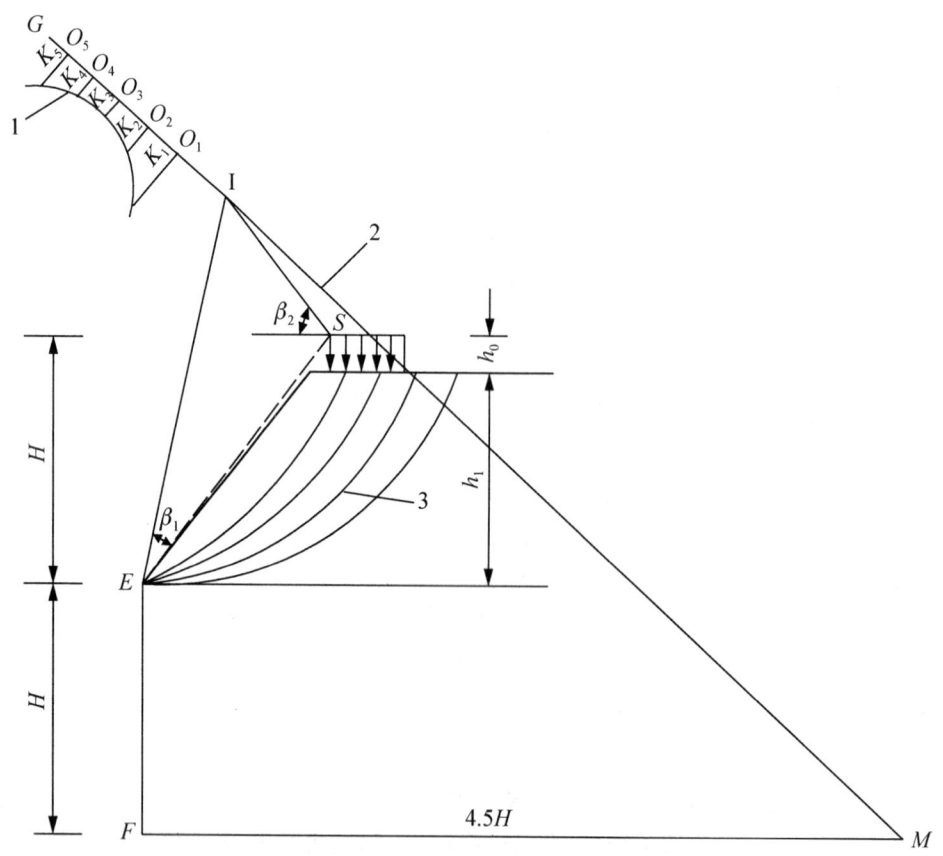

图 2.12 最危险滑动面圆心确定

1—K 值曲线；2—圆心辅助线；3—最危险滑动圆弧

一般的，容许稳定系数$[K]=1.25\sim1.50$。取值时，可根据土的特性，抗剪强度指标的可靠程度，公路等级和地区气候特点及经验综合考虑。当计算 $K_{min}<[K]$ 时，则应采取相应的措施如放缓边坡，更换填料等，重新按上述方法进行稳定性验算。

3）危险圆心辅助线的确定

为了迅速地找到最危险滑动圆心，减少试算工作量，根据经验，最危险滑动圆心在一条辅助线上。确定圆心辅助线方法有 $4.5H$ 法和 $36°$ 法。

（1）$4.5H$ 法：如图 2.12 所示，具体步骤如下。

① 自坡脚 E 点向下作垂直线，垂直线长度 $H=h_1+h_0$，（若不考虑荷载则 $H=h_1$）得 F 点。

② 自 F 点向右作水平线，在水平线上量取 $4.5H$ 得 M 点，M 点为圆心辅助线上一点。

③ 计算平均边坡 i_0，并连接 E、S 虚线(不考虑荷载时，S 点为路肩外边缘点，$H = h_1$)。根据 i_0 值查表 2-1 得 β_1 和 β_2。

表 2-1　辅助线作图角值表

边坡坡度 i_0	边坡倾斜角 α	β_1	β_2	边坡坡度 i_0	边坡倾斜角 α	β_1	β_2
1:0.5	60°	29°	40°	1:3	18°25′	25°	35°
1:1	45°	28°	37°	1:4	14°03′	25°	36°
1:1.5	33°41′	26°	35°	1:5	11°19′	25°	37°
1:2	26°34′	25°	35°				

④ 自 E 点以 ES 线为一边，逆时针转 β_1 角得一边线；自 S 点以水平线为边线，顺时针转 β_2 角得另一边线。两边线的延长线相交于 I 点，I 点即为圆心辅助线上的另一点。

⑤ 连接 M、I 点，并向左上角延长至 G，则 MG 即为圆心辅助线。

如果 $\varphi = 0$，I 点即为最危险滑动面的圆心；如果 $\varphi > 0$，最危险滑动面的圆心在 MI 辅助线的延长线上。

(2) 36°法：为简化计算，圆心辅助线可通过路基边缘 E 点或荷载当量高度边缘 E 点作一水平线，顺时针转动 36°得射线，该射线即为圆心辅助线，如图 2.13 所示。

在上述两种方法中，36°法较简便，但精度比 $4.5H$ 法差，不过对于 1:1～1:1.75 的边坡及滑动面通过坡脚的情况两种方法均可使用。两种方法可不计车辆荷载换算的土层厚度，所得结果出入不大，从而使计算简化。

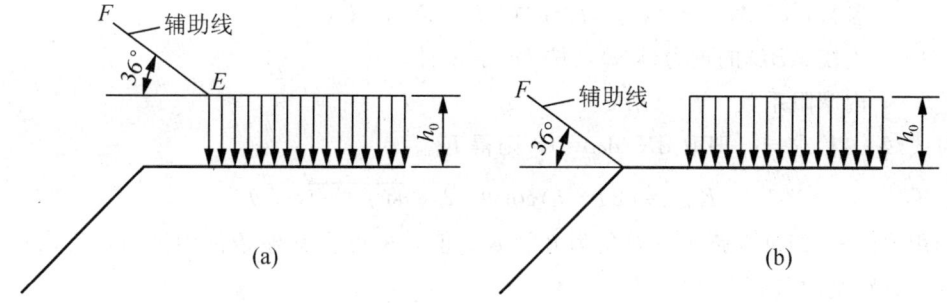

图 2.13　36°法绘辅助线图
(a)考虑车辆荷载时；(b)不计车辆荷载时

4) 注意事项

(1) 在进行计算时，要求依图确定 R、α_i、x_i，其中 R、x_i 直接由图上量取，α_i 不宜用圆规丈量，而通过 $\alpha_i = \arcsin x_i/R$ 求得。

(2) 作图要严格按比例，一般用 1:50。

(3) 当滑动面划入基底以下时，土条重 Q_i 应按基底线分上、下两部分计算。

2.3.2　砂类土质路堑稳定分析法

当土质路基挖方边坡高度超过 20m，岩质挖方边坡高度超过 30m 时，称为深路堑。

深路堑边坡稳定性分析常用的方法主要有平面滑动面法和圆弧滑动面法两种。前者适用于砂类土,后者适用于黏性土。圆弧滑动面法同前高填方路堤稳定分析,以下主要介绍均质砂类土深路堑稳定性分析。

如图 2.14 所示,土楔体 ABD 沿假设破裂面 AD 滑动,其稳定系数 K 按下式计算。

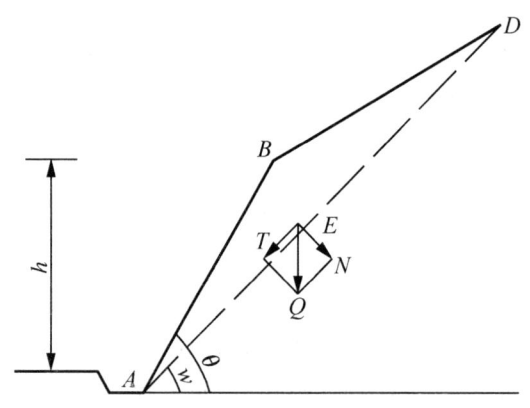

图 2.14 路堑直线法计算图式

$$K=\frac{R}{T}=\frac{Q\cos\omega\tan\varphi+cL}{Q\sin\omega}=(f+a)\cot\omega+a\cot(\theta-\omega) \qquad (2-11)$$

式中 θ——边坡倾斜角(°);

φ——路堑土体的内摩擦角(°);

c——路堑土体的单位黏聚力,kPa;

a——参数,$a=2c/(\gamma h)$,γ 为土的重度,kN/m³;

Q——土楔 ABD 的重力(kN),按 1m 长度计;

f——内摩阻系数,$f=\tan\varphi$。

对式(2-11)求导,即取 $dK/d\omega=0$,则得 $K_{\min}$

$$K_{\min}=(2a+f)\cot\theta+2\sqrt{a(f+a)}\csc\theta \qquad (2-12)$$

利用式(2-12)可求路基边坡角为 θ 的 $K_{\min}$ 值,也可在其他条件固定时,反求稳定的边坡或计算路基的限制高度。

特别提示

岩质挖方边坡稳定性分析方法较为复杂,本书不进行讨论,有兴趣的同学可参考相关资料。

2.3.3 陡坡路堤稳定分析法

当路堤修筑在陡坡上,且地面横坡度大于 1:2.5 或在不稳固的山坡上时,路基不仅要分析路堤边坡稳定性,还要分析路堤沿陡坡或不稳定山坡下滑的稳定性。

陡坡路堤边坡稳定性分析假定路堤整体沿滑动面下滑,因此,边坡稳定性分析方法可按滑动面形状的不同分为直线和折线两种方法。

1. 直线法陡坡路堤稳定性分析

当基底为单一坡面，如图 2.15 所示，土体沿直线滑动面整体下滑时，可用直线滑动面法进行边坡稳定性分析。

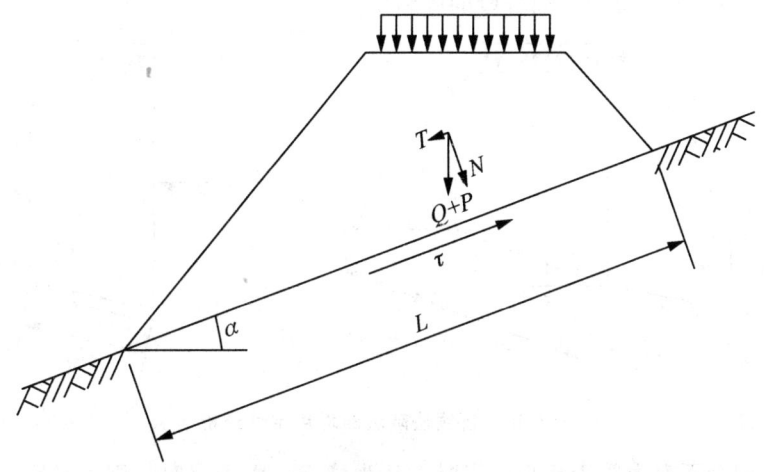

图 2.15　直线法陡坡路堤边坡稳定性分析

滑动面以上土体的稳定性可按下式计算。

$$K = \frac{(Q+P)\cos\alpha\tan\varphi + cL}{(Q+P)\sin\alpha} \tag{2-13}$$

式中　Q——对于以基底接触面为滑动面者，等于路堤自重，kN；对于以基底以下软弱面为滑动面者，等于路堤连同其下不稳定土体的自重，kN；

　　　P——路堤顶面的换算土柱荷载，kN；

　　　α——滑动面对水平面的倾斜角(°)；

　　　φ——滑动面上软弱土体的内摩擦角(°)；

　　　c——滑动面上软弱土体的单位黏聚力，kN；

　　　L——滑动面的全长，m。

2. 折线法陡坡路堤稳定性分析

当滑动面为多个坡度的折线倾斜面时，如图 2.16 所示，可将滑动面上土体折线段划分为若干条块，自上而下分别计算各土体的剩余下滑力，根据最后一块的剩余下滑力的正负值确定其整体稳定性。

$$E_n = [T_n + E_{n-1}\cos(\alpha_{n-1}-\alpha_n)] - \frac{1}{K}\{[N_n + E_{n-1}\sin(\alpha_{n-1}-\alpha_n)]\tan\varphi + c_n L_n\}$$

$$(2-14)$$

式中　E_n——第 n 个条块的剩余下滑力，kN；

　　　T_n——第 n 个条块的自重 Q_n 与荷载 P_n 的切线下滑力(kN)，$T_n = (Q_n+P_n)\sin\alpha_n$；

　　　N_n——第 n 个条块的自重 Q_n 与荷载 P_n 的法线下滑力(kN)，$N_n = (Q_n+P_n)\cos\alpha_n$；

　　　α_n——第 n 个条块滑动面分段的倾斜角(°)；

　　　φ_n——第 n 个条块滑动面上软弱土层的内摩擦角(°)；

c_n——第 n 个条块滑动面上软弱土层的单位黏聚力，kPa；

L_n——第 n 个条块滑动线长度，m；

E_{n-1}——第 $n-1$ 条块传递而来的剩余下滑力，kN；

α_{n-1}——第 $n-1$ 条块滑动面分段的倾斜角(°)。

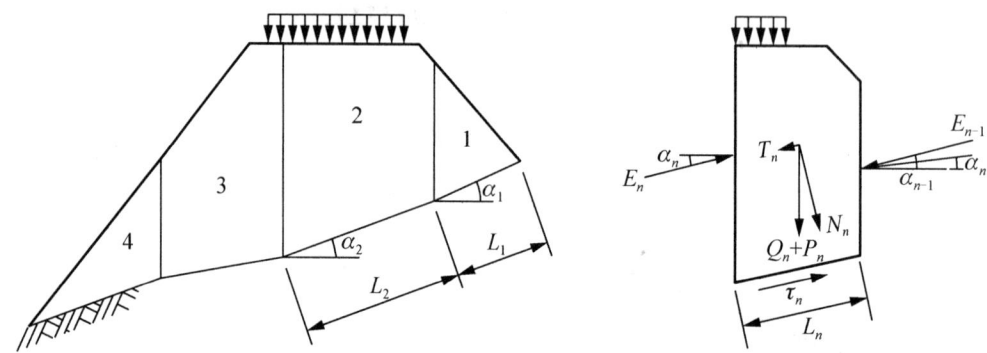

图 2.16 折线法陡坡路堤稳定性分析

当最后的剩余下滑力等于或小于零时，认为稳定；大于零时，则不稳定，必须采取稳定措施。

2.3.4 浸水路堤稳定分析法

建筑在桥头引道、河滩及河流沿岸，受到季节性或长期浸水的路堤称为浸水路堤。这种路堤的稳定性受水位涨落、路堤填料透水性等因素影响。在稳定性分析时要考虑填料的透水性及动水压力的作用。

1. 渗透动水压力的作用

如图 2.17 所示，当河中水位上升时，水从边坡的一侧或两侧渗入路堤内；而当水位降落时水又从堤身向外渗出。由于土体内渗水速度与水位升降速度较堤外缓慢，当堤外水位上升时，堤内水位的比降曲线（又称浸润曲线）成凹形；反之，则成凸形。渗透速度随土的性质而异。如果渗透水流能带走路堤内细小的土粒，路堤将产生变形，甚至滑塌。

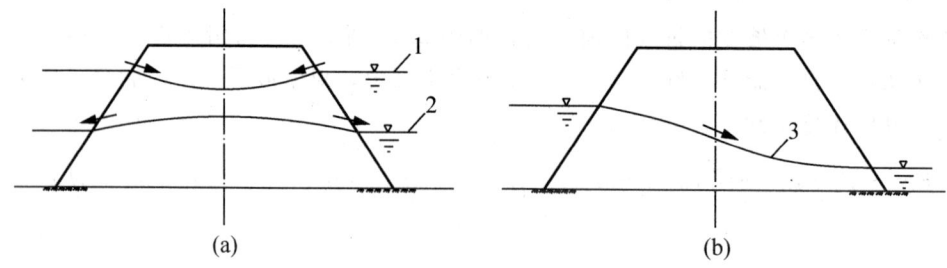

图 2.17 浸水路堤水位变化示意图

(a)双侧渗水；(b)单侧渗水

1—涨潮；2—落潮；3—水流曲线

浸水路堤除了承受普通路堤的自重及外力外，还要受到水的浮力和渗透动水压力的作用。路堤填土浸水饱和后,抗剪强度显著降低,密度减小。

水位骤然下降时,路基土体内部水流向外流出需要较长时间,致使堤内外的水位发生很大差别。凡用黏性土填筑浸水路堤(除渗透性极小的纯黏性土外),均会产生方向指向边坡的动水压力,剧烈地破坏路堤边坡的稳定性。

2. 渗透动水压力的计算

渗透动水压力作用于浸润线以下土体的重心,平行于水力坡降,如图2.18所示。采用下列公式计算。

$$D = I\Omega_B \gamma_w \quad (2-15)$$

式中　D——作用于浸润线以下土体重心的渗透动水压力,kN/m;
　　　Ω_B——浸润曲线与滑动面之间的土体面积,m²;
　　　I——渗流的平均水力坡降;
　　　γ_w——水的容重(kN/m³),取10kN/m³。

渗流的平均水力坡降I随填料而异。表2-2为常用填料的平均值,供计算时参考。

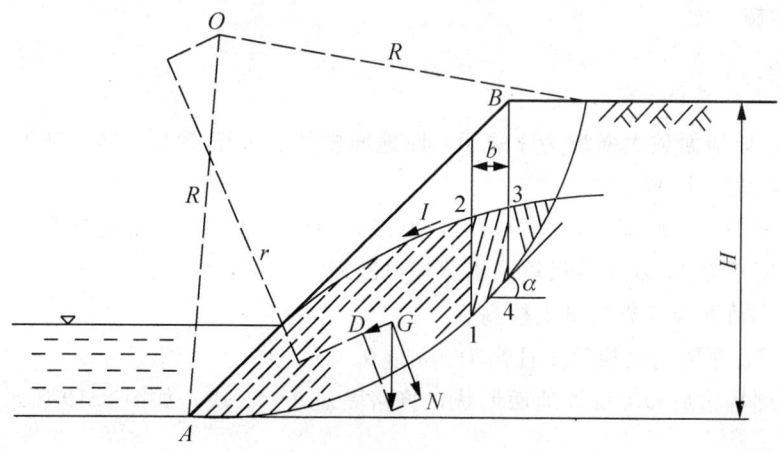

图2.18　浸透动水压力计算图

表2-2　平均I值参考表

土类	粗砂	中砂	细砂	粉砂	低液限黏土	中液限黏土	高液限黏土	很高液限黏土
I	0.003~0.006	0.006~0.015	0.015~0.020	0.015~0.05	0.02~0.05	0.05~0.10	0.10~0.15	0.15~0.20

3. 浸水路堤边坡稳定性验算

浸水路堤的稳定性应假定路堤最不利的情况进行验算。其破坏一般发生在最高洪水位骤然降落的时候。验算方法和原理与普通路堤边坡稳定性的方法无多大差异,唯一应注意的是须考虑浮力和动水压力作用,且浸润线以上土条与浸润线以下土条的单位体积重力不同,在计算土重时必须分开计算。浸润线以上和以下分别按土的天然容重和湿容重计算。

采用条分法计算浸水路堤,其稳定系数K可按公式(2-16)计算。

$$K = \frac{M_r}{M_s} = \frac{R(f\sum N + cL)}{R\sum T + Dr} = \frac{f_c\sum N_c + f_B\sum N_B + c_c L_c + c_B L_B}{\sum T_c + \sum T_B + D(r/R)} \quad (2-16)$$

式中　　K——稳定系数，取 1.25～1.5；

　　　　M_r——抗滑力矩，kN；

　　　　M_s——滑动力矩，kN；

　　　　D——渗透动水压力，kN/m；

　　　　r——渗透动水压力作用线距圆心的垂直距离，m；

　$f_c \sum N_c$——浸润线以上部分沿滑动面的内摩擦力总和，kN/m；

　$f_B \sum N_B$——浸润线以下部分沿滑动面的内摩擦力总和，kN/m；

　　f_c, f_B——分别为浸润线以上和浸润线以下土的内摩阻系数；

　　c_c, c_B——分别为浸润线以上和浸润线以下土的凝聚力，kPa；

　　L_c, L_B——分别为浸润线以上和浸润线以下部分沿滑动面的弧长，m；

　　N_c, N_B——分别为浸润线以上和浸润线以下部分土重在滑动面上的法向分力，kN/m；

　　T_c, T_B——分别为浸润线以上和浸润线以下部分土重在滑动面上的切向分力，kN/m。

 任务实施

1. 陡坡路堤稳定性验算

由图 2.7，原地面最大横坡为 1∶2.0，原地面横坡度大于 1∶2.5 属于陡坡路堤，故需要进行陡坡路堤稳定性验算。

由于原地面为多个坡度的折线倾斜面，所以采用折线法进行稳定性验算。

(1) 用坐标纸以 1∶50 比例尺绘制出路堤横断面。

(2) 将汽车荷载换算成当量土柱高。

由任务 2.2，车辆荷载换算土柱高为：$h_0 = 0.41\text{m}$

(3) 根据路堤边坡和堤底原地面形状，将路堤划分为 3 块，如图 2.19 所示。

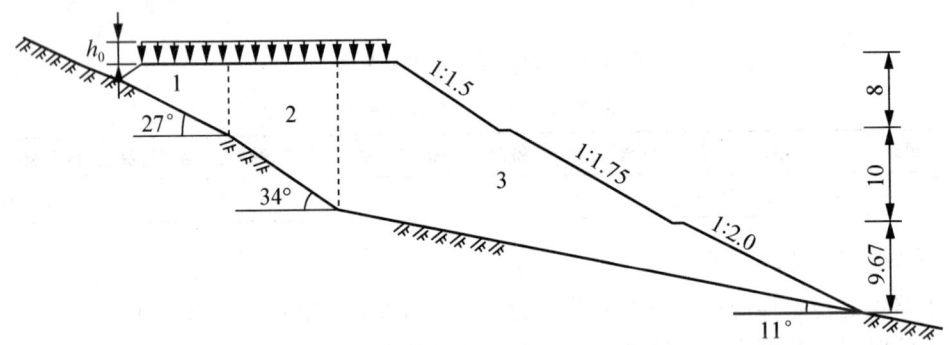

图 2.19　不平衡推力法(长度单位：m)

(4) 按式(2-14)计算各块土体剩余下滑力，根据《公路路基设计规范》(JTG D30—2004)中有关不平衡推力法推荐的稳定安全系数确定安全系数 K 值取 1.30，计算过程见表 2-3。

表 2-3　按折线法验算边坡稳定性计算

土块号	面积 A_i /m^2	$Q_i=\gamma A_i$ /(kN/m)	α_i	$\alpha_{i-1}-\alpha_i$	$Q_i\sin\alpha_i$ /(kN/m)	$Q_i\cos\alpha_i\tan\varphi$ /K/(kN/m)	$E_{i-1}\cos(\alpha_{i-1}-\alpha_i)$ /(kN/m)	$E_{i-1}\sin(\alpha_{i-1}-\alpha_i)$ $\tan\varphi/K$/(kN/m)	E_i /(kN/m)
1	55.28+3.90	1006.06	27°	—	456.74	307.00	—	—	149.74
2	144.86+4.94	2546.6	34°	−7°	1424.04	723.06	148.62	−6.25	855.85
3	500.22+2.26	8542.16	11°	23°	1629.92	2871.80	645.26	93.80	−690.42

由计算结果可知，最后一块土体的剩余下滑力 $E_4=-690.42$ kN<0，故该陡坡路堤稳定性满足要求。

特别提示

当路基稳定性不满足要求时，应采取相应稳定措施。一般可从路基断面形式选择、路堤填料选择、基底处理方法、边坡防护与加固措施等方面考虑。

【公路路基设计软件计算】

理正公路设计 CAD 软件是目前比较流行的公路路基设计软件，本书就以理正公路设计 CAD 软件来进行陡坡路堤稳定性验算。

关于理正公路设计 CAD 软件的详细功能和使用请查看该软件附带的使用说明，本书不再赘述。

陡坡路堤可以采用理正公路设计 CAD 软件中的"通用路基设计 CAD-边坡稳定分析"模块进行稳定性计算。

（1）选择保存工作路径，单击"确认"按钮后，弹出图 2.20 所示的对话框，选择"等厚土层土坡稳定计算"，并单击"确认"按钮。

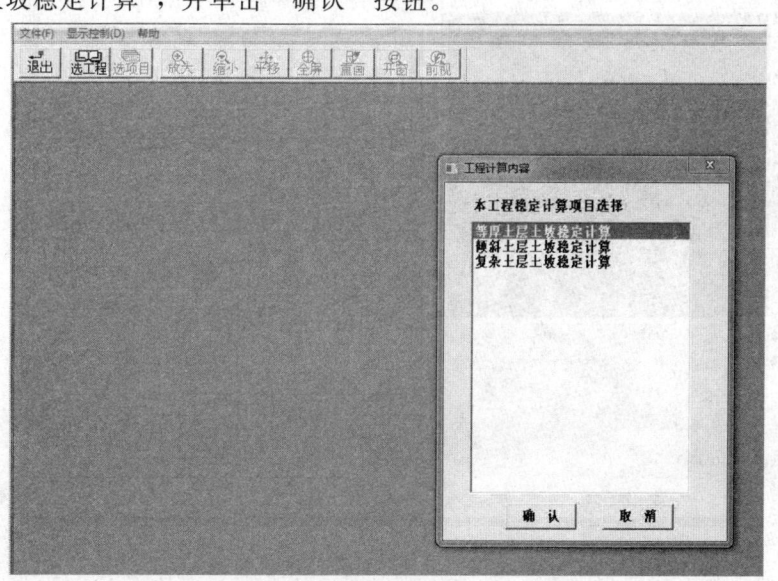

图 2.20　通用路基设计 CAD-路基边坡稳定分析模块窗口

(2) 单击"增"按钮后,弹出"新增项目选用模板"对话框,选择"陡坡路堤例一"模板,如图 2.21 所示,单击"确认"按钮。

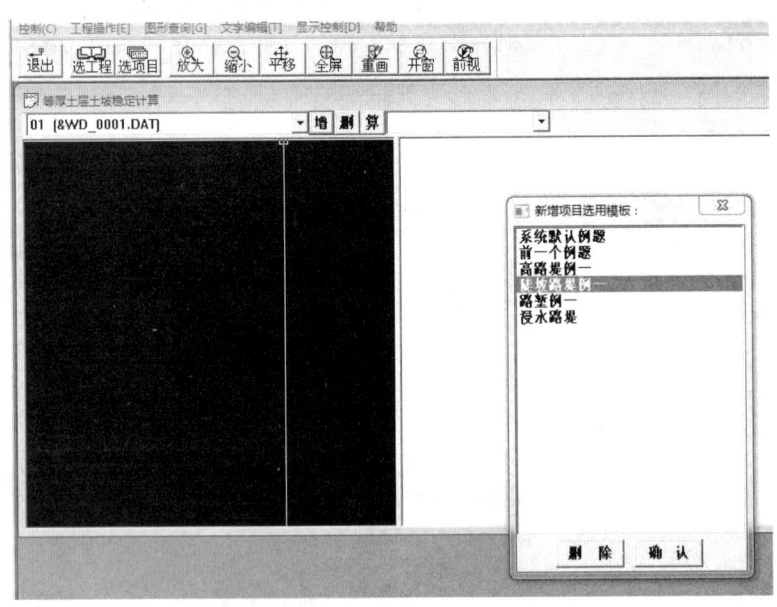

图 2.21 新增项目选用模板选择窗口

(3) 进入"等厚土层土坡稳定计算"输入窗口后,单击"基本"标签后依次输入各项基本数据,如图 2.22 所示,计算目标为剩余下滑力计算,不考虑地震作用,剩余下滑力计算目标为计算剩余下滑力,根据《公路路基设计规范》(JTG D30—2004)中有关不平衡推力法推荐的稳定安全系数,剩余下滑力计算安全系数取 1.300。

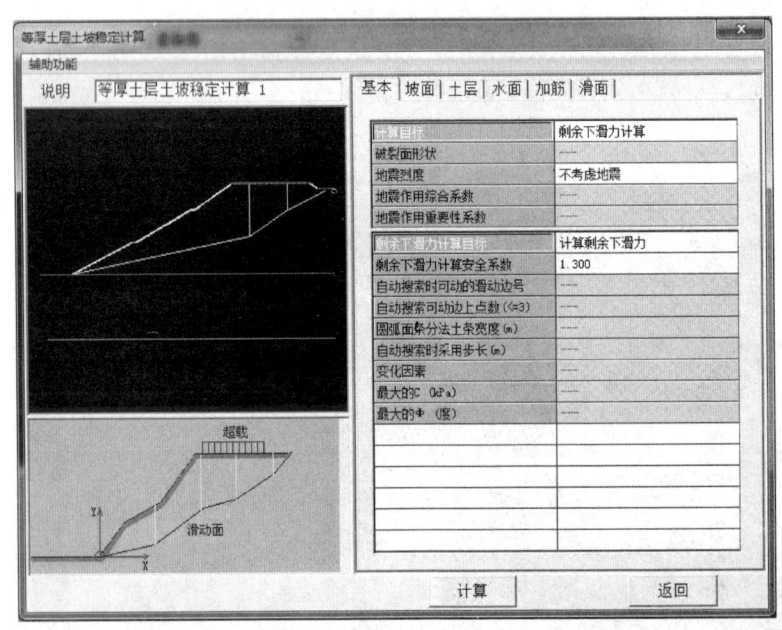

图 2.22 等厚土层土坡稳定计算基本参数输入窗口

（4）单击"坡面"标签后依次输入坡面数据，如图 2.23 所示，坡面线段数为 7，依次输入各段水平投影长和各段竖向投影长。超载位于第 6 段，超载个数为 1。超载定位距离为 0.000m，分布宽度为 24.500m，超载值 $q_1=q_2=17.0 \times 0.4127=7.020$ kPa。

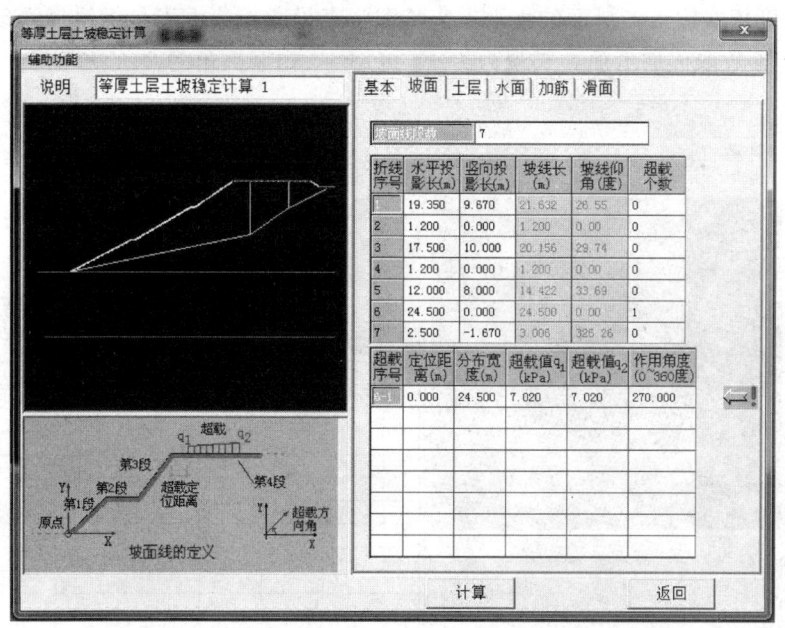

图 2.23　等厚土层土坡稳定计算坡面参数输入窗口

（5）单击"土层"标签后输入土层数据，如图 2.24 所示，原点以上土层数为 1 层，土层厚度为 27.670m，重度为 17.000kN/m³，黏聚力为 10.000kPa，内摩擦角为 24.000 度；原点以下土层同原点以上土层。

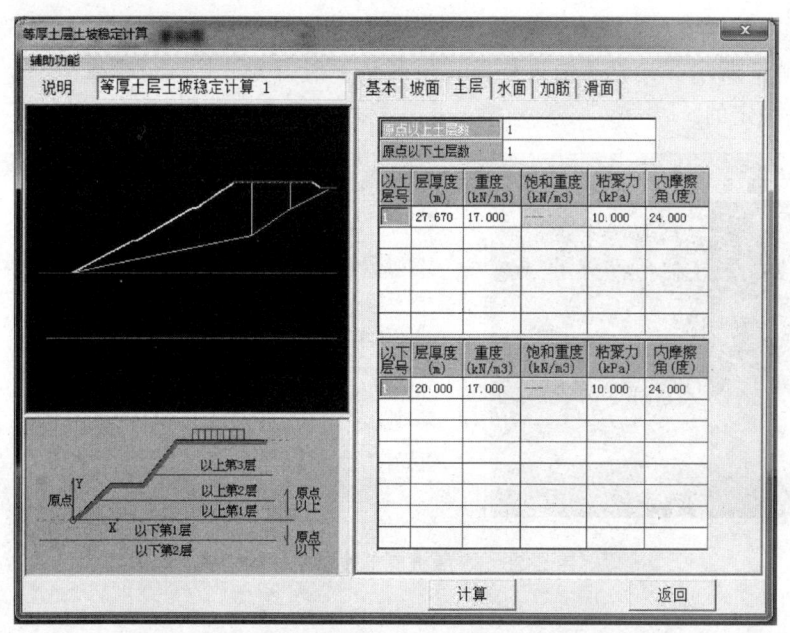

图 2.24　等厚土层土坡稳定计算土层参数输入窗口

(6) 单击"水面"标签,在"是否考虑水作用"栏目中输入:不考虑水作用,单击"加筋"标签,在"锚杆数"栏目中输入:0。

(7) 单击"滑面"标签后输入滑面数据,如图 2.25 所示,滑面线段数为 3,根据原状地面横坡坡度依次输入各滑面的水平投影长和竖直投影长,由于是折线形滑动面,故矢高均为 0.00,参数取值取滑面,黏聚力为 10.00kPa,内摩擦角为 24.000 度。

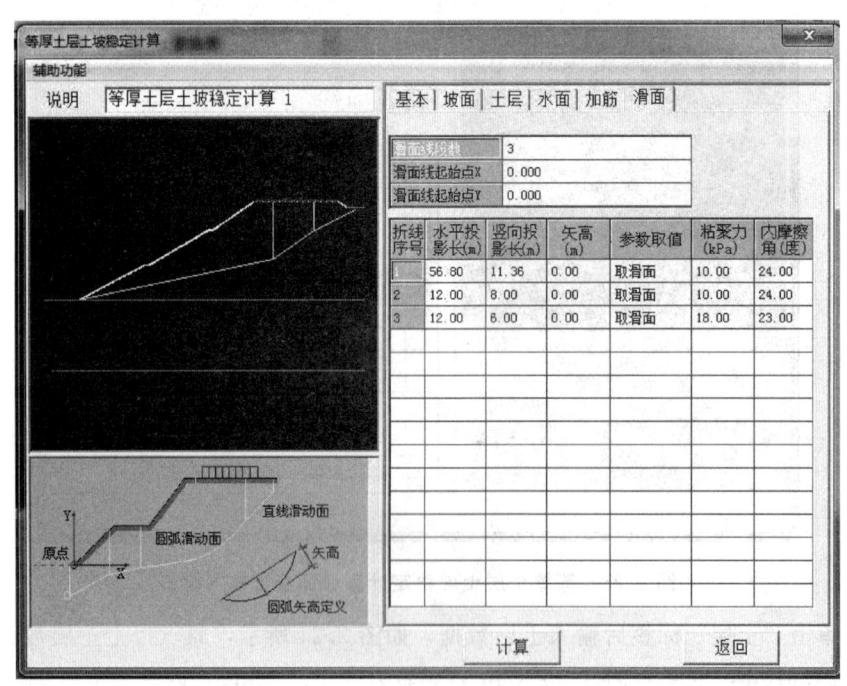

图 2.25　等厚土层土坡稳定计算滑面参数输入窗口

(8) 所有数据输入完成后,单击"计算"按钮,该软件会自动生成计算简图和计算结果,如图 2.26 所示。其验算结果是第 3 块剩余下滑力为 $-1\,553.282\text{kN} < 0$,故该断面处陡坡路堤是稳定的。

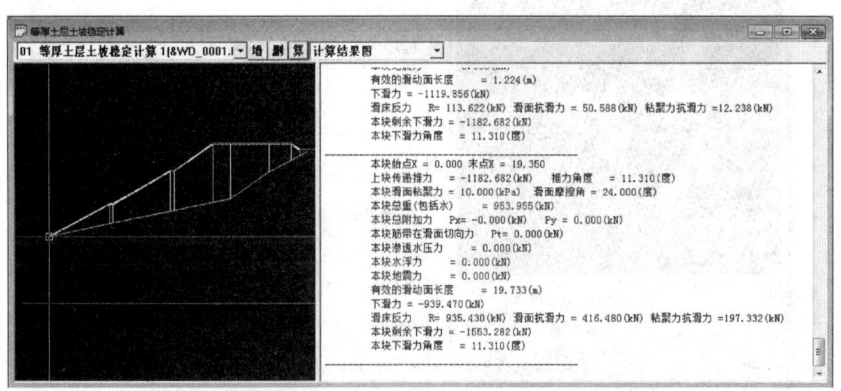

图 2.26　等厚土层土坡稳定计算结果

2. 高路堤稳定性验算

由图 2.8 可知,填方高度为 21m,填方高度大于 20m 属于高填方路堤,故需要进行高填方路堤稳定性验算。

由于该路堤填料黏聚力 $c=10.0\text{kPa}$,故该高填方路堤稳定性验算应采用圆弧滑动面法进行验算。公路路基设计规范推荐采用简化毕肖普(Bishop)法进行分析计算。

毕肖普法在条分法的基础上考虑了土条间力的作用,从而使计算的结果更准确。毕肖普法计算精度主要与分段有关,分段愈多则计算结果愈精确,但分段愈多计算过程也愈复杂,尤其是对于手工计算工作量很大。如果利用路基设计软件自动搜索最危险滑动面则搜索范围又太广,很难得到准确结果。为此,本段公路高填方路堤稳定性验算的思路是采用 $4.5H$ 法,利用作图法来确定滑动圆弧圆心的搜索范围,然后利用路基设计软件进行简化 Bishop 法分析计算,这样会大大地提高分析计算的效率。

1) $4.5H$ 法确定滑动圆弧圆心搜索范围

(1) 用 AutoCAD 软件绘制出该桩号路堤横断面图,如图 2.27 所示。

(2) 由于行车荷载对于较高路基边坡的稳定性影响较小,换算高度可以近似分布于路基全宽上,以简化滑动土体的重力计算,则车辆荷载换算土柱高为:$h_0=0.41\text{m}$。

(3) 用 $4.5H$ 法确定圆心辅助线。将坡顶荷载边缘点 B 和坡脚点 A 连成一直线(如图 2.27 中虚线 AB 所示)。根据该连线的坡比,从表 2-1 查得辅助角 $\beta_1=25.5°$,$\beta_2=35°$,分别自坡脚作 β_1 和坡顶点作 β_2,两直线相交于 O 点;在坡脚 A 点作垂线 $AD=H=21.41\text{m}$,过 D 作 $DE=4.5H$,连接 OE。

(4) 滑动曲线圆心在 EO 的延长线上,据此确定矩形 $ONKM$ 即为滑动圆弧圆心搜索范围(如图 2.27 中矩形虚线框 $ONKM$ 所示)。

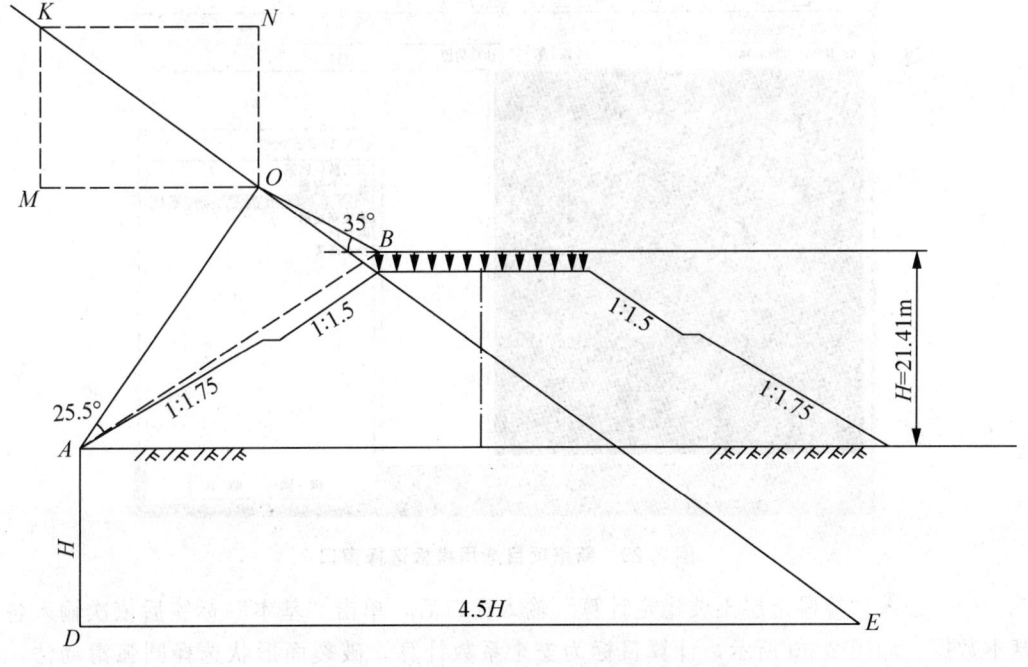

图 2.27 $4.5H$ 法定滑动圆弧圆心搜索范围

2) 路基设计软件简化 Bishop 法分析计算

（1）运行理正公路设计 CAD 软件，选择保存工作路径，单击"确认"按钮后，弹出图 2.28 所示的对话框，选择"等厚土层土坡稳定计算"，并单击"确认"按钮。

图 2.28　通用路基设计 CAD－路基边坡稳定分析模块窗口

（2）单击"增"按钮后，弹出"新增项目选用模板"对话框，选择"高路堤例一"模板，如图 2.29 所示，单击"确认"按钮。

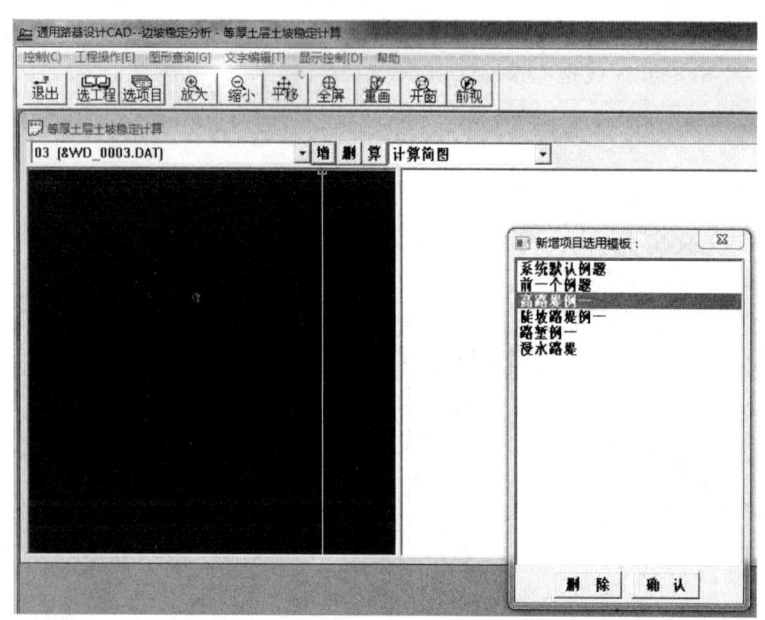

图 2.29　新增项目选用模板选择窗口

（3）进入"等厚土层土坡稳定计算"输入窗口后，单击"基本"标签后依次输入各项基本数据，如图 2.30 所示，计算目标为安全系数计算，破裂面形状选择圆弧滑动法，圆弧稳定计算目标选择指定圆心范围搜索最危险滑裂面，稳定分析方法选择简化 Bishop 法，根据 $4.5H$ 法确定的滑动圆弧圆心矩形搜索区域确定搜索范围各个角点 x、y 值，土条宽度为 2.000m，搜索时的圆心步长为 1.000m，搜索时的半径步长为 0.500m。

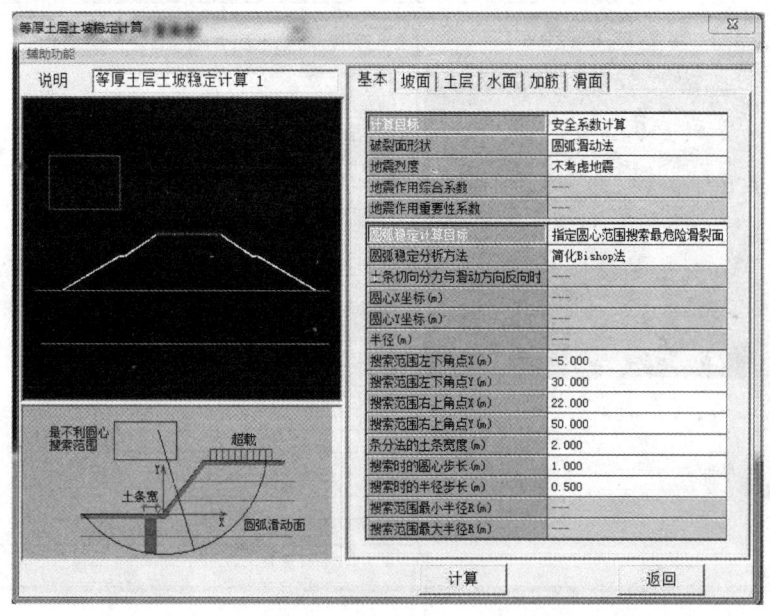

图 2.30 等厚土层土坡稳定计算基本参数输入窗口

（4）单击"坡面"标签后依次输入坡面数据，如图 2.31 所示，坡面线段数为 7，根据边坡实际情况分别输入 7 段坡面的水平投影长、竖向投影长，第 4 段超载个数为 1，其他坡面超载个数为 0，超载定位距离为 0.000m，分布宽度为 24.500m，超载值 $q_1 = 7.020\text{kPa}$，超载值 $q_2 = 7.020\text{kPa}$，作用角度为 270.000 度。

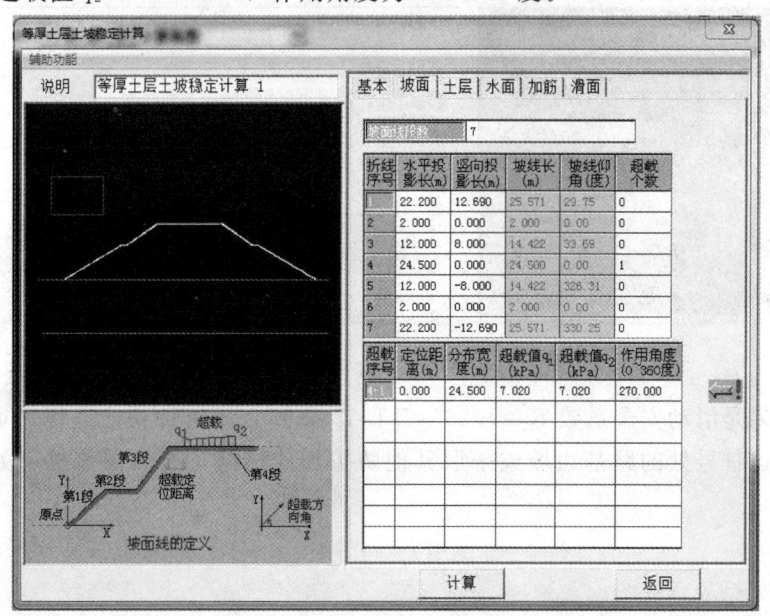

图 2.31 等厚土层土坡稳定计算坡面参数输入窗口

(5) 单击"土层"标签后输入土层数据,如图 2.32 所示,土层数为 1 层,土层厚度为 21.000m,重度为 17.000kN/m³,黏聚力为 10.000kPa,内摩擦角为 24.000 度。

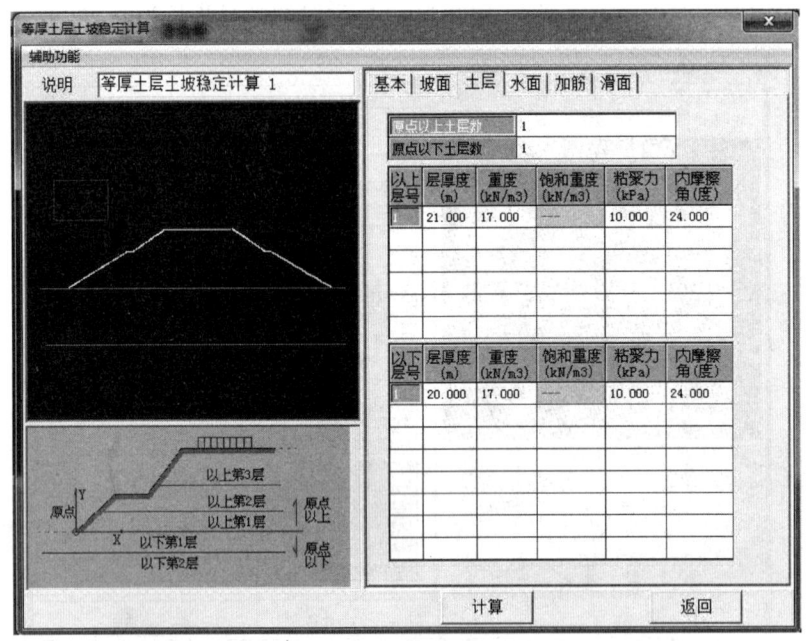

图 2.32　等厚土层土坡稳定计算土层参数输入窗口

(6) 单击"水面"标签,在"是否考虑水作用"栏目中输入:不考虑水作用,单击"加筋"标签,在"锚杆数"栏目中输入:0。所有数据输入完成后,单击"计算"按钮,该软件会自动生成计算简图和计算结果,如图 2.33 所示。

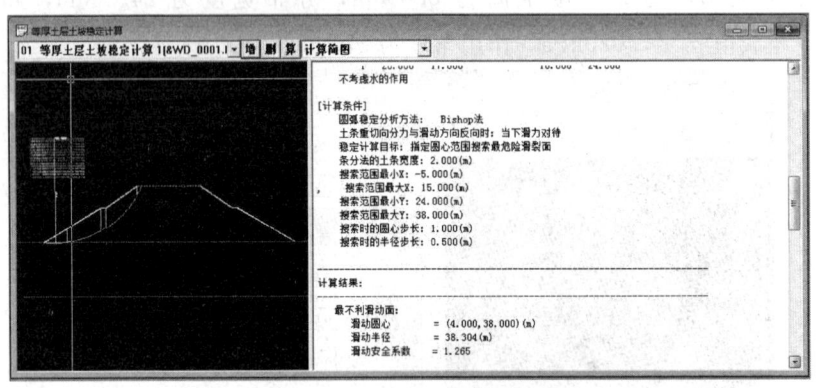

图 2.33　等厚土层土坡稳定计算结果

验算结果是滑动安全系数 $K=1.265<[1.35]$,所以该断面拟定路堤边坡不稳定,需要重新设计该桩号处的路基边坡或采取其他防护加固措施,以确保该桩号处高填方路堤稳定。

 **项目小结**

一般路基设计可套用典型横断面图，不必进行边坡论证和验算，然而对于高路堤、深路堑、陡坡路堤等是不能沿用一般路基设计方法的。对于这些路基，应进行个别分析、设计及验算，以确定安全可靠、经济合理的路基断面形式。

(1) 为简化计算，近似地将滑动破裂面与路基横断面的交线假设为直线、圆曲线或折线。砂性土及碎(砾)石土，因有较大的内摩擦角 φ 及较小的凝聚力 c，其破坏滑动面近似于直线平面；黏性土的凝聚力 c 较大，而其内摩擦角 φ 较小，边坡滑塌时，滑动面近似于圆曲面。

(2) 边坡稳定分析所需土的计算参数包括：土的容重 $\gamma(kN/m3)$、内摩擦角 $\varphi(°)$、黏聚力 $c(kPa)$，对于多层土体稳定性验算参数，可采用以层厚为权重的加权平均值。

(3) 边坡稳定性分析有关边坡取值时，对于折线形或阶梯形边坡，一般可取平均值。

(4) 在边坡稳定性分析时，需要将车辆按最不利情况排列，并将车辆的设计荷载换算成当量土柱高。

(5) 高路堤和深挖路堑边坡稳定性分析常用方法主要有平面滑动面法和圆弧滑动面法两种。前者适用于砂类土，后者适用于黏性土。陡坡路堤边坡稳定性分析假定路堤整体沿滑动面下滑，因此，陡坡路堤边坡稳定性分析方法可按滑动面形状的不同分为直线和折线两种方法。

 习　题

一、填空题

1. 在进行路基边坡稳定性验算时，_____、_____和容重是必不可少的土质参数。

2. 在路基稳定性设计中，考虑汽车荷载作用的方法是：_____，计算公式为：_____。

3. 验算路基边坡稳定性时，在一般情况下，可只考虑破裂面通过_____的稳定性，路基下为软弱土层时，还应考虑破裂面通过_____的可能性。

二、选择题

1. 对于用砂砾石填筑的路堤，若略去其黏结力不计，其边坡稳定性验算的安全系数计算公式为 $K = \tan\varphi / \tan\alpha$。根据此公式求得 $K > 1$ 时，则说明(　　)。

A. 土体处于极限平衡状态
B. 滑动面上的土体不论坡度多高，都是稳定的
C. 滑动面上的土体不论坡高多少，都不稳定
D. 土体可能稳定，也可能不稳

2. 路基边坡稳定性分析与验算的方法有(　　)两类。

A. 力学验算法与图解法　　　　B. 力学验算法与表解法
C. 力学验算法与工程地质法　　D. 图解法与表解法

3. 对于黏性土路基边坡，可采用(　　)进行稳定性验算。

A. 直线滑动面法　　　　　　　B. 圆弧滑动面法

C. 折线滑动面法　　　　　　D. 工程地质比拟法

三、简答题

1. 路基边坡稳定性与哪些因素有关？
2. 简述圆弧条分法验算路堤边坡稳定性的步骤。
3. 简述陡坡路堤边坡稳定性分析的步骤。
4. 在路基边坡稳定性验算中，已求得某个滑动面上的稳定系数 $K=1.5$，试问该路基边坡是否稳定？为什么？

项目 3 路基防护设计

教学目标

通过本项目任务的学习,了解路基防护工程的目的、要求及其主要分类方法;掌握各种坡面防护方法在路堤边坡和路堑边坡中的应用;熟悉沿河路基直接防护的常用方法,了解间接防护方法;熟练应用绘图软件绘制路堤边坡与路堑边坡防护设计图,熟练应用 Excel 软件编制路基防护工程数量表。

教学要求

能力目标	知识要点	权 重
了解路基防护工程的目的、要求、分类	路基防护工程的目的、要求、分类方法	10%
掌握坡面防护措施及其应用	植物防护、骨架植物防护、圬工防护、封面、捶面	50%
熟悉沿河路基直接防护方法	植物防护、砌石防护、抛石、石笼、浸水挡土墙、土工模袋等	15%
了解沿河路基间接防护方法	丁坝、顺坝、格坝、改移河道	5%
能根据设计图库,进行常规的路堤和路堑边坡防护设计	路堤边坡防护设计图、路堑边坡防护设计图及相应工程量统计	20%

▶▶引例

精心设计的路基边坡防护工程不但可增加路基边坡的强度和稳定性，还能提供优美的景观环境，有利于实现公路主体与原自然及社会环境的融合。几种防护类型如图3.1～图3.4所示。

图3.1　拱形骨架植草防护

图3.2　人字形骨架植草防护

图3.3　方格形骨架植草防护

图3.4　窗孔护面墙

注：图片来源于《公路路基设计规范》宣讲资料

任务3.1　认识路基防护工程

3.1.1　路基防护的目的和要求

路基在水、风、气温等自然因素的长期作用下，将产生变形和破坏，若不及时加以防治，就会引起严重的病害。为了保证路基的稳定性，除了要做好路基防排水外，必须做好路基防护与加固设计。通过路基防护工程，保护路基边坡表面免受雨水冲刷，减缓温差及湿度变化的影响，防止和延缓软弱岩土表面的风化、碎裂、剥蚀演变进程，从而保护路基边坡的整体稳定性，此外还可同时兼顾路基美化和协调自然环境。一般来说，防护与加固的重点是路基边坡，特别是不良地质与水文路段及沿河路基的边坡。有时，对附近可能危害路基的河流和山坡也应进行必要的防护，以保证防护加固工程能正常工作。

防护工程是路基工程的一个组成部分，除专门用来支挡路基的结构物外，一般防护工程承受外力的能力很差，有的则完全不能承受外力的作用。因此，要求路基边坡本身基本稳定，否则不但路基得不到防护，而且连防护工程也会遭到破坏。

随着公路等级的提高，为了维护正常的汽车运输，确保行车安全，以及保持公路与自然环境协调，做好路基的防护具有重要意义。因此《公路路基设计规范》(JTG D30—2004)要求：各级公路应根据当地气候、水文、地形、地质条件及筑路材料分布情况，采取工程防护和植物防护相结合的综合措施，防止路基病害，保证路基稳定，并与周围环境景观相协调；路基坡面防护工程应在稳定的边坡上设置，防护类型的选择应综合考虑工程性质、水文地质、边坡高度、环境条件、施工条件和工期等因素的影响，对于路基稳定性不足和存在不良地质因素的路段，应注意路基边坡和支挡加固的综合设计；在地下水较为发育的路段，应注意路基防护与地下排水措施的综合设计，在多雨地区，用砂类土、细粒土等填筑的路堤，应采取坡面防护与截排水的综合措施，防止边坡冲刷破坏。

3.1.2 防护工程的分类

路基边坡的防护与加固工程按照作用不同可分为坡面防护、沿河路基防护、挡土墙、边坡锚固、土钉支护及抗滑桩6类。坡面防护用于防护易受自然因素影响而破坏的土质与岩质边坡。沿河路基防护用于防止水流对路基的冲刷与淘刷。挡土墙、边坡锚固、土钉支护及抗滑桩用于防止路基变形或支挡路基土体，以保证路基的稳定性。

> **特别提示**
>
> 为了使概念明确，一般把防止冲刷和风化，主要起隔离作用的工程措施称为防护工程。把防止路基或山体因重力作用而坍滑，主要起支撑作用的结构物称为支挡或加固工程。项目3主要讲述防护工程，挡土墙将在项目4中介绍，而边坡锚固、土钉支护及抗滑桩等工程不在本书范围内，可参考相关资料。

实际上，路基防护与支挡工程除了具有其各自的主要作用外，往往还兼有其他作用。如砌石护坡的主要作用是防止水流冲刷路基边坡，但也具有一定的加固作用；挡土墙主要是起支挡作用，但同样也可以防止水流冲刷。

路基坡面防护工程分类如图3.5所示。

本项目主要简述坡面防护工程和沿河路基防护工程。

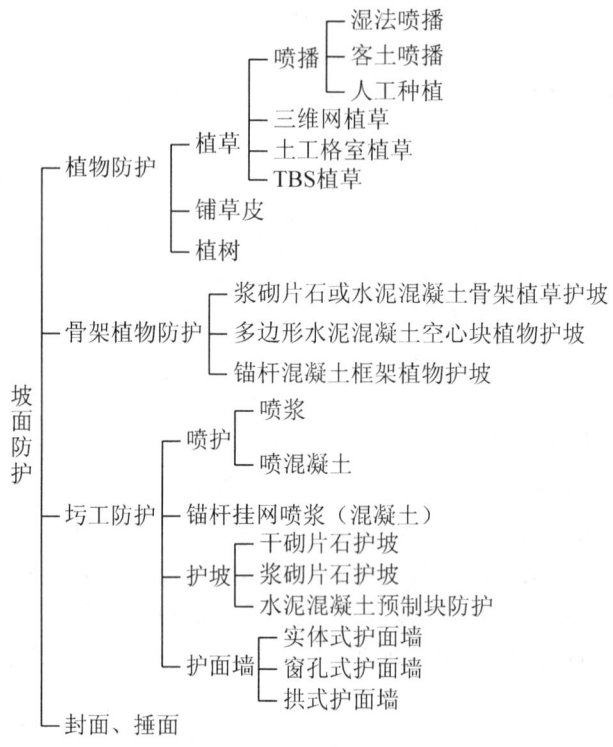

图 3.5 路基坡面防护工程

任务 3.2 路堤边坡防护设计

知识讲解

根据路堤边坡坡面的特点,一般可以采用如下几种坡面防护方法。

3.2.1 植物防护

植物防护可美化路容,协调环境,依靠成活植物的发达根系深入土层,使表土固结。植物根、茎、叶可以调节表土的湿度,阻滞地表径流,防止或减缓冲刷,防洪保堤。不同的植被还可起到交通诱导、安全、防眩、吸尘、隔音作用。

1. 植被防护

1) 种草

(1) 使用条件:种草防护适用于边坡稳定,不浸水或短期浸水但地面径流速度不超过 0.6m/s,坡面冲刷轻微,且易于草类生长的土质路堤与路堑边坡,用以防止表面水土流失,固结表土,增强路基的稳定性,路基边坡不宜陡于 1:1。

(2) 注意事项如下。

① 选用草种应注意当地的土壤和气候条件,通常以容易生长、根部发达、叶茎低矮、

枝叶茂密或有匍匐茎的多年生草种为宜，常用的有白茅草、毛鸭嘴、鱼肩草等，最好采用几种混合播种，使之生成一个良好的覆盖层。

② 种植时草子宜掺砂或与土粒拌和，使之播种均匀，播种时间以气候温暖、温度较高的季节为宜。

2) 铺草皮

(1) 使用条件：路基坡面上铺草皮防护，其作用与种草防护相同，前者更适合于当地有足够的供挖取使用的草皮地段，但在边坡较高陡和坡面冲刷较严重的地方，铺草皮比种草防护收效快，因此铺草皮适用于需要快速绿化，且坡率缓于1:1的土质边坡和严重风化的软质岩石边坡。

(2) 草皮的铺置方法：铺草皮的常见方法有平铺草皮、叠铺草皮、方格式草皮和卵(片)石方格草皮，如图3.6所示。

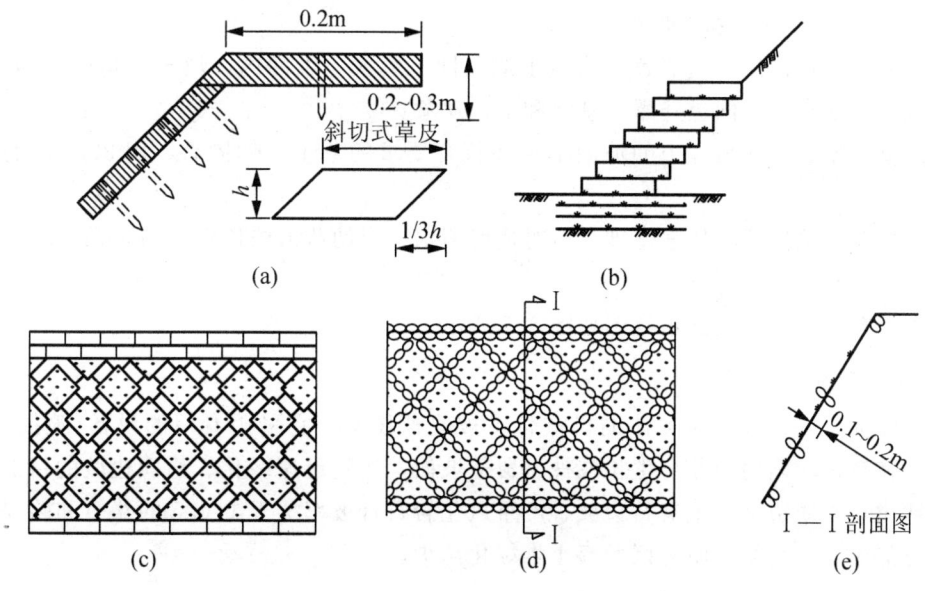

图 3.6 草皮防护示意图

(a)平铺草皮；(b)叠铺草皮；(c)方格式草皮；(d)卵石方格草皮；(e)Ⅰ—Ⅰ剖面

(3) 注意事项如下。

① 草皮应选用根系发达、茎矮叶茂的耐旱草种，干枯、腐朽及喜水草种不宜采用，泥沼地区的草皮禁用。

② 铺草前应将边坡表面挖松整平，如果有地下水露头，应做好排水设施。

③ 铺草皮应在春季或初夏，干燥地区应在雨季进行，不宜在冰冻或解冻时期施工。

④ 路堑边坡铺草皮时，应铺过路堑顶部1m或铺至截水沟边。

⑤ 每块草皮钉2~4个竹尖或木尖桩，使草皮与坡面固结，边坡缓于1:1.5时，可不钉桩。

3) 植树

植树适用于坡率缓于1:1.5的边坡防护，或在边坡以外的堤岸及河漫滩外，用以降低流速。多排林带还可改变水流方向，在沙漠与雪害地区，可起到阻沙防雪的作用。树种应选用能迅速生长且根深枝茂的低矮灌木类。公路弯道内侧边坡严禁栽植高大树木。

2. 三维植被网防护

三维植被网防护适用于砂性土、土夹石及风化岩石边坡，且坡率缓于1:0.75的边坡防护。三维植被网中的回填土采用客土或土、肥料及含腐殖质土的混合物。三维网可采用EM3 工网垫(3 层)。下述施工方法可供参考。

(1) 坡表处理：坡面应倾斜一致、平整且稳定，将坡面不稳定的石块或杂物清除。

(2) 挂网：三维网在坡顶延伸 0.8~1.0m 固定后，埋入截水沟或土中至少 0.5m，然后自上而下平铺至坡底，相邻网与网间搭接宽度至少为 20cm，网紧贴坡面，无褶折和悬空现象。

(3) 固定：用 $\phi 8$ 钢筋做成"U"形钉进行固定，坡面固定间距为 100cm，坡顶间距为 50cm，固定时，钉与网紧贴坡面。

(4) 回填土：选用路基清表的耕植土或黏性土填入三维网内，填土平均厚度为 7cm，填土后坡面应平整，无网包外露、悬空和空包现象。

(5) 喷播草子：在填好土的坡面上喷播符合要求的草子，喷播后，用 $30g/m^2$ 的无纺布覆盖好。

(6) 揭膜：喷播后应加强管理，适时适度喷水。当幼苗植株长到 5~6cm 或 2~3 片叶时，揭去无纺布。

三维植被网防护的设计示意图如图 3.7 所示。

3. 湿法喷播

湿法喷播是一种以水为载体的机械化植被建植技术。它采用专门的设备(喷播机)施工。种子在较短时间内萌芽、生长成株、覆盖坡面，达到迅速绿化、稳固边坡的目的。湿法喷播适用于土质边坡、土夹石边坡、严重风化岩石且坡率缓于1:0.5的路堑和路堤边坡及中央分隔带、立交桥、服务区及弃土堆绿化防护。

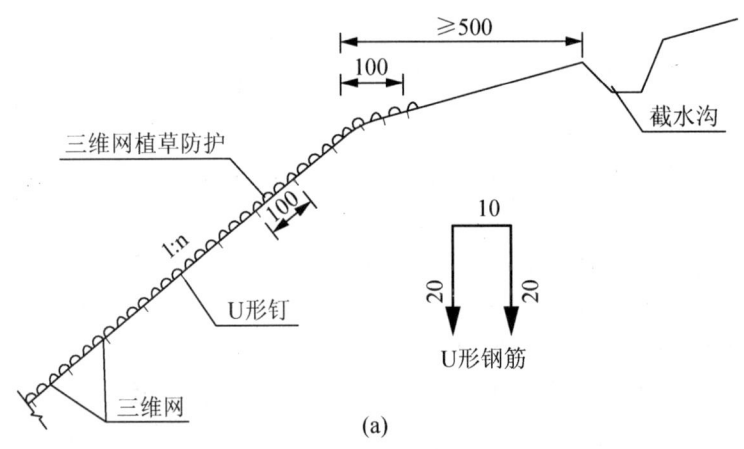

图 3.7　三维植被网防护设计示意图(尺寸：cm)

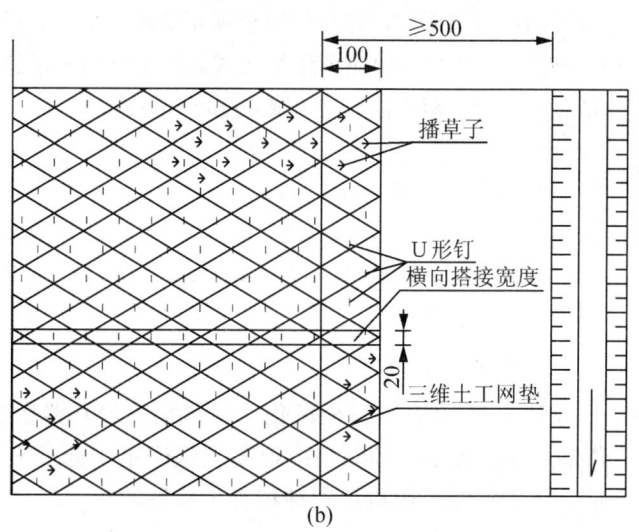

图 3.7 三维植被网防护设计示意图(尺寸：cm)(续)
(a)侧面图；(b)平面图

3.2.2 骨架植物防护

骨架植物防护是指对于无法直接采用植物防护的路基边坡，采用浆砌片石或钢筋混凝土在坡面上形成框架，并结合铺草皮、三维植被网、土工格栅、喷播植草、栽植苗木等方法形成的一种护坡技术。骨架植物防护主要用于土质或强风化岩石边坡的防护，防止边坡受雨水侵蚀，避免土质坡面上产生沟槽。

1. 浆砌片石或水泥混凝土骨架植草护坡

适用于缓于 1:0.75 的土质和全风化岩石边坡。当坡面受雨水冲刷严重或潮湿时，坡度应缓于 1:1。骨架的形式有方格形、拱形、人字形等，如图 3.1、图 3.2、图 3.3 和图 3.8 所示，应视

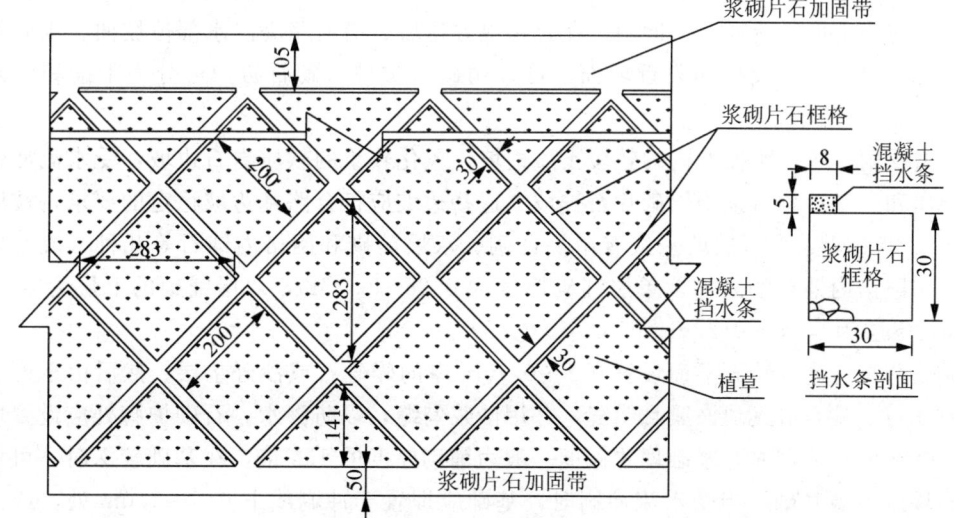

图 3.8 方格形浆砌片石骨架植草(尺寸：cm)

边坡坡率、土质和当地情况确定骨架形式,并与周围景观相协调。骨架防护可采用混凝土、浆砌片(块)石、卵(砾)石等做骨架,在骨架内应采用植物或其他辅助防护措施。在降雨量较大且集中的地区,骨架宜做成截水沟型,截水沟尺寸由降雨强度计算确定。

> **特别提示**
>
> 浆砌片石(混凝土)骨架植草防护既能稳定路基边坡,又能节省材料,造价较低,施工方便,造型美观,能与周围环境自然融合,是目前高速公路路堤边坡防护的主要形式之一,值得推广应用。

2. 多边形水泥混凝土空心块植物护坡

适用于坡度缓于1:0.75的土质边坡和全风化、强风化的岩石路堑边坡,并视需要设置浆砌片石或混凝土骨架。多边形空心预制块的混凝土强度不应低于C20,厚度不应小于150mm,如图3.9所示。空心预制块内应填充种植土,喷播植草。

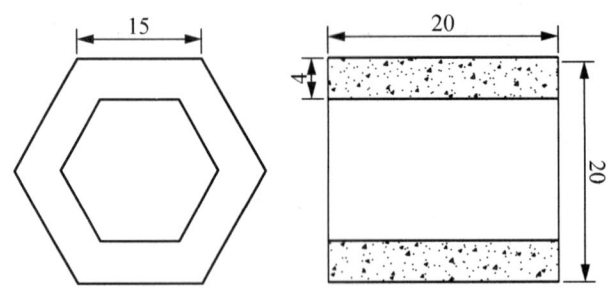

图 3.9 空心六角形预制块规格(尺寸:cm)

3.2.3 砌石护坡

圬工防护包括喷护、锚杆挂网喷浆、浆砌片石护坡及护面墙等,适用于路堤的主要是砌石护坡。

为了防止地面径流或河水冲刷,在公路填方边坡、沿河路堤浸水部位坡面、土质路堑边坡下部的局部,以及桥涵附近坡面,可采用砌石护坡。砌石防护可分为干砌和浆砌两种,如图 3.10 所示。

易遭受雨、雪、水流冲刷的较缓土质边坡,风化较重的软质岩石边坡,受水流冲刷较轻的河岸和路基,均可采用干砌片石护坡。这些边坡应符合路基边坡稳定的要求,坡度需缓于 1:1.25。干砌片石护坡一般有单层铺砌、双层铺砌和网格内铺石等几种,流速较大时宜采用网格内铺石的防护。单层铺砌厚度为 0.25~0.35m,双层铺砌的上层为 0.25~0.35m,下层为 0.15~0.25m。

砌石防护应先在片石下面设置 0.1~0.15m 厚的碎砾石或沙砾垫层;然后由下而上平整铺砌片石,片石应逐块嵌紧且错缝,并用砂浆勾缝,以防渗水。石砌护脚处应设置墁石基础。在无河水冲刷时,基础埋置深度一般为铺砌厚度的 1.5 倍,在基础较深时,可设计为堆石垛或石墙基础。当受水流冲刷时,基础应埋置于冲刷线下 0.5~1.0m 处,或采用石砌深基础。当不能将基础设置于冲刷线以下时,必须采取适当措施。

当不适宜采用干砌片石护坡或效果不好时，或水流流速较大(大于 3m/s)，波浪作用强，有漂浮物等冲击时，可用浆砌片石防护。浆砌片石护坡适于坡度缓于 1:1 的易风化岩石和土质边坡，其厚度不宜小于 0.25m，砂浆强度等级不应低于 M5，用于冲刷防护时根据流速大小或波浪大小确定，最小厚度一般不小于 0.35m。浆砌片石防护较长时，应在每隔 10～15m 处设置伸缩缝，缝宽约为 2cm，在缝内填塞沥青麻筋或沥青木板等材料。在基底土质有变化处，还应设置沉降缝，可考虑将伸缩缝和沉降缝合并设置。护坡的中下部应设泄水孔，排泄护坡背面的积水以减少渗透压力，泄水孔可采用 10cm×10cm 的矩形或直径为 10cm 的圆形泄水孔，其间距为 2～3m，在孔后 0.5m 范围内应设置反滤层。近河路基浆砌片石护坡基础的埋置深度应在冲刷线下 0.5～1.0m，否则应有防止路基被冲刷的措施。

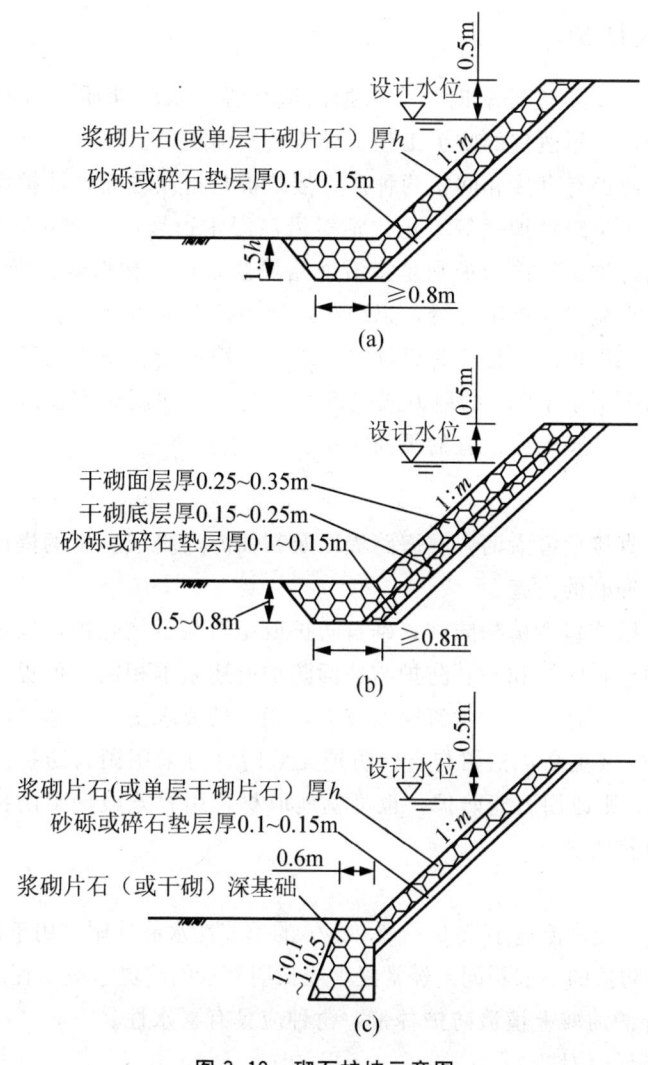

图 3.10 砌石护坡示意图
(a)单层；(b)双层；(c)单层，深基础

在石料缺乏地区，也可采用水泥混凝土预制块防护。预制块的混凝土强度不应低于 C15，在严寒地区不应低于 C20。

浆（干）砌片石护坡或水泥混凝土预制块护坡铺砌层下均应设置碎石或沙砾垫层，厚度不宜小于 100mm。

特别提示

在铺砌层下设置垫层的主要作用是：①防止水流将铺砌层下面边坡上的细颗粒土带出来冲走；②增加整个铺砌防护的弹性，将冲击河岸的波浪、流水、流冰等的动压力，以及漂浮物的撞击压力，分布在较大面积上，从而增强对各种冲击力的抵抗作用，使其不易损坏。

3.2.4 沿河路基防护

当沿河地段路基受水流冲刷时，应根据河流特性、水流性质、河道地貌、地质等因素，结合路基位置，选用适宜的防护工程、导流或改河工程。

沿河路基冲刷防护有直接和间接两种。直接防护是指在坡面加铺护面墙、混凝土板或采用砌石护坡以及土工织物护面等，也包括对沿河浸水边坡或坡脚进行抛石，或以石笼、梢料、浸水挡土墙防护；间接防护则是指沿河路堤修筑调治构造物以及营造防护林带等，将危害路基的较大水流引向指定位置，以减小水流对路基的直接冲刷。

沿河路基防护工程顶面高程应为设计水位加上波浪侵袭、壅水高度及安全高度。基底埋设在冲刷深度以下不小于 1m 的地方或嵌入基岩内。当冲刷深度较深、在水下施工困难时，可采用桩基、沉井基础或适宜的平面防护。

1. 直接防护

为了防止流水直接危害沿河、滨海路堤以及有关海河堤坝护岸的堤岸边坡和坡脚，必须采取一定的防止冲刷的措施。

堤岸防护直接措施包括植物防护、砌石防护或抛石与石笼防护，以及必要时设置的支挡（驳岸等）。其中植物防护和砌石防护与坡面防护所述基本相同，但堤岸的防冲刷主要原因是洪水急流，水位变迁不定，水流速度较大，相应的要求更高。盛产石料的地区，当水流速度达到 3.0m/s 或更高，植树与石砌防护无效时，可采用抛石防护。当水流速度达到或超过 5.0m/s 时，则改用石笼防护，也可就地取材，用竹笼或梢料防护，必要时可以采用土工织物软体沉排护坡。

1）植物防护

植物防护适用于允许流速小于 1.2~1.8m/s 的季节性水流冲刷，用于冲刷防护的植物防护要求与前述坡面防护的要求相同。经常浸水或长期浸水的路堤边坡不宜采用种草防护。

在沿河路基外的河滩上植造防护林带，树种应具有喜水性。

2）砌石或混凝土护坡

砌石或混凝土护坡适用于允许流速为 2~8m/s 的路堤边坡。用于冲刷防护的干（浆）砌片石或混凝土护坡的有关要求（规定）与前述坡面防护的要求相同。

浆砌片(卵)石护坡的厚度应按流速和波浪的大小等因素确定,并且应不小于350mm。护坡底面应设置厚度不小于100mm的反滤层。

3)抛石

抛石适用于经常浸水且水深较大的路基边坡或坡脚,以及挡土墙、护坡的基础防护。抛石一般多用于抢修工程。抛石护坡坡度和选用石料粒径应根据水深、流速和波浪情况确定,石料粒径应大于300mm,坡度不应陡于所抛石料浸水后的天然休止角,厚度不应小于所用最小石料粒径的两倍。

抛石防护类似于在坡脚处设置护脚,也称为抛石垛,如图3.11所示。抛石垛的边坡坡度不应大于浸水后的天然休止角,边坡坡率m_1一般为1.5～2.0,m_2为1.25～2.0。

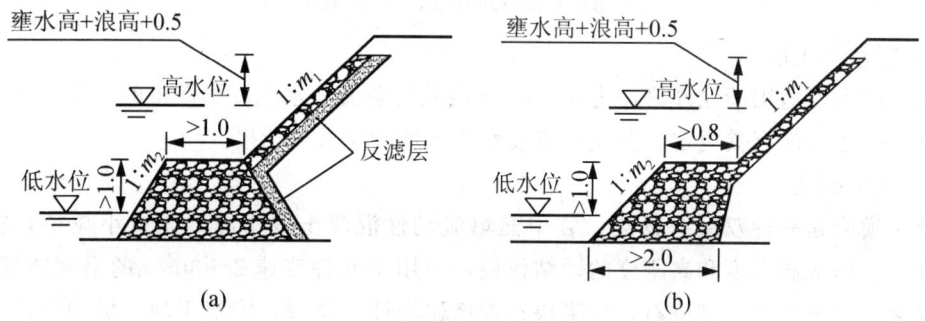

图3.11 抛石防护示意图(尺寸:m)
(a)新堤石垛;(b)旧堤石垛

4)石笼

石笼是用铁丝编织成框架,内填石料,设在坡脚处,以防急流和大风浪破坏堤岸,也可用来加固河床,防止淘刷。铁丝框架可以是箱形或圆形,如图3.12(a)和(b)所示。笼内填石的粒径最小不小于4.0cm,一般为5～20cm,外层应用棱角突出的大石料,内层可用较小的石块填充。石笼在坡脚处排列,用于防止冲刷淘底时应平铺并与坡脚线垂直,而且堤岸一端固定,另一端不必固定,淘刷后可以向下沉落贴于底面;用于防止堤岸边坡冲刷时则垒码平铺成梯形,如图3.13(a)和(b)所示。单个石笼的大小以不被相应速度的水流冲动为宜,铺设时必须用碎(砾)石垫层铺平,底层各角可用铁棒固定于基底。

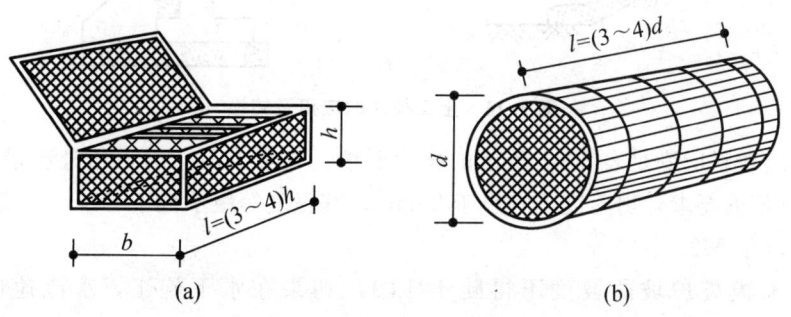

图3.12 石笼的形式
(a)箱形;(b)圆形

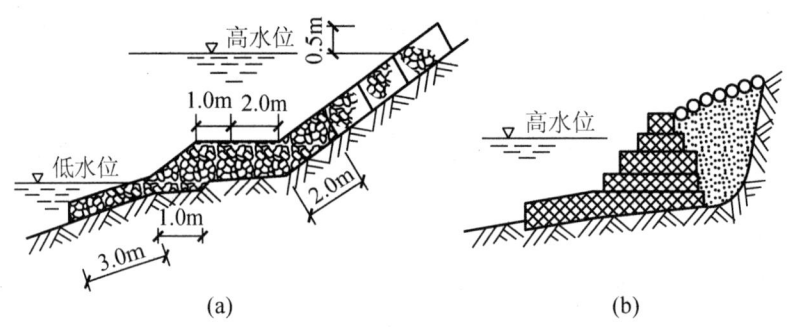

图 3.13　石笼垒码平铺图

(a)平铺并与坡脚线垂直；(b)平铺成梯形

5) 浸水挡土墙

浸水挡土墙适用于允许流速为 5～8m/s 的峡谷急流和水流冲刷严重的河段。浸水挡土墙应符合挡土墙的有关规定，并应注意浸水挡土墙和岸坡的衔接。

6) 土工模袋

土工模袋是一种双层织物袋，袋中充填流动性混凝土或水泥砂浆或小粒径石料混凝土，凝固后形成高强度和高刚度的硬结板块，适用于允许流速 2～3m/s 的沿河路基防护。土工模袋可用于替代干砌块石、砂浆块石等修建堤坡、堤脚，构筑丁坝、堤坝主体，还可以用于堤坝崩塌、江河崩岸险情的抢护。其应用场合如图 3.14 所示。

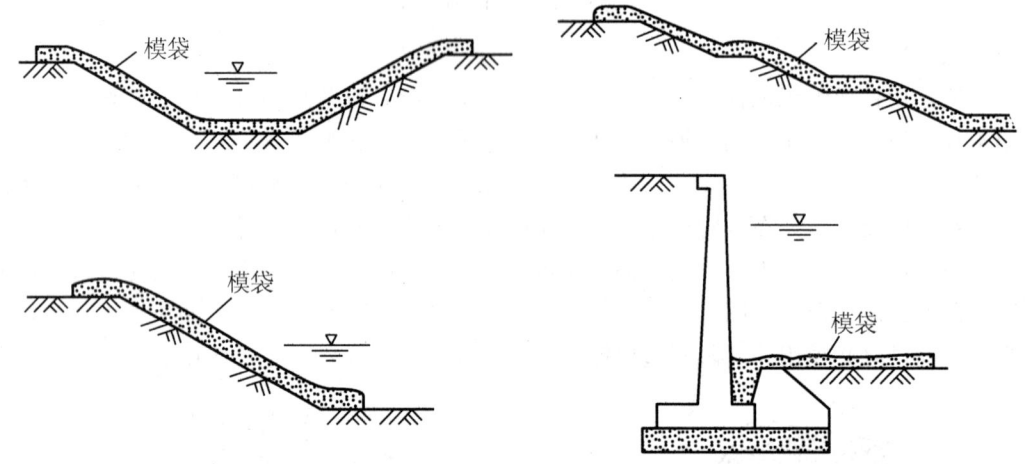

图 3.14　土工模袋的应用及铺设

土工模袋材料应满足表 3-1 所示的技术要求。充填混凝土时，粗骨料最大粒径应符合表 3-2 所示的要求，坍落度不宜小于 20mm，其强度等级不低于 C10；充填砂浆时，其强度等级不低于 M2.5。

采用土工模袋护坡的坡度不得陡于 1:1。如果在水下施工，水流速度不宜大于 1.5m/s。模袋选型应根据工程要求和当地土质、地形、水文、经济与施工条件等确定。应根据水流量选定模袋滤水点分布数量，当选用无滤水点模袋时，应增设渗水滤管。模袋应用尼龙绳缝制。

表 3-1 土工模袋材料应满足的技术要求

指标内容	指标要求
顶破强度/N	≥1500
渗透系数/(10^{-3}cm/s)	0.86~10
等效孔径 O_{95}/mm	0.07~0.15
延伸率(%)	≤15

表 3-2 混凝土骨料的最大粒径要求

土工模袋厚度/mm	骨料最大粒径/mm
150~250	≤20
≥250	≤40

2. 间接防护

设置导治结构物可改变水流方向，消除和减缓水流对堤岸的直接破坏，同时可减轻堤岸近旁的淤积，彻底解除水流对局部堤岸的损害作用，起安全保护作用。导治结构物是桥涵和路基的重要附属工程，由于涉及水流改向，影响范围较大，工程费用也较高，务必慎重。用于防护堤岸的改河工程一般限于小型工程，如裁弯取直、挖滩改道、清除孤石等，可在小河的局部段落上进行。

导治结构物主要是设坝，按其与河道的相对位置一般可分为丁坝、顺坝或格坝。图 3.15 所示是桥梁附近设置导治结构物的总体布置示例之一。导治结构物的布置应综合考虑河道宽窄、水流方向、地质条件、防护要求、材料来源、施工条件和工程经济等，要综合考虑，全面治理，避免河床过多压缩，或因水位提高和水流改向而危害河对岸或附近地段的农田水利、地面建筑及堤岸等。

顺坝大致与堤岸平行，主要作用为导流、束水、调整流水曲度、改善流态。格坝在平面上成网格状，设于顺坝与堤岸之间，防止高水位时水流溢入，冲刷坝内岸坡和坡脚，并促进格间的淤积。丁坝大致与堤岸垂直或斜交，将水流挑离堤岸，束河归槽，改善流态。顺坝也称为导流坝，丁坝也称为挑水坝。

导治结构物的布置是工程成败的关键。布置恰当能收到预期效果；布置不当反而会恶化水流，造成水毁。关键在于合理设计导治线，使之符合预定的河轴线和河岸线要求，也取决于如何选择导治水位，确保不致出现不利的冲刷情况。导治线与导治水位应依据水流和河岸、河床地形、地质情况、水流对上下游堤岸的影响等因素，通过综合分析和设计计算而定。

顺坝与丁坝均用石块修建成梯形横断面，坝体分为坝头、坝身和坝根 3 个组成部分，横断面尺寸依构造要求、施工条件和使用需要而定，并应进行稳定性计算。

公路工程中的改河，其主要目的是：将直接冲刷路基的水流引向旁处；路基占用河槽后，需要拓宽河道；挖滩改河，清除孤石，改移河道，以保护路基；裁弯取直，有利于布置路线或桥涵。这些措施如果经过论证可行，确有必要且效益高时，方可通过设计计算，最后实施。

导治结构物的构造与要求以及结构物与改河工程的具体设计计算方法，在路基设计手册等文献中已有详细介绍，可供查用。

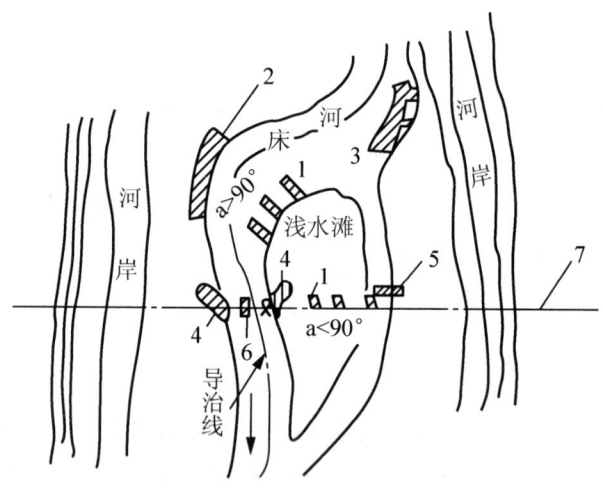

图 3.15　导治结构物综合布置示例

1—丁坝；2—顺坝；3—格坝；4—导流坝；5—拦水坝；6—桥墩；7—路中线

任务实施

本段公路路基大部分路段为填方路基，即路堤，且无沿河路基。路堤边坡坡度在 1:1.75:1:1.5 范围内，为了公路的整体景观和路基稳定，路堤边坡防护方法主要采用植物防护，对于路堤边坡高度 3m 以下的采用直接植草进行防护；对于路堤边坡高度 3m 以上的采用框格植草进行防护，并编制相应的工程数量表和绘制相应的防护设计图，详见 S3-4 和 S3-5。

> **特别提示**
>
> 在路基与路面结构设计图中，一般均明确了单位工程数量，因此，工程量可根据该单位工程数量和公路长度进行计算确定。路基与路面工程数量一般均按此法进行计算确定，以后将不再重复。

任务 3.3　路堑边坡防护设计

知识讲解

路堑边坡坡面的防护方法除了任务 3.2 中所述的植物防护之外，根据其特点，还有如下所述的坡面防护方法。

3.3.1 植物防护

1. 植被防护

同任务 3.2。

2. 三维植被网防护

同任务 3.2。

3. TBS 植被防护

TBS 植被防护又被称为厚层基材植被防护,它不仅适用于所有开挖后的岩体边坡,而且对于岩堆、软岩以及挡土墙、护面墙等不宜绿化的恶劣环境也适用。其核心是在岩质坡面营造一个既能让植物生长发育而种植基质又不被冲刷的多孔稳定结构。它利用专用的喷射设备将土壤、有机质、保水材料、肥料、木纤维、黏合剂和植物种子等混合后按设计厚度喷射到岩面上,由于黏合剂的黏结作用混合物可在岩石表面形成一层连续的具有孔隙的硬化体。一定程度的硬化使种植免遭冲蚀,而孔隙内填有种子、土壤、保水材料等,适合植物生长发育。

TBS 植被防护的构造图如图 3.16 所示。其基本组成部分主要为锚杆、复合材料网、基材混合物和植被种子等。

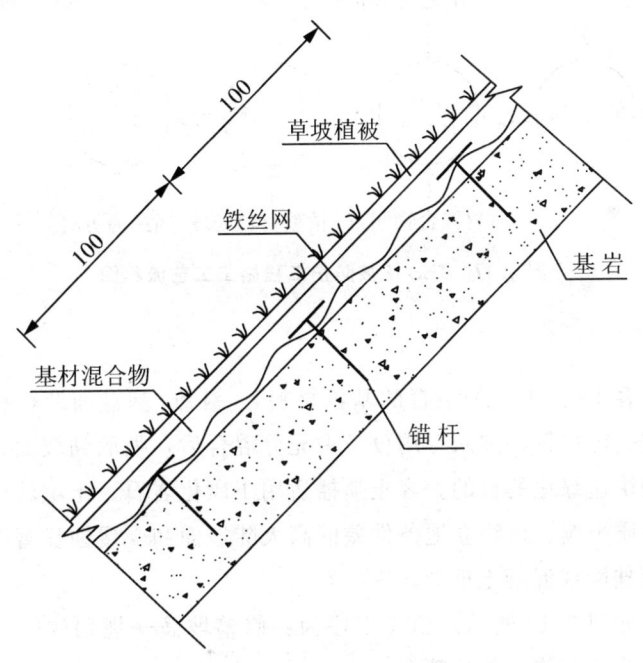

图 3.16 TBS 植被防护构造图(尺寸:cm)

(1)锚杆。锚杆的作用是稳定剖面并将网固定在剖面上,其长度可根据边坡的地质情况而定。地质情况较好的可采用较短的锚杆;地质情况较差的可加长锚杆。

(2) 复合材料网。复合材料网可选用纤维网、土工网、铁丝网,用于稳定剖面表层破碎部分,增强护坡强度,形成加筋植被混凝土。复合网一般采用镀锌铁丝网,网孔可取 50mm×50mm。

(3) 基材混合物。基材混合物是植被种子生长发育、根系发展的基体,由绿化基材、纤维、植壤土等按一定比例混合而成。绿化基材由有机质、土壤结构改良剂等材料制成;植壤土应选用工程地原有的地表土或附近农田土粉碎过 8mm 筛,含水量≤20%,风干过筛后的植壤土应采取防水措施;纤维可就地取秸秆、树枝等粉碎成 10~15mm 长,含水量≤20%。

(4) 植被种子。植被种子由多种草本植物种子混合而成。草种根据本地区特点和植被情况选取适合本地区生长的优质草种。

TBS 植被防护工程施工工艺流程如图 3.17 所示。

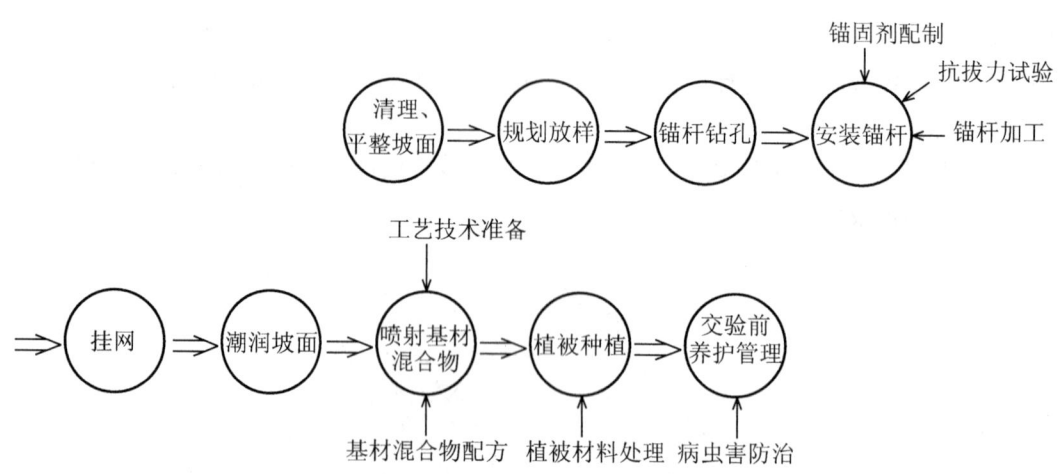

图 3.17 TBS 植被防护工程施工工艺流程图

4. 客土喷播

客土喷播是将客土(提供植物生育的基盘材料)、纤维(基盘辅助材料)、侵蚀防止剂、缓效肥料和种子按一定比例,加入专用设备中充分混合后,喷洒到坡面,使植物获得必要的生长基础,达到快速绿化的目的。客土喷播适用于风化岩石、土壤较少的软质岩石、养分较少的土壤、硬质土壤、植物立地条件差的高大陡坡面和受侵蚀显著的坡面。当坡率陡于 1∶1 时,宜设置挂网或混凝土框架。

客土喷播构造如图 3.18 所示。施工工序为:修整坡面→规划放样→种植小灌木→吹附基质→吹附种子及营养液→养护管理。

5. 湿法喷播

同任务 3.2。

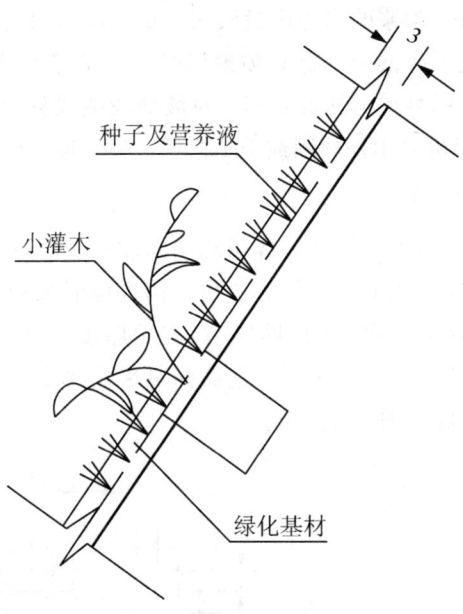

图 3.18 客土喷播构造图(尺寸：cm)

3.3.2 骨架植物防护

1. 浆砌片石或水泥混凝土骨架植草护坡

同任务 3.2。

2. 多边形水泥混凝土空心块植物护坡

同任务 3.2。

3. 锚杆混凝土框架植物护坡

适用于土质边坡和坡体中无不良结构面、风化破碎的岩石路堑边坡。锚杆采用非预应力的全长黏结型锚杆，锚杆间距、长度根据边坡地质情况确定。锚杆保护层厚度不应小于 20mm。框架应采用钢筋混凝土，混凝土强度不应低于 C25，框架几何尺寸应根据边坡高度和地层情况确定，框架内宜植草。

> **特别提示**
>
> 锚杆混凝土框架植草防护是近年来总结锚杆挂网喷浆(混凝土)防护的经验教训后发展起来的，它既保留了锚杆对风化破碎岩石边坡主动加固的作用，防止岩石边坡经开挖卸荷和爆破松动而产生的局部楔形破坏，又吸收了浆砌片石(混凝土)骨架植草防护造型美观、便于绿化的优点。

3.3.3 圬工防护

1. 喷浆

喷浆施工简便，效果较好，适用于易风化但未遭强风化的岩石挖方边坡，挖方坡率需缓于

1:0.5，厚度一般为 5～10cm。喷浆的水泥用量较大，重点工程可选用。喷浆防护厚度不宜小于 50mm，采用的砂浆强度不应低于 M10；喷射混凝土防护厚度不宜小于 80mm，混凝土强度不应低于 C15。喷浆前后的处治与抹面相同。对坡面较陡或易风化的坡面，可以在喷浆前先铺设加筋材料，加筋材料可以用铁丝网或土工格栅，喷浆坡面应设置排水孔和伸缩缝。

2. 锚杆挂网喷浆（混凝土）

锚杆挂网喷浆（混凝土）适用于坡面为碎裂结构的硬质岩石或层状结构的不连续地层以及坡面岩石与基岩分开并有可能下滑的挖方边坡。锚杆应嵌入稳固基岩内，锚固深度应根据岩体性质确定。钢筋网喷射混凝土（挂网锚喷）支护厚度不应小于 100mm，也不应大于 250mm。钢筋保护层厚度不应小于 20mm，钢筋网可采用 15cm×15cm 网格，铁丝直径采用 $\phi4.06$mm。挂网锚喷构造如图 3.19 所示。

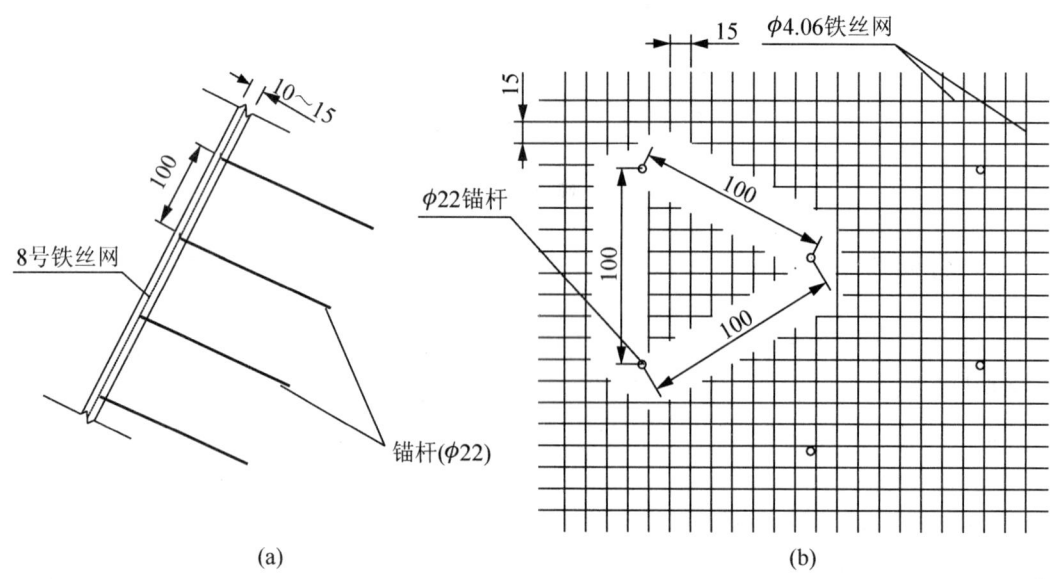

图 3.19 挂网锚喷布置示意图（尺寸：cm）

(a)剖面图；(b)铁丝网布置图

3. 砌石护坡

同任务 3.2。

4. 护面墙

护面墙是浆砌片石的坡面覆盖层，紧贴坡面修建，适用于防护易风化或风化严重的软质岩石或较破碎岩石的挖方边坡，以及坡面易受侵蚀的土质边坡，边坡不宜陡于 1:0.5，并应符合极限稳定边坡的要求。单级高度不宜超过 10m，并应设置伸缩缝和泄水孔，如图 3.20 所示。护面墙厚度尺寸的设定可参考表 3-3。

> **特别提示**
>
> 护面墙除自重外，不承受其他荷载，也不承受墙背土压力，因此墙后土体必须是稳定的。

护面墙分为实体式、窗孔式(图 3.4)、拱式等类型,应根据边坡地质条件合理选用。窗孔式护面墙防护的边坡不应陡于 1:0.75;拱式护面墙适用于边坡下部岩层较完整而上部需防护的路段,边坡应缓于 1:0.5。

护面墙基础应设置在稳定的地基上,埋置深度应根据地质条件确定;冰冻地区应埋置在冰冻深度以下不小于 250mm;若为软基,可设拱形结构物跨过;护面墙前趾应低于边沟铺砌的底面。

墙体纵向每隔 10~15m 设一道缝宽 2cm 的伸缩缝,缝内用沥青麻筋填塞。墙身上下左右每隔 2~3m 设 10cm×10cm 方形或直径为 10cm 的圆形泄水孔,孔后设沙砾反滤层。为增加墙体稳定性,墙背每 3~6m 高设一宽度为 0.5~1.0m 的耳墙。根据边坡基岩或土质的好坏,每 6~10m 高为一级,设宽度不小于 1.0m 的平台。若坡面开挖后形成凹陷,应以石砌圬工填塞平整,称为支补墙。

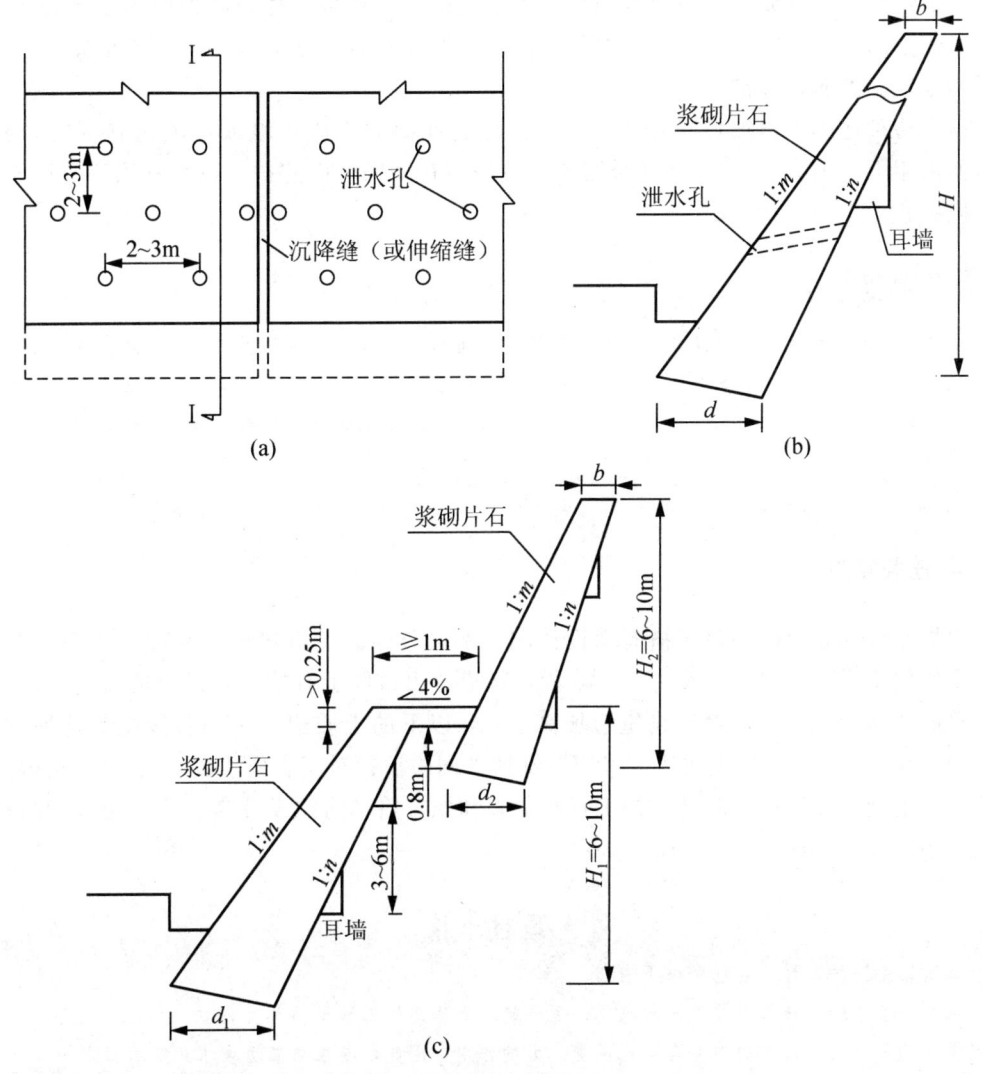

图 3.20　护面墙示意图(尺寸:m)
(a)立面图;(b)Ⅰ—Ⅰ剖面图;(c)二级护面墙

表 3-3 护面墙厚度参考表

护面墙高度 H/m	路堑边坡	护面墙厚度/m 顶宽 b	护面墙厚度/m 底宽 d
≤2	1:0.5	0.40	0.40
≤6	陡于 1:0.5	0.40	$0.40+0.10H$
$6<H\leqslant 10$	1:0.5~1:0.75	0.40	$0.40+0.05H$
$10<H\leqslant 15$	1:0.75~1:1	0.60	$0.60+0.05H$

3.3.4 封面、捶面

封面防护适用于坡面较干燥、未经严重风化的各种易风化而表面平整的岩石边坡，但不适用于煤系岩层及成岩作用很差的红色黏土岩组成的边坡。抹面防护使用年限为 8~10 年，高速公路路基边坡不宜采用抹面防护。封面厚度不宜小于 30mm，表层可涂软化点稍高于当地气温的沥青保护层。

捶面防护适用于边坡坡率缓于 1:0.5、易受冲刷的土质边坡或易风化剥落的岩石边坡，使用年限为 10~15 年。高速公路路基边坡不宜采用捶面防护。捶面宜采用等厚截面，其厚度不宜小于 100mm。

特别提示

圬工防护存在的主要问题是与周围环境不协调，道路景观差，应尽量少用，尤其是不宜采用锚杆挂网喷浆。当要采用圬工防护时，应加强其细部处理设计，注意与周围自然环境和当地人文环境的融合，并在边坡碎落台、平台上种植攀藤植物，或者采用岩面植生等措施在表面覆盖绿化，以减少对周围环境的影响。

任务实施

根据路线纵断面图和路基横断面设计图，本段公路的挖方边坡高度最高达到近 30m，挖方主要位于 K140+420~K140+540 段，隧道进出口段也有挖方，但边坡高度不高。考虑公路的整体景观要求，对于路堑边坡高度 4m 以下的土质边坡采用直接植草防护方式；路堑边坡高度 4~12m 的土质边坡采用三维植被网防护；对于岩质边坡采用 TBS 植被防护方式，并编制相应的挖方路基防护工程数量表和挖方路基防护设计表、绘制相应的防护结构设计图，详见 S3-6~S3-10。

项目小结

本次路基防护设计主要包含以下内容。

（1）一般把防止路基边坡冲刷和风化，主要起隔离作用的工程措施称为防护工程。一般防护工程承受外力的能力很小，有的则完全不能承受外力的作用，因此，要求路基边坡本身基本稳定。

(2) 路基边坡防护工程分为坡面防护和沿河路基防护。其中，坡面防护分为植物防护、骨架植物防护、圬工防护和封面、捶面；沿河路基防护分为直接防护和间接防护。

(3) 常见的植物防护措施有：植被防护、三维植被网防护、TBS 植被防护、湿法喷播、客土喷播等，各种措施均有相应的应用要求。

(4) 常见的骨架植物防护措施有：浆砌片石或混凝土骨架植草防护、多边形水泥混凝土空心块植物护坡和锚杆混凝土框架植物防护，骨架植物防护方法因其具有优良的特性，在公路中获得广泛应用。

(5) 常见的圬工防护措施有：喷护、锚杆挂网喷浆（混凝土）、护坡和护面墙，圬工防护方法表现生硬，与自然环境较难协调，应尽量少用。

(6) 沿河路基直接防护措施主要有植物防护、砌石或混凝土护坡、抛石、石笼、浸水挡土墙、土工模袋等。间接防护措施主要有设导治结构物及改移河道等。

(7) 公路路基边坡防护方法的选择应重视与自然景观的协调，避免对环境造成破坏，所以应尽可能采用植物防护方法。

(8) 运用 AutoCAD 软件绘制本段公路路堤与路堑边坡防护设计图，运用 Excel 软件编制路基防护工程设计与数量表。

习　题

一、填空题

1. 路基边坡的防护与加固工程，按其作用不同分为＿＿＿＿、＿＿＿＿、＿＿＿＿、＿＿＿＿、＿＿＿＿及＿＿＿＿六大类。

2. 三维植被网防护适用于砂性土、土夹石及风化岩石边坡，且坡率缓于＿＿＿＿的边坡防护。

3. TBS 植被防护又被称为＿＿＿＿＿＿＿＿＿＿。

4. 护面墙分为＿＿＿＿、＿＿＿＿、＿＿＿＿等类型，应根据边坡地质条件合理选用。窗孔式护面墙防护的边坡不应陡于＿＿＿＿；拱式护面墙适用于边坡下部岩层较完整而上部需防护的路段，边坡应缓于＿＿＿＿。

5. 浆（干）砌片石护坡或水泥混凝土预制块护坡，铺砌层下均应设置＿＿＿＿，厚度不宜小于＿＿＿＿。

二、选择题

1. 路基防护与加固的重点是（　　）。
   A. 边沟　　　B. 路肩　　　C. 路基边坡　　　D. 路基本体

2. 为了防止路基边坡坍滑，可采用的防护措施是（　　）。
   A. 植物防护　　B. 设挡土墙　　C. 砌石防护　　D. 设护面墙

3. 防护水下路基边坡时，不宜采用（　　）。
   A. 铺草皮　　B. 抛石　　C. 浆砌片石　　D. 石笼

4. 不属于坡面防护方法的是（　　）。
   A. 植草　　　B. 护面墙　　C. 挡土墙　　D. 挂网锚喷

三、简答题

1. 简述砌石护坡垫层的作用。
2. 路基防护与加固工程，按作用不同可分为哪几种？各类的作用是什么？
3. 简述直接防护与间接防护的本质区别。
4. 简述护面墙的构造要求。
5. 简述 TBS 植被防护的施工工艺。

四、思考题

谈谈你对圬工防护的看法。

项目 4 挡土墙设计

> **教学目标**

通过本项目任务的学习,了解挡土墙的作用、分类和使用条件;掌握重力式挡土墙的构造和布置;熟悉挡土墙设计参数的选择;熟悉挡土墙的作用(或荷载)计算;熟悉重力式挡土墙土压力的计算;掌握重力式挡土墙设计验算的方法;熟练应用绘图软件绘制挡土墙结构设计图和立面图,熟练应用 Excel 软件编制挡土墙要素及工程数量表。

> **教学要求**

能力目标	知识要点	权 重
了解挡土墙的作用、分类和使用条件	挡土墙的分类和使用场合	5%
掌握重力式挡土墙的构造	墙身、基础、排水设施和沉降伸缩缝	25%
掌握挡土墙的布置	横向和纵向布置	10%
熟悉重力式挡土墙土压力的计算	库伦主动土压力	10%
熟悉挡土墙的作用(或荷载)计算	永久荷载、可变荷载、偶然荷载及组合	10%
掌握重力式挡土墙设计验算的方法	抗滑稳定性、抗倾覆稳定性验算和地基承载力计算	25%
能运用软件绘图和编制表格	挡土墙结构设计图和立面图的绘制,挡土墙要素及工程数量表的编制	15%

▶▶引例

2010年5月26日，广西博白县博白镇桂花村小学一面挡土墙突然倒塌，造成24名学生受伤，其中3名学生死亡。

2009年3月22日，深圳龙岗区布吉街道布吉新村变电房地基工地内一堵高约3m的挡土墙突然倒塌，3名工人被埋，一人当场死亡，两人重伤。

……

因挡土墙倒塌而造成的人身伤亡事故可谓举不胜举，实在让人痛心。挡土墙倒塌的原因复杂，设计、施工、管理等任何一个环节出现问题，都会造成不可估量的严重后果。此外，很多挡土墙的倒塌均是在大暴雨之后，因此大暴雨等不良气候条件对挡土墙也是一个严峻考验。

研究影响挡土墙稳定性的各种因素，精心设计，精心施工，使挡土墙不再成为"吃人"的墙，这是道路工程技术人员义不容辞的责任。责任重于泰山，绝不仅仅是口号，必须成为技术人员的行动准则。

图4.1、图4.2分别为某公路挡土墙倒塌事故和某高速公路服务区挡土墙倒塌事故。

图4.1 某公路挡土墙倒塌事故　　　图4.2 某高速公路服务区挡土墙倒塌事故

任务4.1　认识挡土墙

4.1.1　挡土墙的作用及用途

挡土墙是一种能够抵抗侧向土压力、防止边坡或路基土体变形失稳的墙式构造物。在路基工程中，挡土墙可以用以稳定路堤和路堑边坡，减少土石方工程和占地面积，防止水流冲刷路基，并经常用于整治塌方、滑坡等路基病害。路基在下列情况下可考虑修建挡土墙。

(1) 路基位于陡坡地段、岩石风化的路堑边坡地段。

(2) 为避免大量填方、挖方及需要降低路基边坡高度的地段。

(3) 设置挡土墙后能增加边坡稳定、防止产生滑坍的不良地质地段。

(4) 水流冲刷严重的沿河路基地段。
(5) 与桥涵或隧道工程相连接的路基地段。
(6) 为节约用地、减少拆迁或少占农田的地段。
(7) 为保护重要建筑物、生态环境或其他需要特殊保护的地段。

永久性的挡土墙工程造价相对较高，在决定采用挡土墙方案前，应同其他工程方案进行比较。

(1) 与改移路线位置相比较。
(2) 与填筑路堤或加大开挖、放缓边坡相比较。
(3) 与拆迁干扰路基的构造物(房屋、电信设施等)相比较。
(4) 与采用其他类型构造物(桥梁、隧道等)相比较。
(5) 与其他防止滑坍的措施相比较。

4.1.2 挡土墙的组成

挡土墙各组成部分的名称如图 4.3 所示。墙身靠填土(或山体)的一侧称为墙背，大部分外露的一侧称为墙面，墙的顶面部分称为墙顶，墙的底面部分称为墙底，墙背与墙底的交线称为墙踵，墙面与墙底的交线称为墙趾。墙背与竖直面的夹角称为墙背倾角，一般用 α 表示，工程中常用单位墙高与其水平长度之比来表示，即可表示为 $1:n$。

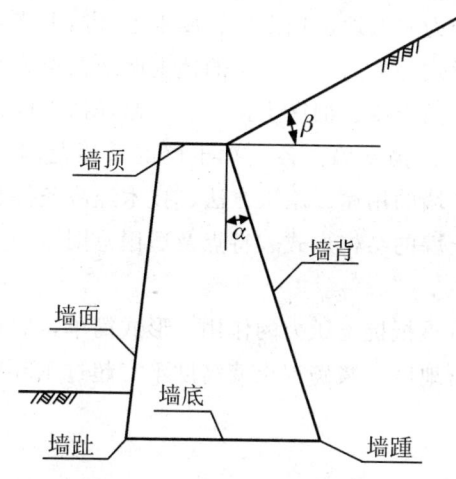

图 4.3 挡土墙各部分名称

4.1.3 挡土墙的类型与适用范围

挡土墙类型的划分方法较多。

根据挡土墙在路基横断面上的位置，可分为路肩墙、路堤墙及路堑墙等。墙顶面内缘高程与路基边缘高程齐平的挡土墙叫路肩墙。墙顶外缘高程低于路基边缘高程，墙顶与填方路基边坡相连的挡土墙叫路堤墙。用于防止路堑边坡的坍滑或为保护路堑边坡上方的建筑物而修建在挖方一侧的挡土墙叫路堑墙，又称为上挡墙。上述 3 种形式的挡土墙如图 4.4 所示。

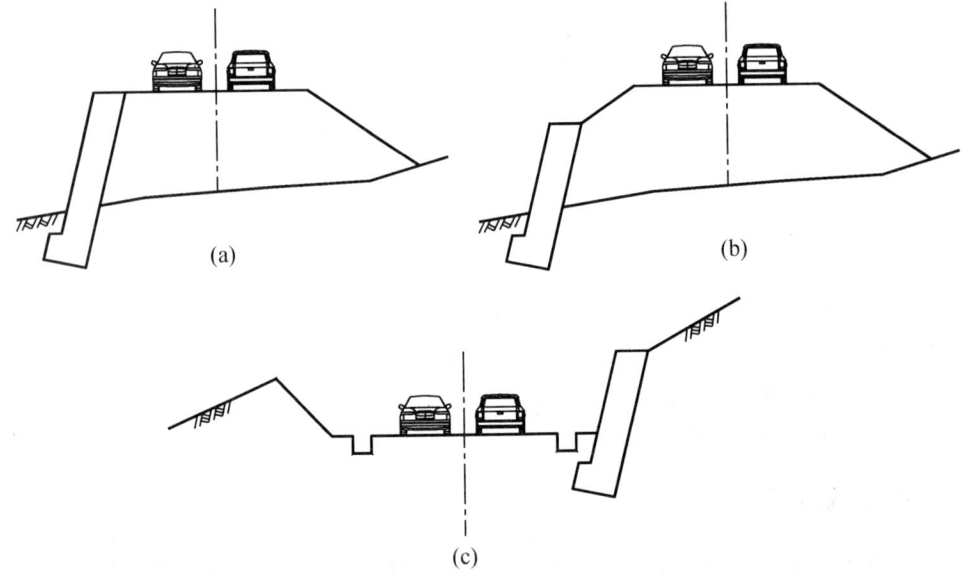

图 4.4 设置在不同位置的挡土墙
(a)路肩墙；(b)路堤墙；(c)路堑墙

根据建筑材料可分为石、混凝土及钢筋混凝土挡土墙等。

根据所处环境条件可分为一般地区挡土墙、浸水地区挡土墙和地震地区挡土墙等。

一般以挡土墙的结构形式分类为主，常见的挡土墙结构形式有：重力式挡土墙、衡重式挡土墙、悬臂式与扶壁式挡土墙、加筋土挡土墙、锚杆挡土墙、锚定板挡土墙和桩板挡土墙等。本书主要介绍重力式挡土墙。各类挡土墙的适用范围取决于墙趾地形、工程地质、水文地质、建筑材料、墙的用途、施工方法、技术经济条件及当地的经验等因素。

下面简要列出各类挡土墙的结构形式、特点及适用范围。

1) 石砌重力式

(1) 特点：依靠墙身自重抵抗土压力的作用，形式简单，取材容易，施工简易。

(2) 适用范围：产砂石地区；浆砌挡土墙高度不宜超过 12m；干砌挡土墙高度不宜超过 6m；地基良好。

2) 石砌衡重式

(1) 特点：利用衡重台上部填土的重力和墙体重心后移而抵抗土体侧压力，墙身稳定，节约断面尺寸；墙面陡直，下墙仰斜，可降低墙高，减少基础开挖。

(2) 适用范围：产砂石地区的较高挡土墙；山区；地面横坡陡峻的路肩墙；也可用于路堑墙和路堤墙。

3) 混凝土半重力式

(1) 特点：采用素混凝土浇筑，或在墙背加入少量钢筋，以减薄墙身，节省圬工；墙趾较宽，以保证基底宽度，必要时在墙趾设少量钢筋。

(2) 适用范围：缺乏石料地区；不宜采用重力式挡土墙的地下水位较高或较软弱的地基上；墙高不宜超过 8m。

4）钢筋混凝土悬臂式

（1）特点：由立壁、墙踵板和墙趾板 3 个悬臂梁组成，断面尺寸较小；墙高时，立壁下部的弯矩大，需用较多的钢筋，不经济。

（2）适用范围：缺乏石料地区；地基承载力较低的填方路段；墙高不宜超过 5m。

5）钢筋混凝土扶壁式

（1）特点：沿悬臂式挡土墙的墙长，隔一定距离加一道扶壁，使立壁和墙踵板连接起来，减小立壁下部的弯矩，受力更为有利；当墙高增加时较悬臂式经济。

（2）适用范围：墙高不宜超过 15m；其余同悬臂式挡土墙。

6）加筋土挡土墙

（1）特点：由加筋带、墙面板和填土 3 部分组成，借加筋带与填料之间的摩擦力保持墙身稳定；施工简便，造型美观；对地基适应性强，占地少。

（2）适用范围：缺乏石料地区；适用于一般地区的路肩墙或路堤墙；高速公路、一级公路墙高不宜大于 12m，二级及二级以下公路墙高不宜大于 20m；多级墙的每级墙高不宜大于 10m，上下级墙之间应设置宽度不小于 2m 的平台。

7）锚杆式挡土墙

（1）特点：由立柱、挡板和锚杆 3 部分组成，靠锚杆锚固在山体内拉住立柱；断面尺寸小；立柱、挡板可预制。

（2）适用范围：高挡土墙；施工应具备钻岩机，压浆机等设备；宜用于墙高较大的岩质路堑地段，可用作抗滑挡土墙；可采用肋柱式或板壁式单级或多级墙，每级墙高不宜大于 8m；多级墙的上下级墙之间应设置宽度不小于 2m 的平台。

8）锚定板式

（1）特点：由立柱、挡土板、锚定板、拉杆 4 部分组成；锚定板埋入墙后填料内部的稳定层中，依靠锚定板产生的抗拔力抵抗土压力，保持墙身稳定；构件断面小，工程量省；不受地基承载力限制。

（2）适用范围：缺乏石料地区；宜用于路堤墙和路肩墙；不应建筑于滑坡、坍滑、软土及膨胀土地区；可采用肋柱式或板壁式，墙高不宜超过 10m，肋柱式可采用单级或多级墙，每级墙高不宜大于 6m。

9）桩板式

（1）特点：主要由桩与桩间挡板组成；基础开挖较悬臂式和扶壁式少；断面尺寸小；桩顶处可能产生较大的水平位移或转动；挡土板可预制拼装，快速施工。

（2）适用范围：适用于土压力大，墙高超过一般挡墙的情况；多用于表土及强风化层较薄的均匀岩石地基；也可用于地震区的路堑或路堤支挡或滑坡等特殊地段的治理。

在公路建设中，由于石料丰富，就地取材方便，施工方法简单等诸多方面的原因，石砌重力式挡土墙应用最多，本书主要就介绍这类挡土墙。

4.1.4 重力式挡土墙的构造

常用的石砌挡土墙一般由墙身、基础、排水设施与伸缩缝等部分组成。

1. 墙身

1) 墙背

根据墙背倾斜方向的不同，墙身断面形式可分为仰斜式、垂直式、俯斜式、凸折式和衡重式等几种，如图 4.5 所示。

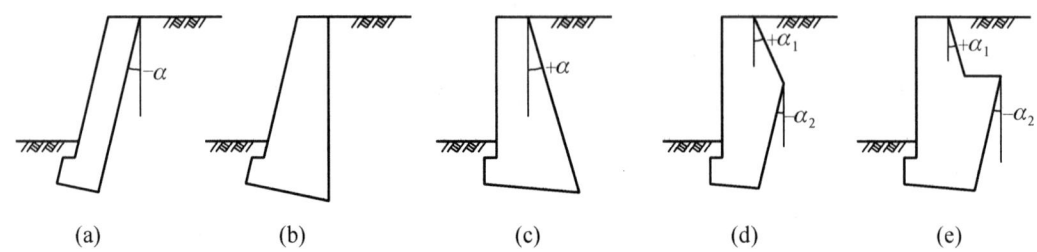

图 4.5　石砌重力式挡土墙的常用形式
(a)仰斜式；(b)垂直式；(c)俯斜式；(d)凸折式；(e)衡重式

通过对仰斜式、垂直式和俯斜式3种不同墙背的土压力计算可知，仰斜式墙背所受的土压力最小，垂直式墙背次之，俯斜式墙背土压力最大。因此，仰斜式挡土墙的墙身断面较经济，当用作挖方路段挡土墙时，墙背与挖方边坡较贴合，所以开挖与回填量均较小；当用作填方路段挡土墙时，若墙趾处地面横坡较陡，采用仰斜式挡土墙会使墙高增加，断面增大，因此仰斜式挡土墙不宜用于地面横坡较陡处。仰斜式挡土墙墙背越缓，土压力越小，但施工越困难，故仰斜式挡土墙墙背不宜过缓，一般不宜缓于 1∶0.25。

> **特别提示**
>
> 仰斜式挡土墙的墙背过缓时，除了造成施工困难外，还会使挡土墙结构不安全，因为墙背越缓，则库伦土压力计算值比实际越小。所以，对于仰斜式挡土墙和衡重式、凸折式挡土墙的下墙，墙背仰斜坡度不宜缓于 1∶0.25。

俯斜式挡土墙所受的土压力最大，因此墙身断面要比仰斜式大。俯斜式挡土墙适合于填方路段，而不大适合挖方路段。当地面横坡较陡时，俯斜式挡土墙可采用陡直的墙面来减少墙高。俯斜式挡土墙的墙背坡度减缓固然对施工有利，但所受的土压力也随之增加，致使断面增大，因此墙背坡度不宜过缓，一般控制在 1∶0.4 以内。

垂直式挡土墙的特点介于仰斜式和俯斜式之间。

凸折式挡土墙的墙背，上部俯斜下部仰斜，故其断面较为经济。

衡重式挡土墙可视为在凸折式的上下墙之间设一个衡重台，并采用较陡的墙面。衡重式和凸折式的上墙俯斜坡度通常控制在 1∶0.4 以内，下墙一般控制在 1∶0.25 以内。上下墙的墙高比在初拟尺寸时，通常采用 2∶3。

2) 墙面

通常，基础以上的墙面均为平面，墙面坡度应与墙背坡度相配合。此外，还应考虑到墙趾处的地面横坡度。地面横坡较陡时，墙面坡度可采用 1∶0～1∶0.20，以减小墙高；地面横坡较缓时，墙面坡度可较缓，但不宜缓于 1∶0.3，以免过多占用土地。

3）墙顶

墙顶宽度，当墙身为混凝土时，不应小于 0.4m；当为浆砌圬工时，不应小于 0.5m；当为干砌圬工时，不应小于 0.6m。

浆砌圬工挡土墙的墙顶应用 M7.5 水泥砂浆抹平，或用较大石块砌筑并勾缝。干砌挡土墙顶面以下 0.5m 高度内，宜用 M5 水泥砂浆砌筑。路肩挡土墙及路堑挡土墙宜设置粗料石或混凝土帽石，帽石出檐宽度宜为 0.1m。需设置护栏或栏杆的浆砌圬工路肩挡土墙，墙顶面以下不小于 0.5m 高度内，应采用 C20 以上等级的混凝土浇筑，并预埋护栏或栏杆的锚固件。

2. 基础

基础设计的主要内容包括基础形式的选择和基础埋置深度的确定。

1）基础形式

挡土墙通常采用浅基础，只有在特殊情况下，才使用桩基础。

大多数挡土墙的基础直接砌筑于天然地基上。当地基承载力不足时，为减小基底压力和增加抗倾覆稳定性，通常采用扩大基础（刚性基础），方式主要是扩展墙趾或同时扩展墙踵，加宽的台阶宽度不宜小于 0.2m，高宽比要符合刚性角的要求。

> **特别提示**
>
> 对于素混凝土基础，刚性角不应大于 40°；对于 M5 以上砂浆砌筑的圬工基础，刚性角不应大于 35°；对于 M5 及低于 M5 砂浆砌筑的圬工基础，刚性角不应大于 30°。

当地基为软弱土时，可采用换填、砂桩、搅拌桩等方法处理地基，以提高地基承载力。

当基底压力超过地基承载较多，加宽的台阶宽度很大时，为满足刚性角的要求，则加宽的台阶高度很高，为避免加宽台阶过高，此时可采用钢筋混凝土基础（柔性基础）。

2）基础埋置深度

为保证挡墙基础的稳定性，必须根据下列要求，将基础埋入地面以下适当深度。

（1）应保证基底土层的地基承载力特征值大于基底可能出现的最大应力。不同深度的土层具有不同的地基承载力。基底应力分布因基础埋置深度不同而有所差异，埋入土中的基础，基底应力分布比置于地面的均匀。所以，将基础置于具有足够承载力的土层上，以避免地基产生剪切破坏，保证基础稳定。

（2）应保证基础不受冲刷。在墙前地基受水流冲刷的地段，如果未采取专门的防冲刷措施，应将基础埋到冲刷线以下，以免基底和墙趾前的土层被水淘蚀。

（3）季节性冰冻地区，应将基础埋置到冰冻线以下，防止基础因冻融而破坏。

对于上述要求，基础的埋置深度的一般规定如下。

——当冻结深度小于或等于 1.00m 时，基底应在冻结线以下不小于 0.25m，并应符合基础最小埋置深度不小于 1.00m 的要求。

——当冻结深度超过 1.00m 时，基底最小埋置深度不小于 1.25m，还应将基底至冻结线以下 0.25m 深度范围的地基土换填为弱冻涨材料。

——受水流冲刷时，应按路基设计洪水频率计算冲刷深度，基底置于局部冲刷线以下不小于 1.00m。

——路堑式挡土墙的基础顶面应低于路堑边沟底面不小于 0.5m。

——在风化层不厚的硬质岩石地基上，基底应置于基岩表面风化层以下；在软质岩石地基上，基底最小埋置深度不小于 1.00m。

建筑在斜坡地面上的挡土墙，基础前趾埋入地面的深度和距地表的水平距离应符合表 4-1 的规定。

表 4-1 斜坡地面基础埋置条件

土层类别	最小埋入深度 h/m	距地表水平距离 L/m	图 式
较完整的硬质岩石	0.25	0.25～0.50	
一般硬质岩石	0.6	0.60～1.50	
软质岩石	1.00	1.00～2.00	
土层	≥1.00	1.50～2.50	

3）基底倾斜度

在增加挡土墙抗滑稳定措施中，采用倾斜基底是行之有效的措施之一，所以，对于大多数高挡土墙，采用倾斜基底的情况很普遍。不过，当基底倾斜度过大时，可能发生墙身与基底土体一起滑动的可能，而且当倾斜度过大时，地基承载力也将减小，因此，应按照地层类别及地基性质，对基底倾斜度加以限制，详见表 4-2。

表 4-2 基底倾斜度

地层类别		基底倾斜度 $\tan\alpha_0$
一般地基	岩石	≤0.3
	土质	≤0.2
浸水地基	$\mu<0.5$	0.0
	$0.5\leq\mu\leq0.6$	≤0.1
	$\mu>0.6$	≤0.2

注：① α_0 为基底倾斜角，为基底面与水平线的夹角。
② μ 为基底与地基土的摩擦系数。

3. 排水设施

挡土墙的排水处理是否适当直接影响到挡土墙的安全及使用效果。墙背积水不但使挡土墙承受额外的静水压力，而且使墙背填土的抗剪强度下降，但挡土墙土压力计算不考虑水的因素，所以若墙背积水将会导致严重的安全事故。此外，在冰冻地区还将产生冻涨压力；对于黏性土，水分增加时，还将产生膨胀压力。所以，必须要疏干墙后土体的积水。

挡土墙的排水设施通常由地面排水和墙身排水两部分组成。

地面排水，主要是防止地表水渗入墙背填料或地基。因此，可设置地面排水沟以截流地表水。夯实回填土顶面和地表松土，以减少雨水和地面水下渗，必要时应加设铺砌，采取封闭处理。为防止地表水渗入地基，可夯实墙前回填土及加固边沟等。

墙身排水，主要是为了迅速疏干墙后积水。应根据挡土墙墙后渗水量在墙身上合理布置排水构造。对于重力式、悬臂式等整体式墙身的挡土墙，应沿墙高和墙长设置泄水孔，其间距宜为2～3m。浸水挡土墙宜为1～1.5m。泄水孔上下交错布置，并应向墙外倾斜3%～5%的孔底坡度，其尺寸可视泄水量大小采用直径5～10cm的圆形孔或者5cm×10cm，10cm×10cm，15cm×20cm的矩形孔。折线墙背可能积水处也应设置泄水孔，干砌挡土墙可不设置泄水孔。挡土墙最下排泄水孔的底部应高出地面0.3m，若为浸水挡土墙应设于常水位以上0.3m。为防止孔道堵塞和细颗粒流失，泄水孔的进水侧应设反滤层，厚度不应小于0.3m。为防止水分渗入地基，在最下排泄水孔的底部应设置30cm厚的隔水层。

当墙背填料为非渗水性土时，应在最下排泄水孔至墙顶以下0.5m的高度区间内，填筑不小于0.3m厚的砂、砾石竖向反滤层，反滤层的顶部应以0.3～0.5m厚的不渗水材料封闭。

挡土墙泄水孔及反滤层构造如图4.6所示。

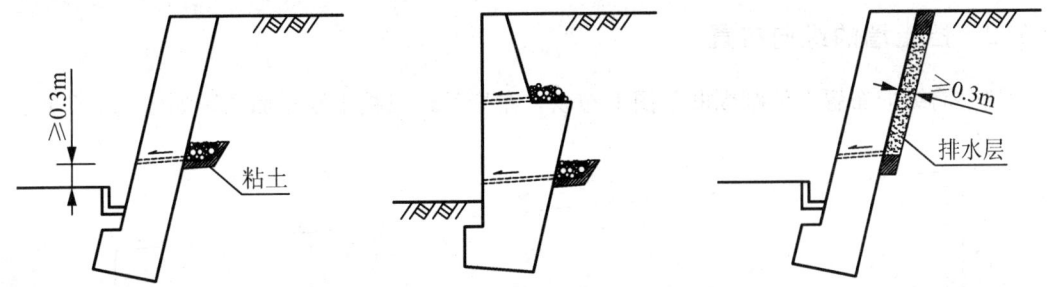

图4.6 挡土墙泄水孔及反滤层构造

4. 沉降缝与伸缩缝

为防止墙身因地基不均匀沉降而引起断裂，需根据地基地质条件和墙高、墙身断面变化情况设置沉降缝。为了减少墙身圬工砌体硬化收缩，或温度变化所产生的温度应力引起开裂，需设置伸缩缝。

设计时，一般将沉降缝和伸缩缝合并设置，统称为沉降伸缩缝或变形缝。各类挡土墙应根据构造特点，设置容纳构件收缩、膨胀及适应不均匀沉降情况的变形缝。

重力式、半重力式、悬臂式等具有整体式墙身的挡土墙，应沿墙长一定间距及与其他建筑物连接处设置伸缩缝，重力式和半重力式挡土墙伸缩缝间距宜为10～15m。悬臂式和扶壁式挡土墙伸缩缝间距宜为10～20m。挡土墙高度突变或基底地质、水文情况变化处应设沉降缝。平曲线路段挡土墙按折线布置时，转折处宜设沉降缝。沉降伸缩缝宽度宜取20～30mm，缝内沿墙内、外、顶3边填塞沥青麻筋或沥青木板，塞入深度不应小于0.15m。当墙背为填石且冻害不严重时，可仅留空缝，不塞填料。

干砌挡土墙可不设伸缩缝与沉降缝。位于岩石地基上的整体式墙身挡土墙，设缝间距可适当增长，但不应大于25m。

任务 4.2 挡土墙的布置

知识讲解

挡土墙的布置是挡土墙设计的一个重要内容,通常是在路基横断面和墙趾纵断面图上布设,个别复杂的挡土墙还应作平面布置。

4.2.1 挡土墙的横向布置

横向布置主要在路基横断面图上进行,其内容为确定断面形式,选择挡土墙的位置。

挡土墙的断面形式和位置均应根据实际情况分析计算后确定。例如,路肩墙与路堤墙的墙高与圬工数量相近,基础情况亦相仿时,宜作路肩墙,因为采用路肩墙可减少填方和占地;但若路堤墙的墙高或圬工数量比路肩墙显著降低,且基础可靠时,宜作路堤墙。不论是路肩墙,还是路堤墙,当地形陡峻时,可采用俯斜式或衡重式;地形平坦时,则可采用仰斜式。对路堑墙来说,宜用仰斜式或折线式。

4.2.2 挡土墙的纵向布置

挡土墙纵向布置在墙趾纵断面图上布设,布置后绘成挡土墙正面图,如图 4.7 所示。

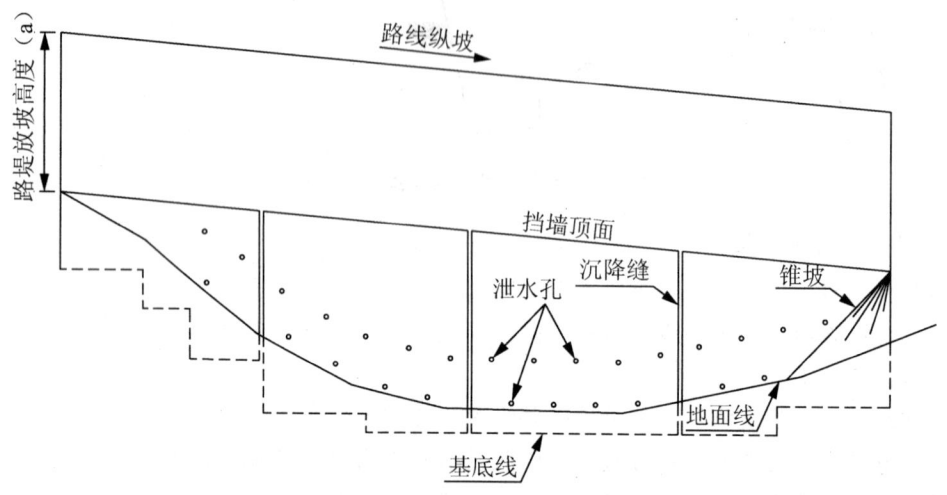

图 4.7 挡土墙正面图

布置的主要内容如下。

(1) 确定挡土墙的起讫点和墙长,选择挡土墙与路基或其他结构物的衔接方式。

挡土墙墙端深入路堤内不应小于 0.75m,可用锥坡与路堤相连,垂直于路线方向的锥坡坡度应与路堤边坡一致;顺路线方向的锥坡坡度,当锥坡高度在 8m 以内时,不应陡于 1:1.25;当锥坡高度在 20m 以内时,8m 高度以下的下部坡度不应陡于 1:1.5。锥坡宜采用植被防护措施或植被防护与工程防护相结合的措施。

路堑挡土墙在隧道洞口应结合隧道洞门、翼墙的设置做到平顺衔接；与路堑边坡衔接时，一般宜将墙高逐渐降低至 2m 以下，使边坡坡脚不致伸入边沟内，有时也可与横向端墙连接。

（2）按地基及地形情况进行分段，确定伸缩缝与沉降缝的位置。

（3）布置各段挡土墙基础。墙趾地面纵坡较大时，挡土墙的基底宜做成不大于 5% 的纵坡；墙趾地面纵坡较小时，每段挡土墙的基底宜做成平坡。地基为岩石时，为减少开挖，可沿纵向做成台阶，台阶尺寸视纵坡大小而定，但其高宽比不宜大于 1:2。

（4）布置泄水孔的位置，包括数量、间隔和尺寸等。

在布置图上注明各特征点的桩号，以及墙顶、基础顶面、基底、冲刷线、冰冻线、常水位线或设计洪水位的标高等。

4.2.3　挡土墙的平面布置

对于个别复杂的挡土墙，例如高的、长的沿河挡土墙和曲线挡土墙，除了横、纵向布置外，还应作平面布置，并绘制平面布置图。

在平面图上，应标示挡土墙与路线平面位置的关系，与其有关的地物地貌等情况。沿河挡土墙还应绘出河道及水流的方向、防护与加固工程等。

在以上设计图纸上可编写简要说明。必要时，可另编写设计说明书，说明选择挡土墙及其他支挡结构方案的理由，选用结构类型和设计参数的依据，对材料和施工的要求和注意事项，主要工程数量等。如果采用标准图，应标明标准图的名称和编号。

任务实施

K141+376～K141+525 段路线右侧为现状河道，与路基边线距离 20m 左右，而该段路基填土高度为 12m 左右（详见公路总体布置平面图、路线纵断面图和路基横断面设计图）。若采用直接放坡，坡脚将伸入到河道内，不但影响河道，而且水流冲刷边坡，会引起边坡不稳定。因此，该段宜设置挡土墙，来收缩坡脚，避免对河道的影响。

1. 横向布置

该段若采用路肩墙，则墙高为 13m 左右；若采用路堤墙，墙顶路堤边坡高度采用 8m，则墙高为 5m 左右。路堤墙的墙高和圬工数量比路肩墙明显低很多，因此采用路堤墙。

地形比较平坦，因此采用仰斜式路堤墙，其示意图如图 4.8 所示。

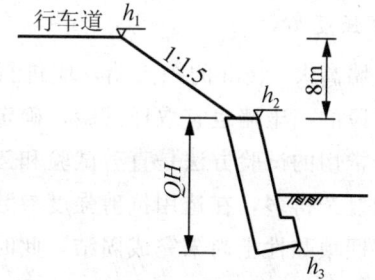

图 4.8　仰斜式路堤墙横向布置示意图

路堤墙的具体尺寸详见后述。挡土墙的横向布置体现在挡土墙结构设计图中。

2. 纵向布置

根据墙趾地面线、路线标高、挡土墙横向布置、挡土墙起讫桩号及地形地质等因素，确定如下内容。

（1）挡土墙分段，确定伸缩缝和沉降缝位置。挡土墙每段一般按10m长控制，在起讫点及其他特殊点适当调整。

（2）计算墙顶标高 h_2。根据路线标高和挡土墙横向布置，计算每段挡墙的墙顶标高。

（3）计算墙底标高。根据地基承载力要求和规范规定的最小埋深，确定挡土墙基础埋深，并计算基底标高 h_3。若墙趾地面纵坡不大，建议每段的挡墙墙底采用同样的标高，即每段挡墙的墙底采用平坡。本段地质情况较好且挡墙不高，一般来说地基可以满足承载力要求，因此，基础埋深只要符合最小埋深即可（地基承载力验算详见任务4.5）。

（4）根据墙顶标高和墙底标高，计算出每段挡土墙的平均墙高。

根据上述内容，可绘制挡土墙立面图。

3. 平面布置

该段挡土墙较为简单，可不进行平面布置。

任务4.3 挡土墙设计参数的确定

 知识讲解

挡土墙的稳定性计算理论目前比较成熟，用得较多的是库伦土压力理论，而且挡土墙设计软件功能日渐强大，适合于各种复杂的条件。因此，挡土墙计算成功与否关键不在于理论或方法。合理地确定设计参数，比选择任何理论或软件都更为重要。

4.3.1 土压力设计参数

土压力设计参数主要包括土的重度、密实度、内聚力、内摩擦角等，应按照《公路土工试验规程》（JTJ 051—1993）的规定，进行土的物理力学试验求得。

土的重度一般变异不大，可经过试验或根据经验参考相关规范进行确定。而抗剪强度参数取值较为复杂，且对土压力计算影响很大，因此下面主要讨论抗剪强度参数。

1. 填方路基墙后土体抗剪强度参数

对于高速公路、一级公路墙高大于5m的挡土墙，应进行墙后填料的土质试验，确定填料的物理力学指标；其他路段的挡土墙也宜取样试验，确定填料的物理力学指标。

测定土抗剪强度参数时，常用的试验方法是直剪试验和三轴试验。砂土抗剪强度参数的取值较为简单。而黏性土则复杂得多，在选用抗剪强度参数时，宜符合下列规定。

（1）在挡土墙建成初期，回填黏性土尚未完成固结，此时墙后填料宜取直剪快剪指标或三轴不固结不排水指标。

（2）在运营期间，对于黏性土，可采用直剪固结快剪指标或三轴固结不排水指标。

特别提示

直剪试验按照排水条件分为直剪快剪指标、直剪固结快剪指标和直剪慢剪指标。三轴试验按照排水条件分为三轴不固结不排水指标、三轴固结不排水指标和三轴固结排水指标。上述这些概念的详细解释见土力学教材。

当缺乏可靠试验数据时，填料内摩擦角 φ 可参照表 4-3。

表 4-3　填料内摩擦角或综合内摩擦角（°）

填料种类		综合内摩擦角 φ_0	内摩擦角 φ
黏性土	墙高 $H \leqslant 6m$	35～40	—
	墙高 $H > 6m$	30～35	—
碎石、不易风化的块石		—	45～50
大卵石、碎石类土、不易风化的岩石碎块		—	40～45
小卵石、砾石、粗砂、石屑		—	35～40
中、细砂、沙质土		—	30～35

在公路挡土墙工程中，土压力计算主要采用库伦土压力理论。然而，应用库伦土压力理论的一个基本前提是墙后填料仅有内摩擦力而无黏聚力。因此，若不加修正地采用库伦土压力理论，则计算结果与实际是有较大出入的。

目前较常采用的方法是等效内摩擦角法，即用等效内摩擦角（又叫综合内摩擦角）φ_0 代替一般的内摩擦角 φ 和黏聚力 c，然后按照库伦土压力理论计算土压力。

综合内摩擦角 φ_0 按式（4-1）计算。

$$\varphi_0 = \arctan(\tan \varphi + c/\gamma H) \tag{4-1}$$

式中　γ——填料的重度，kN/m^3；

　　　φ——试验测定的填料的内摩擦角（°）；

　　　c——试验测定的填料的聚力，kN/m^2；

　　　H——挡土墙高度，m。

特别提示

任何一种换算公式都是某种程度的近似，与实际情况均有较大出入。因此，当填料内摩擦角 φ 较小，聚力 c 较大或墙高 H 较大时，应按工程经验对式（4-1）的计算结果作适当调整。

当墙高 $H > 12m$ 时，等效内摩擦角 φ_0 最好不要大于 30°。

2. 挖方路基墙后土体抗剪强度参数

可参照路基边坡设计采用的调查与分析数据，综合确定挖方挡土墙墙后地层的物理力学指标。因墙后土层早已固结完成,建议采用直剪固结快剪指标或三轴固结不排水指标。

当缺乏试验数据时,墙后土层的内摩擦角可根据稳定的边坡坡度进行确定。

3. 墙背摩擦角

墙背摩擦角 δ 值,与墙背的粗糙程度、墙后填料的性质及墙背排水条件等因素有关。当无试验资料时,可按表 4-4 采用。

表 4-4 墙背摩擦角(°)

挡土墙情况	墙背摩擦角 δ
混凝土墙,光滑,排水不良	$(0 \sim 1/3)\varphi$
片、块石砌体,粗糙,排水良好	$(1/3 \sim 1/2)\varphi$
干砌片、块石,很粗糙,排水良好	$(1/2 \sim 2/3)\varphi$
第二破裂面土体,墙背与土间不滑动	φ

4.3.2 地基承载力计算参数

天然地基承载力 f_a 应根据地质勘测、原位测试、荷载试验、调查、对比邻近已建构造物的地基承载力资料及经验、理论公式的计算数据,综合分析后确定。当挡土墙基础宽度 B 大于 2m,基础埋置深度 h 大于 3m,且 $h/B \leqslant 4$ 时,需对地基承载力 f_a 进行修正,可按下式确定。

$$f_a' = f_a + k_1 \gamma_1 (B-2) + k_2 \gamma_2 (h-3) \tag{4-2}$$

式中 f_a——地基土的承载力特征值;

B——基础底面宽度,当 $B<2$m 时,取 $B=2$m;当 $B>10$m 时,按 10m 计算;

h——基础底面的最小埋置深度(m),对于受水流冲刷的基础,由一般冲刷线算起;不受水流冲刷者,由天然地面算起;位于挖方区的基础,由开挖后的地面算起;当 $h<3$m 时,取 $h=3$m;

γ_1——基底下持力层土的天然重度(kN/m³),如果持力层在水面下且为透水者,应用浮重度;

γ_2——基底以上土的天然重度(kN/m³),或不同土层的换算平均重度,如果持力层在水面以下,且为不透水者,不论基底以上土的透水性质如何,应一律采用饱和重度;如果持力层为透水者,应一律采用浮重度;

k_1,k_2——地基土承载力特征值随基础宽度、深度的修正系数。

4.3.3 摩擦系数

在挡土墙抗滑稳定性验算时,需要用到基底与地基土间的摩擦系数 μ;若采用倾斜基底,在验算墙踵处地基土水平面滑动稳定性时,需要用到地基土的内摩擦系数 μ_n。

基底与地基土间的摩擦系数 μ,若无可靠试验资料时,可按表 4-5 的规定选用。

表 4-5　基底与基底土间的摩擦系数 μ

地基土的分类	摩擦系数 μ	地基土的分类	摩擦系数 μ
软塑黏土	0.25	碎石类土	0.50
硬塑黏土	0.30	软质岩石	0.40～0.60
砂类土、砂土、半干硬的黏土	0.30～0.40	硬质岩石	0.60～0.70
砂类土	0.40		

地基土的内摩擦系数 $\mu_n = \tan\varphi$，φ 为地基土的内摩擦角。

任务实施

1. 路堤填料设计参数

路堤填料采用宕渣，经试验，内摩擦角 $\varphi = 35°$，重度 $\gamma = 20.5 \text{kN/m}^3$。

2. 地基承载力

由地质勘察报告可知，地基土为含黏性碎石土，天然地基承载力 $f_a = 210 \text{kPa}$。因挡墙基础宽度和埋深目前尚不确定，所以修正后的地基承载力计算详见后述。

3. 摩擦系数

地基土为碎石土，按照表 4-5，基底与基底土间的摩擦系数可取 $\mu = 0.5$。

由地质勘察报告，地基土为含黏性碎石土，其直剪固结快剪指标为：$\varphi = 20°$，$c = 25 \text{kPa}$，重度 $\gamma = 19 \text{kN/m}^3$。

任务 4.4　挡土墙土压力计算

知识讲解

土压力是挡土墙的主要荷载，其计算的准确与否直接关系到挡土墙的安全。因此，掌握土压力的计算理论和计算方法是挡土墙设计的重要工作。

4.4.1　土压力类型

根据挡土墙位移情况的不同，可以形成不同性质的土压力，如图 4.9 所示。当挡土墙向外移动时，土压力随之减小，直到墙后土体沿破裂面下滑而处于极限平衡状态，此时作用于墙背的土压力称为主动土压力；当挡土墙向墙后土体方向挤压移动时，土压力随之增大，土体被推移向上滑动而处于极限平衡状态，此时土体对挡土墙的抗力称为被动土压力；挡土墙处于原来位置不动时，土压力介于两者之间，称为静止土压力。采用哪种土压力作为挡土墙的设计荷载要根据挡土墙的具体条件而定。对于公路挡土墙，一般采用主动土压力。

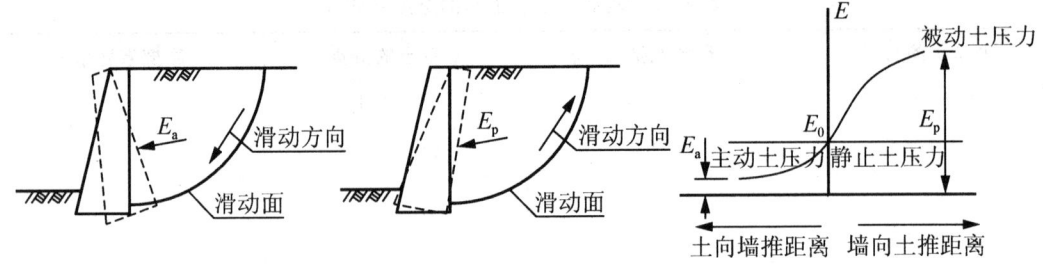

图 4.9　3 种不同性质的土压力

路基挡土墙一般都可能有向外位移或倾覆，因此在设计中按墙背土体达到主动极限平衡状态，即采用主动土压力。对于墙趾前的被动土压力，出于增加挡土墙安全度，一般不考虑，仅在基础埋深达到一定深度时，才适当考虑。

4.4.2　主动土压力的计算

主动土压力一般按照库伦理论进行计算。库伦理论的基本假定如下。

（1）当挡土墙向前滑移时，墙后土体将形成一个沿墙背和破裂平面向下滑动的棱体，此时该棱体处于主动应力状态。

（2）墙后土体为均质松散颗粒，粒间仅有摩阻力而无黏结力。挡土墙和破裂棱体都是无压缩或拉伸变形的刚体。

（3）破裂棱体形成时，棱体在自重与墙背反力，及破裂面反力作用下保持静力平衡，故土体处于极限平衡状态。

库伦土压力的计算如图 4.10 所示。

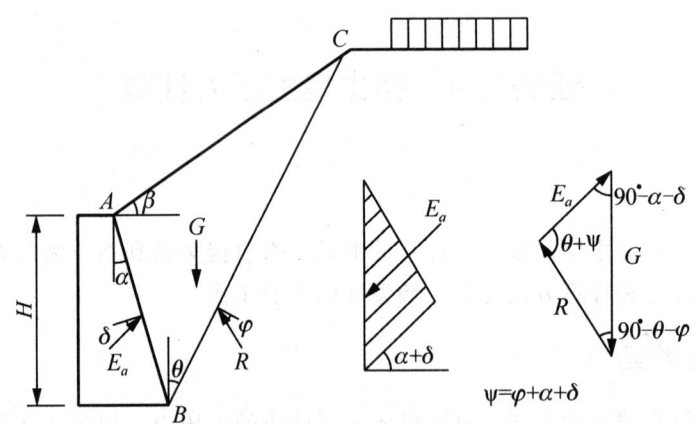

图 4.10　库伦土压力计算

根据静力平衡原理，可求出作用于挡土墙墙背的主动土压力。

$$E_a = \frac{1}{2}\gamma H^2 K_a \tag{4-3}$$

式中　E_a——每延米墙长的主动土压力，kN；

　　　γ——墙后填土的重度，kN/m³；

H——挡土墙高度，m；

K_a——主动土压力系数，其大小取决于边界条件。

土压力的水平分力和竖直分力按式(4-4)计算。

$$\left.\begin{array}{l}E_x=E_a\cos(\alpha+\delta)\\E_y=E_a\sin(\alpha+\delta)\end{array}\right\} \quad (4-4)$$

式中 E_x——土压力的水平分力，kN；

E_y——土压力的竖直分力，kN；

α——墙背倾斜角，俯斜为正，仰斜为负；

δ——墙背与填土间的摩擦角。

按破裂面交于路基顶面的位置不同，有5种图式，如图4.11所示。

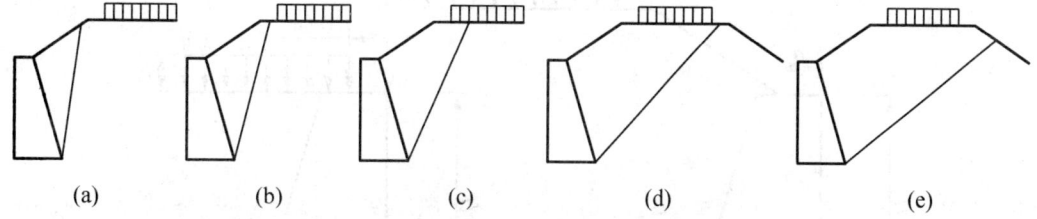

图4.11 破裂面与路基顶面的相对位置

(a)破裂面交于内边坡；(b)破裂面交于荷载内侧；
(c)破裂面交于荷载中间；(d)破裂面交于荷载外侧；(e)破裂面交于外边坡

在计算土压力时，事先并不知道破裂面交于何处，因此必须进行试算。计算时可先假定破裂面交于路基的位置(一般是先假定交于荷载中部)，按此图式选择相应的计算公式计算出破裂面与竖直面的夹角θ，将该θ角与原假定的破裂面位置相比较，看是否相符。如果与假定不符，根据计算的θ角重新假定破裂面位置，按相应公式重复上述计算，直至相符为止。最后根据此破裂角计算最大主动土压力。

特别提示

各种边界条件的土压力计算公式详见《公路设计手册-路基》。

4.4.3 车辆荷载的换算

根据前述，土压力的计算与车辆荷载的分布有关，此外，车辆荷载也将引起附加土体侧压力。根据《公路路基设计规范》(JTG D30—2004)与《公路挡土墙设计与施工技术细则》，车辆荷载作用在挡土墙墙后填土上所引起的附加土体侧压力按式(4-5)换算成等代均布土层厚度。

$$h_0=\frac{q}{\gamma} \quad (4-5)$$

式中 h_0——换算土层厚度，m；

q——车辆附加荷载标准值(kN/m²)，可按表4-6的规定采用；

γ——墙后填料的重度，kN/m³。

路堤式挡土墙、路肩式挡土墙，墙后填土破坏棱体上的车辆荷载分布如图4.12所示。

表4-6 车辆附加荷载标准值

墙高/m	附加荷载标准值 $q/(kN/m^2)$
≤2.0	20.0
>10.0	10.0

注：墙高在表中规定值之间时，可用直线内插法计算。

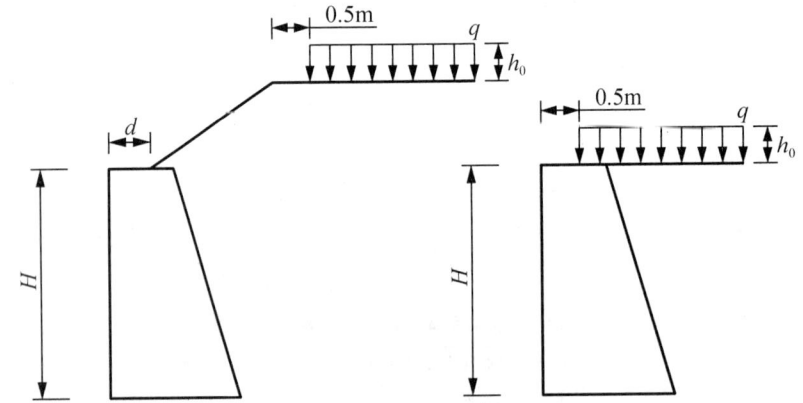

图4.12 挡土墙附加荷载的布置

d—设计规定的各类挡土墙的墙顶外露最小宽度

任务实施

该段挡墙的横断面布置如图4.8所示，墙顶路堤边坡高度 $a=8.0\text{m}$，边坡坡度1:1.5。挡土墙设计软件功能已经很强大，设计人员已经无需手算，但是掌握土压力的计算方法，对于准确地使用软件有很大帮助。下面以挡墙墙背高度 $H=4.0\text{m}$ 为例，介绍土压力计算方法。

1. 车辆荷载换算

墙高为4.0m，按照表4-6，由内插得到附加荷载标准值 $q=17.5\text{kN/m}^2$，换算成土柱高度为

$$h_0 = \frac{q}{\gamma} = \frac{17.5}{20.5} = 0.85 \text{(m)}$$

2. 土压力计算

由任务4.3，墙背填土内摩擦角 $\varphi=35°$，重度 $\gamma=20.5\text{kN/m}^3$，墙背摩擦角 $\delta=0.5\varphi=17.5°$。

土压力计算图式如图4.13所示。

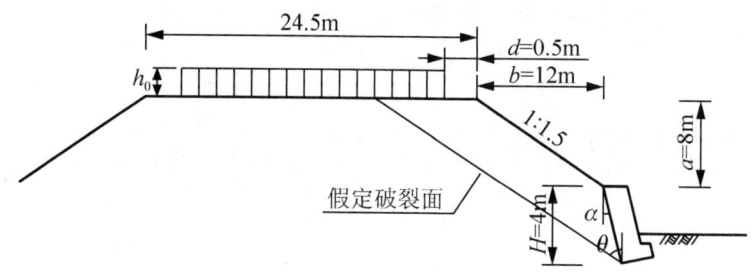

图 4.13 土压力计算图式

墙背 1∶0.25 仰斜，则 $\alpha=-14.04°$。

其他已知 $H=4\text{m}$，$a=8\text{m}$，$b=12\text{m}$；$h_0=0.85\text{m}$，$d=0.5\text{m}$。

先假定破裂面交于荷载内，则根据《公路设计手册-路基》土压力计算公式，计算结果如下。

$$A=\frac{ab+2h_0(b+d)-H(H+2a+2h_0)\tan\alpha}{(H+a)(H+a+2h_0)}=0.845$$

$$\psi=\varphi+\alpha+\delta=38.46°$$

$$\tan\theta=-\tan\psi+\sqrt{(\cot\varphi+\tan\psi)(\tan\psi+A)}=1.115$$

那么 $\theta=48.10°$。

按 $\theta=48.10°$，破裂面交于荷载内侧，则原假定不成立。

下面按照破裂面交于荷载内侧进行计算。

$$A=\frac{ab-H(H+2a)\tan\alpha}{(H+a)^2}=0.806$$

$$\tan\theta=-\tan\psi+\sqrt{(\cot\varphi+\tan\psi)(\tan\psi+A)}=1.091$$

那么 $\theta=47.49°$。

按 $\theta=47.49°$，破裂面交于荷载内侧，则假定成立。

$$h_3=\frac{b-a\tan\theta}{\tan\theta+\tan\alpha}=3.886\text{m}$$

$$K_1=1+\frac{2a}{H}\left(1-\frac{h_3}{2H}\right)=3.057$$

$$K=\frac{\cos(\theta+\varphi)}{\sin(\theta+\psi)}(\tan\theta+\tan\alpha)=0.110$$

则单位墙长墙背所受的主动土压力为

$$E_a=\frac{1}{2}\gamma H^2 K K_1=55.182\text{kN}$$

单位墙长土压力的水平分量为

$$E_x=E_a\cos(\alpha+\delta)=55.081\text{kN}$$

单位墙长土压力的竖直分量为

$$E_y=E_a\sin(\alpha+\delta)=3.324\text{kN}$$

土压力合力作用点与墙踵的竖直距离为

$$Z_y = \frac{H}{3} + \frac{a(H-h_3)^2}{3H^2K_1} = 1.334\text{m}$$

计算结果如图4.14所示。

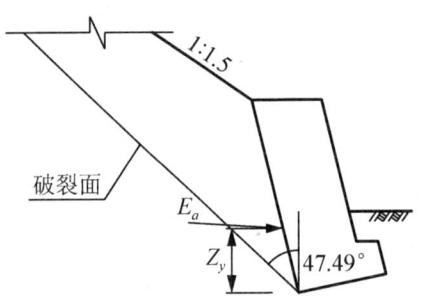

图4.14 土压力计算结果

任务4.5 重力式挡土墙设计

知识讲解

挡土墙设计计算需要进行抗滑动稳定性、抗倾覆稳定性、地基承载力和墙身承载力等验算。

4.5.1 作用在挡土墙的力系(荷载)和组合

作用在挡土墙上的力系按其作用性质分为永久作用(主要力系)、可变作用(附加力系)和偶然作用(特殊力)。

永久作用(主要力系)是经常作用于挡土墙的各种力,如图4.15所示,它包括如下几部分。

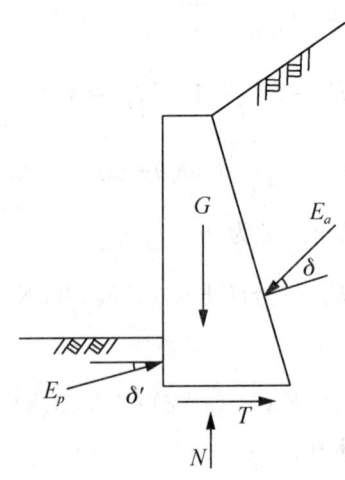

图4.15 作用在挡土墙上的主要力系

(1) 挡土墙自重 G 及位于墙上的恒载。

(2) 墙后土体的主动土压力 E_a,这是最重要的荷载。

(3) 基底的法向力 N 和摩擦力 T。

(4) 墙前土体的被动土压力 E_p,仅在基础埋置较深(超过 1m)且地层稳定、不受水流冲刷和扰动破坏,并且对墙前回填土进行充分压实时,结合墙身位移条件,方可计入部分被动土压力值。

(5) 预加力、混凝土收缩及徐变、基础变位影响力等。

对于浸水挡土墙,永久作用中尚应包括常水位时的静水压力和浮力。

可变作用(附加力系)是指车辆荷载引起的土侧压力、人群荷载与人群荷载引起的土侧压力、施工荷载、温度应力以及季节性地作用于挡土墙的各种力,例如洪水时的静水压力和浮力、动水压力、破浪冲击力,以及冻涨压力等。

偶然作用(特殊力)是偶然出现的各种荷载力。例如地震力、水流漂浮物的撞击力、滑坡与泥石流作用力,以及作用于墙顶栏杆上的车辆碰撞力等。

> **特别提示**
>
> 永久作用、可变作用等概念的确切含义请参考《结构设计原理》。

《公路路基设计规范》(JTG D30—2004)对施加于挡土墙的各类荷载划分见表 4-7。

在一般地区,挡土墙设计仅考虑永久作用和基本可变作用(人群和车辆荷载);在浸水地区、地震动峰值加速度值为 0.2g 及以上的地区、产生冻涨力的地区,还应计算其他可变作用和偶然作用。各种作用的取舍应根据挡土墙所处的具体工作条件,按最不利的组合作为设计的依据,见表 4-8。

表 4-7 荷载分类

作用(或荷载)分类	作用(或荷载)名称
永久作用(或荷载)	挡土墙结构重力
	填土(包括基础襟边以上土)重力
	填土侧压力
	墙顶上的有效永久荷载
	墙顶与第二破裂面之间的有效荷载
	计算水位的浮力及静水压力
	预加力
	混凝土收缩及徐变影响力
	基础变位影响力

续表

作用(或荷载)分类		作用(或荷载)名称
可变作用(或荷载)	基本可变作用(或荷载)	车辆荷载引起的土侧压力
		人群荷载、人群荷载引起的土侧压力
	其他可变作用(或荷载)	水位退落时的动水压力
		流水压力
		波浪压力
		冻胀压力及冰压力
		温度影响力
	施工荷载	与各类挡土墙施工有关的临时荷载
偶然作用(或荷载)		地震作用力
		滑坡、泥石流作用力
		作用于墙顶护栏上的车辆碰撞力

表4-8 常用作用(或荷载)组合

组　　合	作用(或荷载)名称
Ⅰ	挡土墙结构重力、墙顶上的有效永久荷载、填土重力、填土侧压力及其他永久荷载组合
Ⅱ	组合Ⅰ与基本可变荷载相组合
Ⅲ	组合Ⅱ与其他可变荷载、偶然荷载相组合

注：① 洪水与地震力不同时考虑。
②　冻胀力、冰压力与流水压力或破浪压力不同时考虑。
③　车辆荷载与地震力不同时考虑。

4.5.2 挡土墙设计原则

挡土墙采用以分项系数的极限状态法为主的设计方法，按以下两类极限状态进行设计。

(1) 承载能力极限状态。当挡土墙出现下列状态之一时，应认为超过了承载能力极限状态。

——整个挡土墙结构或挡土墙组成部分作为刚体失去平衡。

——挡土墙构件或联结部件因材料强度不足而破坏，或因过度的塑性变形而不适于继续加载。

——挡土墙结构变为机动体系或构件丧失稳定。

(2) 正常使用极限状态。当挡土墙出现下列状态之一时，应认为超过了正常使用极限状态。

——影响正常使用或影响外观的大变形。

——影响正常使用或耐久性能的局部破坏。

1. 承载能力极限状态设计表达式

挡土墙构件承载能力极限状态设计的基本条件是结构抗力设计值应大于或等于计入结构重要性系数的作用（或荷载）效应的组合设计值，一般表达式为

$$\gamma_0 S \leqslant R(g) \tag{4-6}$$

$$R(g) = R(f_d, \alpha_d) \tag{4-7}$$

$$f_d = f_k/\gamma_f \tag{4-8}$$

式中 γ_0——结构重要性系数，按表 4-9 的规定采用；

S——作用（或荷载）效应的组合设计值；

$R(g)$——挡土墙结构抗力函数；

f_k——抗力材料的强度标准值；

f_d——抗力材料的强度设计值；

γ_f——结构材料、岩土性能的分项系数；

α_d——结构或构件几何参数的设计值，当无可靠数据时可采用几何参数标准值。

表 4-9 结构重要性系数 γ_0

墙 高	公路等级	
	高速公路、一级公路	二级及以下公路
≤5.00m	1.00	0.95
>5.00m	1.05	1.00

对于重力式挡土墙、半重力式挡土墙按承载能力极限状态设计时，在某一类作用（或荷载）效应组合下，作用（或荷载）效应的组合设计值 S 采用下式计算。

$$S = \psi_{zc}(\gamma_G \sum S_{GiK} + \gamma_{Qi} \sum S_{QiK}) \tag{4-9}$$

式中 S——作用（或荷载）效应的组合设计值；

γ_G，γ_{Qi}——作用（或荷载）的分项系数，按表 4-10 的规定采用；

S_{GiK}——第 i 个垂直恒载（挡土墙自重及附加物自重）的标准值效应；

S_{QiK}——土侧压力、水浮力、静水压力、其他可变作用（或荷载）的标准值效应。

表 4-10 承载能力极限状态作用（或荷载）分项系数

情 况	作用（或荷载）增大对挡土墙结构起有利作用时		作用（或荷载）增大对挡土墙结构起不利作用时	
组合	Ⅰ，Ⅱ	Ⅲ	Ⅰ，Ⅱ	Ⅲ
垂直恒载 γ_G	0.90		1.20	
恒载或车辆荷载、人群荷载引起的主动土压力分项系数 γ_{Q1}	1.00	0.95	1.40	1.30

续表

情　况	作用(或荷载)增大对挡土墙结构起有利作用时	作用(或荷载)增大对挡土墙结构起不利作用时
被动土压力分项系数 γ_{Q2}	0.30	
水浮力分项系数 γ_{Q3}	0.95	1.10
静水压力分项系数 γ_{Q4}	0.95	1.05
动水压力分项系数 γ_{Q5}	0.90	1.20
流水压力分项系数 γ_{Q6}	0.95	1.10

> **特别提示**
>
> γ_{Q1} 原意为第 1 个可变荷载的分项系数，但在《公路路基设计规范》(JTG D30—2004)中，规定为恒载土压力与车辆荷载等可变荷载土压力的分项系数，即对于土压力，不再区分是恒载还是可变荷载，同样 S_{Q1K} 规定为恒载土压力、车辆荷载等可变荷载土压力的标准值效应；作用于挡土墙结构顶面的车辆荷载、人群荷载等可变荷载作为垂直力计算时，采用恒载的分项系数 γ_G。
>
> γ_{Q1}、S_{Q1K} 都有确切的含义，不一定仅针对可变荷载，也有可能是永久荷载。

作用(或荷载)的综合效应组合系数 ψ_{zc} 按表 4-11 的规定采用。

表 4-11　作用(或荷载)的综合效应组合系数 ψ_{zc}

作用(或荷载)组合	ψ_{zc}	作用(或荷载)组合	ψ_{zc}
Ⅰ，Ⅱ	1.0	施工荷载	0.7
Ⅲ	0.8		

2. 正常使用极限状态设计表达式

挡土墙构件按正常使用状态设计时，应根据不同设计目的，分别采用作用(或荷载)效应标准组合、作用(或荷载)短期效应组合、作用(或荷载)长期效应组合进行设计，使变形、裂缝等作用(或荷载)效应的设计值符合下式的规定。

$$S_d \leqslant C \tag{4-10}$$

式中　S_d——正常使用极限状态的作用(或荷载)效应的组合设计值；

　　　C——设计对变形、裂缝等规定的相应限值。

当采用作用(或荷载)效应标准组合时，作用(或荷载)效应的组合设计值 S_d 可按式(4-10)计算。

$$S_d = S_{GK} + S_{Q1K} + \sum_{i=2}^{n} \psi_{ci} S_{QiK} \tag{4-11}$$

式中　S_{GK}——永久作用(或荷载)标准值的效应；

　　　S_{Q1K}——在作用(或荷载)组合中起控制作用的一个可变作用(或荷载)标准值的效应；

　　　S_{QiK}——第 i 个可变作用(或荷载)标准值的效应；

　　　ψ_{ci}——第 i 个可变作用(或荷载)的组合值系数，当计算地基应力时，可取等于 1.0。

> **特别提示**
>
> 作用(或荷载)短期效应组合值和作用(或荷载)长期效应组合值的计算请参考《结构设计原理》。式(4-11)主要用来计算挡土墙基底压力。

4.5.3 挡土墙稳定性验算

挡土墙稳定性验算图式如图 4.16 所示。

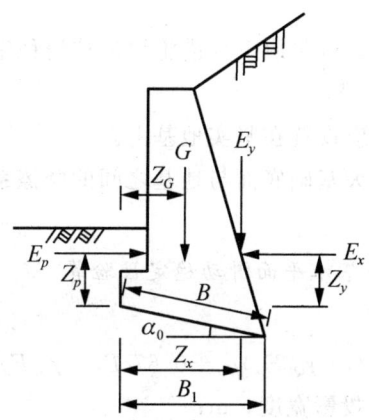

图 4.16 挡土墙稳定性验算图式

1. 抗滑稳定性验算

(1) 为保证挡土墙抗滑稳定性,应验算在土压力及其他外力作用下,基底摩擦阻力抵抗挡土墙滑移的能力,即需满足滑动稳定方程。

$$[1.1G + \gamma_{Q1}(E_y + E_x \tan \alpha_0) - \gamma_{Q2} E_p \tan \alpha_0] \mu + (1.1G + \gamma_{Q1} E_y) \tan \alpha - \gamma_{Q1} E_x + \gamma_{Q2} E_p > 0 \quad (4-12)$$

式中 G——墙身重力、基础重力、基础上填土重力及作用于墙顶的其他竖向荷载的标准值(kN),浸水挡土墙的浸水部分应计入浮力;

E_x——墙后主动土压力标准值的水平分量,kN;

E_y——墙后主动土压力标准值的竖向分量,kN;

E_p——墙前被动土压力标准值的水平分量(kN),当为浸水挡土墙时,$E_p = 0$;

α_0——基底倾斜角(o),基底水平时 $\alpha_0 = 0$;

μ——基底与地基土间的摩擦系数;

γ_{Q1},γ_{Q2}——主动土压力分项系数、墙前被动土压力分项系数,按照表 4-10 的规定采用。

(2) 抗滑动稳定系数 K_c 计算公式为

$$K_c = \frac{[N + (E_x - E'_p) \tan \alpha_0] \mu + E'_p}{E_x - N \tan \alpha_0} \quad (4-13)$$

式中 N——基底上作用力的合力标准值的竖向分量(kN),浸水挡土墙应计入浸水部分的浮力;

E'_p——墙前被动土压力标准值水平分量的 0.3 倍,kN;

> **特别提示**
>
> 对于挡土墙的稳定性验算，原规范采用的是总安全系数法。为了改进总安全系数法在理论上的不确定性，增加了极限状态稳定方程的规定。具体操作时，可按照总安全系数法的工程经验来校准稳定验算极限状态设计表达式的计算结果。
>
> 滑动稳定方程中，主动土压力的分项系数符合表 4-10 的规定，而墙身重力、基础重力、基础上填土重力及作用于墙顶的其他竖向荷载的分项系数是根据总安全系数法的抗滑稳定系数计算公式联立解出的，经误差处理后确定为 1.1。

若抗滑稳定性不满足要求，可采取下列措施增加抗滑稳定性。

——采取倾斜基底。

——采用凸榫基底，凸榫应设置在坚实地基上。

——更换基底土层，以增大基础底面与地基之间的摩擦系数。

——采用桩基础。

2. 倾斜基底时，墙踵处地基水平面滑动稳定性验算

(1) 滑动稳定方程为

$$(1.1G+\gamma_{Q1}E_y)\mu_n+0.67cB_1-\gamma_{Q1}E_x>0 \quad (4-14)$$

式中 B_1——挡土墙基底水平投影宽度，m；

μ_n——地基土内摩擦系数，$\mu_n=\tan\varphi$；

φ——地基土内摩擦角(o)；

c——地基土黏聚力，kN/m；

G——作用于基底水平滑动面上的墙身重力、基础重力、基础上的填土重力、作用于墙顶的其他竖向荷载及倾斜基底与滑动面间的土楔的重力(kN)的标准值，浸水挡土墙的浸水部分应计入浮力。

(2) 抗滑动稳定系数 K_c 计算公式为

$$K_c=\frac{(N+\Delta N)\mu_n+cB_1}{E_x} \quad (4-15)$$

倾斜基底与水平滑动面间的土楔重力标准值 ΔN 可按下式计算。

$$\Delta N=\frac{\gamma}{2}B^2\sin\alpha_0\cos\alpha_0 \quad (4-16)$$

式中 N——见式(4-13)的规定；

γ——地基土的重度，透水性的水下地基土为浮重，kN/m³。

3. 抗倾覆稳定性验算(图 4.16)

(1) 为保证挡土墙抗倾覆稳定性，须验算它抵抗墙身绕墙趾向外转动倾覆的能力，即需满足倾覆稳定方程。

$$0.8GZ_G+\gamma_{Q1}(E_yZ_x-E_xZ_y)+\gamma_{Q2}E_pZ_p>0 \quad (4-17)$$

式中 Z_G——墙身重力、基础重力、基础上填土的重力及作用于墙顶的其他竖向荷载的合力重心到墙趾的距离，m；

Z_x——墙后主动土压力的竖向分量到墙趾的距离，m；
Z_y——墙后主动土压力的水平分量到墙趾的距离，m；
Z_p——墙前被动土压力的水平分量到墙趾的距离，m。

（2）抗倾覆稳定系数 K_0 计算公式为

$$K_0 = \frac{GZ_G + E_y Z_x + E'_p Z_p}{E_x Z_y} \qquad (4-18)$$

特别提示

倾覆稳定方程中，主动土压力的分项系数符合表 4-10 的规定，而墙身重力、基础重力、基础上填土重力及作用于墙顶的其他竖向荷载的分项系数是通过校准抗倾覆稳定系数计算公式中的总安全系数来求解的，经误差处理后确定为 0.8。

若抗倾覆稳定性不满足要求，可采取下列措施增加抗倾覆稳定性。

——扩展挡土墙基础的墙趾，当刚性基础的墙趾扩展受刚性角限制时，可采用配筋扩展基础。

——调整墙面、墙背坡度。

——改变墙身形式，可采用衡重式、扶壁式等抗倾覆稳定性较强的挡土墙形式。

在各类挡土墙适宜的墙高范围内，挡土墙的抗滑动和抗倾覆稳定系数不应小于表 4-12 的规定。

表 4-12 抗滑动和抗倾覆的稳定系数

作用（或荷载）情况	验算项目	稳定系数	
作用（或荷载）组合Ⅰ、Ⅱ	抗滑动	K_c	1.3
	抗倾覆	K_0	1.5
作用（或荷载）组合Ⅲ	抗滑动	K_c	1.2
	抗倾覆	K_0	1.3
施工阶段验算	抗滑动	K_c	1.2
	抗倾覆	K_0	1.2

挡土墙高度大于适宜墙高时，稳定系数宜大于表 4-12 中所列数值；相同填料下，稳定系数随墙高增大而增大；相同墙高下，稳定系数宜根据填料的黏聚力 c 取值，c 小者取较小值，c 大者取较大值。

特别提示

俯斜式与垂直式挡土墙适宜墙高为 5m 以内；仰斜式挡土墙适宜墙高为 10m 以内；衡重式挡土墙适宜墙高为 3~12m。半重力式挡土墙适宜墙高为 3~8m。

据统计，挡土墙因滑动而失稳较为少见，而因倾覆而失稳的工程实例较为多见，其原因之一是墙身倾覆机理的复杂性，在现行的计算方法中尚不能完全体现，所以采用较大的抗倾覆稳定系数。

此外,地基越软其倾覆旋转点离墙趾越远,而计算假定是绕墙趾转动,从而使安全系数减小,在高大、重型挡土墙上尤为显著。所以,若墙高大于适宜高度时,需提高安全系数。

4.5.4 地基计算

挡土墙地基承载力计算时,传至基础底面上的作用(或荷载)效应宜按正常使用的极限状态下作用(或荷载)效应标准组合(式(4-11)),相应的抗力采用地基承载力特征值(式(4-2))。

> **特别提示**
>
> 若墙前被动土压力计入,则取其0.3倍代入式(4-11)。

1. 合力偏心距验算

合力偏心距验算基底应力分布如图4.17所示。公式为

$$e_0 = \left| \frac{M_k}{N_k} \right| \tag{4-19}$$

式中 e_0——基底合力的偏心距,m;

M_k——采用作用(或荷载)效应标准组合时,作用于基底形心的弯矩,kN·m;

N_k——采用作用(或荷载)效应标准组合时,作用于基底上的垂直力,kN。

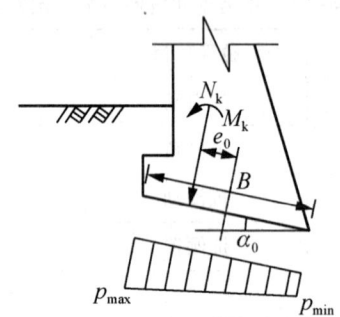

图4.17 基底应力分布

垂直于基底的合力偏心距 e_0 应符合表4-13的规定。

表4-13 垂直于基础底面的合力偏心距限制

作用(或荷载)组合	地基条件	合力偏心距
作用(或荷载)组合Ⅰ	非岩石地基	$e_0 \leq B/8$
作用(或荷载)组合Ⅱ、Ⅲ、施工荷载	非岩石地基	$e_0 \leq B/6$
作用(或荷载)组合Ⅱ、Ⅲ、施工荷载	较差的岩石地基	$e_0 \leq B/5$
作用(或荷载)组合Ⅱ、Ⅲ、施工荷载	坚密的岩石地基	$e_0 \leq B/4$

注:岩石地基上的挡土墙在荷载组合Ⅰ作用下,在满足地基承载力特征值与稳定性要求时,合力偏心距不受限制。

2. 基底应力验算

基底应力分布如图 4.17 所示，挡土墙明挖基础底面的压应力按下式计算。

$$p_{\max} = \frac{N_k}{A}(1 + \frac{6e_0}{B}) \quad (4-20)$$

$$p_{\min} = \frac{N_k}{A}(1 - \frac{6e_0}{B}) \quad (4-21)$$

式(4-20)与式(4-21)的适用条件为

$$e_0 \leqslant B/6 \quad (4-22)$$

式中 $p_{\max}$——采用作用(或荷载)效应标准组合的基底边缘最大压应力值，kPa；

$p_{\min}$——采用作用(或荷载)效应标准组合的基底边缘最小压应力值，kPa；

A——基础底面每延米的面积，即基础宽度 $B \times 1$，m^2；

B——基础底面宽度，对于倾斜基底为其斜宽，m。

e_0——基底合力偏心距(m)，按式(4-19)计算。

基底的最大压应力应符合下式要求。

$$p_{\max} \leqslant k f_a \quad (4-23)$$

式中 f_a——经基础宽度和深度修正后的地基承载力特征值(kPa)，按式(4-2)计算；

k——地基承载力特征值提高系数，按表 4-14 的规定采用。

表 4-14 地基承载力特征值 f_a 的提高系数

作用(或荷载)与使用情况	提高系数 k	作用(或荷载)与使用情况	提高系数 k
作用(或荷载)组合Ⅰ，Ⅱ	1.00	经多年压实未受破坏的旧基础	1.50
作用(或荷载)组合Ⅲ、施工荷载	1.25		

若挡土墙基底应力及合力偏心距验算不满足要求，可采取下列措施降低基底应力和减小偏心距。

——加宽墙趾及采用扩大基础，以加大承压面积，减小基底应力，调整偏心距。

——通过换土或人工加固地基的办法来扩散地基应力或提高地基承载力。

——调整墙背坡度或断面形式以减小偏心距。

4.5.5 墙身承载能力验算

为保证墙身具有足够的强度，应根据经验选择 1~2 个控制截面进行验算。验算截面一般可选择在距墙底二分之一墙高位置和截面急剧变化处，如图 4.18 所示。

墙身截面强度验算时，作用(或荷载)效应应按承载能力极限状态下的作用(或荷载)效应组合，详见式(4-9)。

有关截面强度验算的内容请参考《公路挡土墙设计与施工技术细则》和《公路路基设计规范》(JTG D30—2004)。

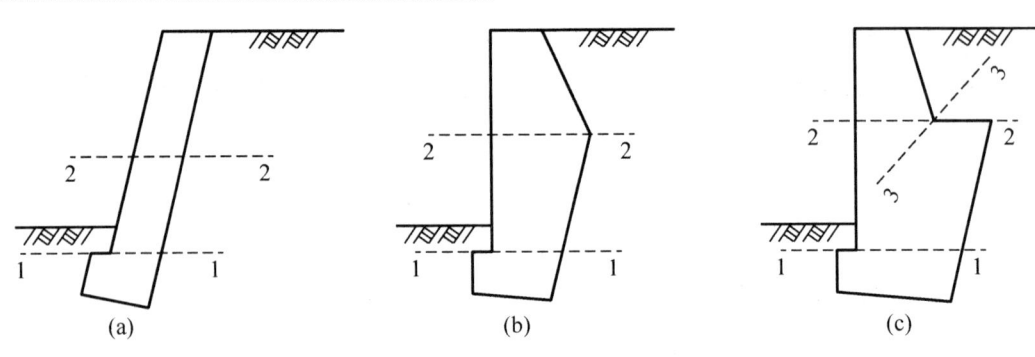

图 4.18　常用重力式挡土墙计算截面选取位置图
(a)重力式；(b)凸折式；(c)衡重式

 任务实施

挡土墙设计的主要任务就是拟定挡土墙各部分尺寸，使其满足稳定性、地基承载力和截面强度等要求，做到安全可靠、经济合理、造型美观。可按计算法或验算法确定挡土墙各部分尺寸。

(1) 计算法：根据工程经验，先拟定某部分的尺寸为设计尺寸(通常为墙顶宽)，并确定其他各部分尺寸，然后搜索满足稳定性、地基承载力和截面强度等要求的最小设计尺寸，经过取整后即为最终结果。

(2) 验算法：根据本地区的工程实践经验，拟定挡土墙各组成部分的尺寸，然后进行稳定性、地基承载力和截面强度等验算，验算通过即可，若验算不通过，则适当增大某部分尺寸，直至验算通过。

挡土墙的设计一般都采用验算法。

下面仍以墙背高 4.0 m 的挡土墙为例，来说明挡土墙的设计。

1. 挡土墙尺寸拟定

根据工程经验，拟定挡土墙各部分组成宽度如图 4.19 所示，基础埋深暂定 1 m。

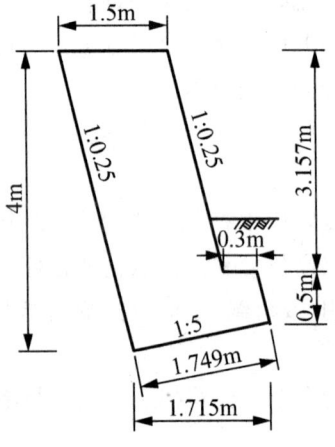

图 4.19　挡土墙尺寸

2. 挡土墙自重及重心计算

取单位墙长(1m)，如图 4.20 所示，将挡土墙截面划分为 3 部分，截面各部分对应的墙体重量为(墙体采用 M7.5 浆砌块石，重度 γ_t 取 24kN/m³)：

$$G_1 = \gamma_t \times 1.5 \times 3.157 = 113.652 \text{(kN)}$$
$$G_2 = \gamma_t \times 1.8 \times 0.5 = 21.6 \text{(kN)}$$
$$G_3 = \gamma_t \times 1.8 \times 0.343/2 = 7.409 \text{(kN)}$$

截面各部分的重心至墙趾(O_1)的距离

$$Z_1 = 0.3 + 0.5 \times 0.25 + (3.157 \times 0.25 + 1.5)/2 = 1.570 \text{(m)}$$
$$Z_2 = 0.5 \times 0.25/2 + 1.8/2 = 0.963 \text{(m)}$$
$$Z_3 = (1.8 + 1.715)/3 = 1.172 \text{(m)}$$

单位墙长自重为

$$G_0 = G_1 + G_2 + G_3 = 142.661 \text{(kN)}$$

全截面重心至墙趾距离为

$$Z_0 = (Z_1 \times G_1 + Z_2 \times G_2 + Z_3 \times G_3)/G_0 = 1.457 \text{(m)}$$

3. 主动土压力计算

任务 4.4 已求得主动土压力和作用点位置，如图 4.21 所示。

$$E_x = 55.081 \text{kN}$$
$$E_y = 3.324 \text{kN}$$
$$Z_y = 1.334 - \Delta H = 1.334 - 0.343 = 0.991 \text{(m)}$$
$$Z_x = B_1 - (Z_y + \Delta H)\tan \alpha = 1.715 - 1.334\tan(-14.04°) = 2.049 \text{(m)}$$

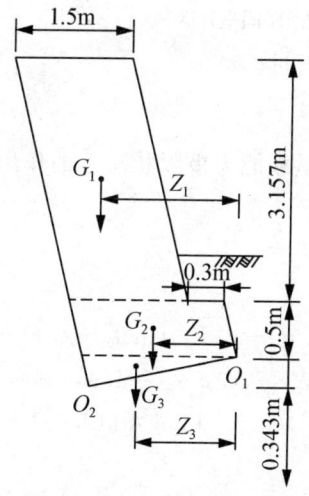

图 4.20 挡土墙自重及重心计算图式

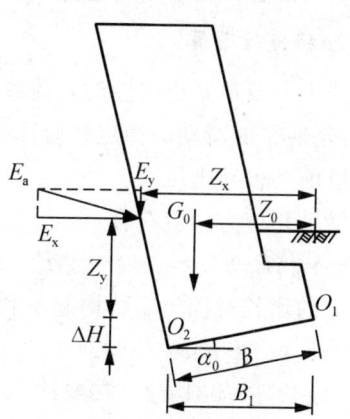

图 4.21 土压力计算图式

4. 按深度和宽度修正的地基承载力计算

由任务 4.3，地基天然承载力 $f_a = 210 \text{kPa}$。

基础埋深为 1m，因此不需作深度修正。

基底宽度 $B_1=1.715\text{m}<2\text{m}$，因此也不需作宽度修正。

所以，$f'_a=f_a=210\text{kPa}$

按表 4-14 的规定，当采用荷载组合Ⅱ时，地基承载力特征值的提高系数 $k=1.00$。

5. 基底合力及偏心距验算

在地基承载力计算中，基础的作用效应取正常使用极限状态作用效应标准组合。

作用于基底形心处的弯矩（图 4.21）：

$$M_k=G_0\left(Z_0-\frac{B_1}{2}\right)+E_y\left(Z_x-\frac{B_1}{2}\right)-E_x\left(Z_y+\frac{\Delta H}{2}\right)$$

$$=142.661\times\left(1.457-\frac{1.715}{2}\right)+3.324\times\left(2.049-\frac{1.715}{2}\right)-55.081\times\left(0.991+\frac{0.343}{2}\right)$$

$$=25.454(\text{kN}\cdot\text{m})$$

作用于倾斜基底的垂直力

$$N_k=(G_0+E_y)\cos\alpha_0+E_x\sin\alpha_0=(142.661+3.324)\times\cos 11.31°+55.081\times\sin 11.31°$$

$$=153.952(\text{kN})$$

倾斜基底合力偏心距为

$$e_0=\left|\frac{M_k}{N_k}\right|=\frac{25.454}{153.952}=0.165\text{m}<\frac{B}{6}=\frac{1.749}{6}=0.292(\text{m})$$

基底应力为

$$p_{\max}=\frac{N_k}{B\times 1}\left(1+\frac{6e_0}{B}\right)=\frac{153.952}{1.749}\left(1+\frac{6\times 0.165}{1.749}\right)=137.847(\text{kPa})$$

$$p_{\min}=\frac{N_k}{B\times 1}\left(1-\frac{6e_0}{B}\right)=\frac{153.952}{1.749}\left(1-\frac{6\times 0.165}{1.749}\right)=38.199(\text{kPa})$$

$$p_{\max}=137.847\text{kPa}<kf'_a=1\times 210=210(\text{kPa})$$

所以，基底合力偏心距与地基承载力验算均通过。

6. 滑动稳定性验算

计算挡土墙及地基稳定性时，荷载效应应按承载能力极限状态下的作用效应组合。

1) 沿基底平面滑动的稳定性验算（图 4.21）

不计墙前的被动土压力。

(1) 滑动稳定方程应符合

$$[1.1G+\gamma_{Q1}(E_y+E_x\tan\alpha_0)-\gamma_{Q2}E_p\tan\alpha_0]\mu+(1.1G+\gamma_{Q1}E_y)\tan\alpha_0-\gamma_{Q1}E_x+\gamma_{Q2}\cdot E_p>0$$

土压力的增长对挡土墙结构起不利作用，按表 4-10，$\gamma_{Q1}=1.4$，则有

$$[1.1\times 142.661+1.4\times(3.324+55.081\times 0.2)]\times 0.5+(1.1\times 142.661+1.4\times 3.324)$$

$$\times 0.2-1.4\times 55.081=43.704>0$$

符合沿基底倾斜平面滑动稳定方程的规定。

(2) 抗滑动稳定系数计算如下。

$$N=G_0+E_y=142.661+3.324=145.985(\text{kN})$$

$$K_c=\frac{(N+E_x\tan\alpha_0)\mu}{E_x-N\tan\alpha_0}=\frac{(145.985+55.081\times 0.2)\times 0.5}{55.081-145.985\times 0.2}=3.033$$

根据表 4-12 的规定，荷载组合Ⅱ时，抗滑动稳定系数 $K_c > 1.3$，故抗滑动稳定系数符合要求。

2) 沿过墙踵点水平面滑动稳定性验算(图 4.21)

计入倾斜基底与水平滑动面之间的土楔重力 ΔN。

$$\Delta N = \frac{1}{2} B_1 \Delta H \gamma = \frac{1}{2} \times 1.715 \times 0.343 \times 19 = 5.588 \text{(kN)}$$

(1) 滑动稳定方程应符合：$(1.1G + \gamma_{Q1} E_y) \mu_n + 0.67 c B_1 - \gamma_{Q1} E_x > 0$

即：$(1.1 \times 142.661 + 1.4 \times 3.324) \tan 20° + 0.67 \times 25 \times 1.715 - 1.4 \times 55.081 = 10.423 > 0$

符合滑动稳定方程的规定。

(2) 抗滑动稳定系数计算如下。

$$K_c = \frac{(N + \Delta N) \mu_n + c B_1}{E_x} = \frac{(145.985 + 5.588) \times \tan 20° + 25 \times 1.715}{55.081} = 1.780 > 1.3$$

抗滑动系数符合要求。

7. 挡土墙绕墙趾点的倾覆稳定验算

不计墙前的被动土压力。

(1) 倾覆稳定方程应符合：$0.8 G Z_G + \gamma_{Q1} (E_y Z_x - E_x Z_y) + \gamma_{Q2} E_p Z_p > 0$

即

$0.8 \times 142.661 \times 1.485 + 1.4 (3.324 \times 2.049 - 55.081 \times 0.991) = 102.597 > 0$

符合倾覆稳定方程的规定。

(2) 抗倾覆稳定系数计算如下。

$$K_0 = \frac{G Z_G + E_y Z_x + E'_p Z_p}{E_x Z_y} = \frac{142.661 \times 1.457 + 3.324 \times 2.049}{55.081 \times 0.991} = 3.933 > 1.5$$

抗倾覆稳定系数符合要求。

上述验算均通过，因此采用 4m 高挡墙的拟定尺寸。

按照上述方法，确定 3～6m 高(有可能使用到的挡土墙高度范围)挡土墙的各部分尺寸，见表 4-15。

表 4-15 挡土墙尺寸

挡墙高度 H/m	墙定宽 B_0/m	墙趾尺寸	
		DL/m	DH/m
3.0	1.20	0.3	0.5
3.5	1.40	0.3	0.5
4.0	1.50	0.3	0.5
4.5	1.60	0.4	0.5

续表

挡墙高度 H/m	墙定宽 B_0/m	墙趾尺寸	
		DL/m	DH/m
5.0	1.70	0.4	0.5
5.5	1.90	0.4	0.5
6.0	2.00	0.4	0.5

挡土墙施工时，根据每段挡土墙的平均墙高，在上表范围内内插确定挡土墙尺寸。

任务 4.6　挡土墙设计成果

知识讲解

通过挡土墙的设计验算，基本确定了挡土墙的各部分尺寸。接下去的工作就是用 CAD 制图软件绘制挡土墙结构设计图和挡土墙立面图，用 Excel 编制挡土墙要素及工程数量表。

4.6.1　挡土墙结构设计图

挡土墙结构设计图主要由 3 部分组成：挡土墙尺寸及单位工程数量表、挡土墙横断面和说明。

1. 挡土墙尺寸及单位工程数量表

该表在表 4-15 的基础上适当增加一些内容，比如挡土墙砌体的每延米工程量、挡土墙地基承载力要求等。

2. 挡土墙横断面

在挡土墙横断面上，要绘制出挡土墙在路基横断面上的布置情况、挡土墙各部分的尺寸、挡土墙埋深、挡土墙墙身排水设施等。

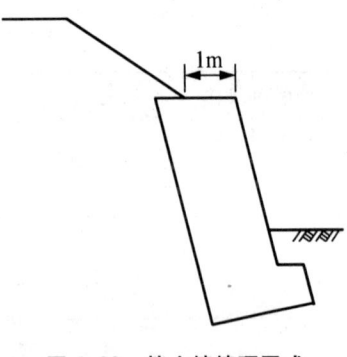

图 4.22　挡土墙墙顶图式

本书中采用仰斜式路堤墙，为使墙面布置一致，一般墙顶出露宽度取 1m，如图 4.22 所示。有一部分宽度埋在路堤填土里，采用这种形式时，墙背土压力的计算与前述略有不同，有兴趣的同学可参考《公路设计手册-路基》。

3. 说明

文字说明部分，一般要包括以下内容。

（1）要明确本图所采用的单位制及比例，一般采用厘米为单位。

(2) 明确墙背填土的要求，比如内摩擦角、重度以及基底与基底土的摩擦系数。
(3) 明确挡土墙基础埋置要求。
(4) 明确墙身材料，尤其是砂浆标号。
(5) 明确墙背排水设施。
(6) 其他需要特别说明的内容，比如要求检测地基承载力等。

4.6.2 挡土墙立面图

因本工程地质情况较好，挡土墙只要满足最小埋深即可，所以在任务 4.2 中已完成挡土墙立面图的绘制。如果地质情况不好，则需要通过任务 4.5 中的挡土墙验算后方能确定基础埋深和完成立面图。

4.6.3 挡土墙要素及工程数量表

在挡土墙立面图中计算出了每段挡土墙的平均墙高，根据平均墙高在挡土墙尺寸表中通过内插确定挡土墙的各部分尺寸，比如墙顶宽、墙趾宽和墙趾高等要素。然后根据每段的平均墙高和挡土墙各部分尺寸，可以计算出挡土墙的工程量，包括圬工量、压顶量、墙背排水设施量等内容，通过 Excel 软件编制挡土墙要素及工程数量表。

 任务实施

根据前述计算与设计成果，应用 AutoCAD 软件绘制挡土墙结构设计图和挡土墙立面图，用 Excel 软件编制挡土墙要素及工程数量表，详见 S3-11、S3-12 和 S3-13。

项目小结

本次挡土墙设计主要包含以下内容。

(1) 挡土墙的分类方法较多。根据挡土墙在路基横断面上的位置可分为路肩墙、路堤墙及路堑墙等；根据建筑材料可分为石、混凝土及钢筋混凝土挡土墙等；根据结构形式可分为重力式挡土墙、衡重式挡土墙、悬臂式与扶壁式挡土墙、加筋土挡土墙、锚杆挡土墙、锚定板挡土墙和桩板挡土墙等。石砌重力式挡土墙应用最为广泛。

(2) 重力式挡土墙由墙身、基础、排水设施和沉降伸缩缝等部分组成。根据墙背倾斜方向的不同，墙身断面形式可分为仰斜式、垂直式、俯斜式、凸折式和衡重式等几种，各有适用场合。挡土墙基础要满足地基承载力、最小埋置深度及其他构造要求。排水设施主要由泄水孔和反滤层等部分组成。沉降伸缩缝需根据地质条件、水文条件、平面布置、墙高、墙身断面变化等情况设置。

(3) 挡土墙的布置是挡土墙设计的一个重要内容，通常是在路基横断面和墙趾纵断面图上布设，个别复杂的挡土墙还应作平面布置。

(4) 墙后填土的抗剪强度、地基土的承载力以及摩擦系数等设计参数需根据具体条件合理选用。

(5) 重力式挡土墙采用库伦主动土压力作为主要设计荷载，根据破裂面交于路基顶面的位置查阅相关设计手册进行计算。

（6）挡土墙所受的各种作用应根据挡土墙所处的具体工作条件，按最不利的情况进行组合。重力式挡土墙需要进行抗滑动稳定性、抗倾覆稳定性、基底合力偏心距、地基承载力和截面强度等验算。挡土墙的稳定性验算和截面强度验算时，荷载效应按照承载能力极限状态下的作用（或荷载）效应组合。在挡土墙地基承载力验算时，传至基础底面上的荷载效应宜按照正常使用极限状态下的作用（或荷载）效应标准组合。

（7）运用 AutoCAD 软件绘制本段公路挡土墙结构设计图和挡土墙立面图，运用 Excel 软件编制挡土墙要素及工程数量表。

习　题

一、填空题

1. 根据墙背倾斜方向的不同，挡土墙墙身断面形式可分为_____、_____、_____、_____和_____等几种。
2. 根据挡土墙在路基横断面上的位置，可分为_____、_____及_____等。
3. 挡土墙设计计算需要进行_____、_____、_____和_____等验算。

二、单选题

1. 为了减少拆迁和占地面积，一般可采用（　　）。
   A. 路堑墙　　　　B. 路堤墙　　　　C. 山坡挡土墙　　　　D. 路肩墙
2. 土压力最小的挡土墙是（　　）。
   A. 仰斜式挡土墙　　　　　　　　B. 俯斜式挡土墙
   C. 垂直式挡土墙　　　　　　　　D. 衡重式挡土墙
3. 挡土墙稳定性验算中，采用的土压力是（　　）。
   A. 主动土压力　B. 被动土压力　C. 静止土压力　D. 无法确定
4. 挡土墙基底计算应力 $\sigma<0$，说明（　　）
   A. 基底承受压应力　　　　　　　B. 偏心距过大
   C. 墙身基础尺寸不足　　　　　　D. 地基承载力不够
5. 浆砌挡土墙，墙顶宽度不宜小于（　　）cm。
   A. 50　　　　B. 60　　　　C. 40　　　　D. 25

三、名词解释

1. 路堤挡土墙
2. 路堑挡土墙
3. 路肩挡土墙
4. 主动土压力

四、简答题

1. 简述挡土墙排水的构造要求。
2. 简述沉降伸缩缝的设置要求。

3. 简述填方路基墙后土体抗剪强度参数的选择原则。
4. 简述抗倾覆稳定性不满足要求时采取的措施。
5. 简述抗滑动稳定性不满足要求时采取的措施。
6. 简述挡土墙基底倾斜度的确定原则。

五、计算题

已知作用在某挡土墙上的作用力如图 4.23 所示。$E_x=66.12$kN，$E_y=4.00$kN，$G_0=160.25$kN，$Z_x=1.97$m，$Z_y=1.86$m，$Z_0=1.54$m，$\alpha_0=11.31°$，墙底与地基土摩擦系数 $\mu=0.4$，地基承载力特征值 250kPa。试验算该挡土墙倾覆稳定性、滑移稳定性、合力偏心距及地基承载力。

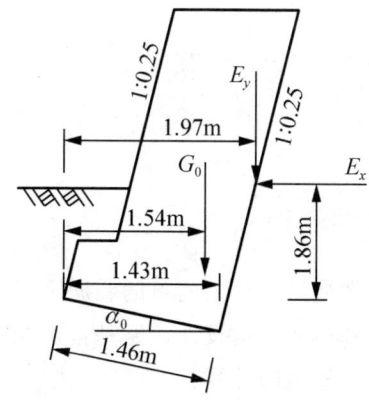

图 4.23 挡土墙上的作用力

项目 5

路基排水设计

教学目标

通过本项目任务的学习,掌握路基排水的目的和原则;掌握路基地表和地下排水设施的功能、构造和布置;熟悉路基排水结构设计、路基排水综合设计的原则和沿线路基排水设计图的绘制;掌握路基排水工程量的计算。

教学要求

能力目标	知识要点	权重
掌握路基排水的目的和原则	目的和原则	10%
掌握路基地表排水设施的功能构造和布置	边沟、截水沟、排水沟、跌水、急流槽	25%
掌握路基地下排水设施的功能构造和布置	暗沟、渗沟	25%
能根据规范、图库进行路基排水结构设计	排水结构设计	20%
能进行排水系统综合设计	沿线路基排水设计	10%
能用 Excel 编制路基排水工程数量表	路基排水工程量的计算	10%

▶▶引例

水是危害公路的主要自然因素。就路基病害的规模、范围及成因而言,水往往是决定性的因素之一。因此,路基排水设计是路基设计中的重要项目和内容。图5.1所示为某公路截水沟,图5.2所示为某公路的浅碟形边沟。

图 5.1　某公路截水沟　　　　　　　图 5.2　某公路浅碟形边沟

注:图片来源于《公路路基设计规范》宣讲资料

任务 5.1　认识路基排水

5.1.1　路基排水的目的

路基路面的强度与稳定性与水有很大关系。水往往是引起路基路面各种病害的关键性因素之一,因此,在路基路面的设计、施工和养护中,必须十分重视排水工程。

根据水源的不同,影响路基路面的水流可分为地面水和地下水,与之相应的排水工程分为地表排水和地下排水。

地表水包括大气降水(雨和雪)形成的地表径流以及海、河、湖、水渠及水库水等。地表水对路基产生冲刷和渗透,冲刷会导致路基整体稳定性下降,渗透会导致路基土含水量大而强度降低。

地下水包括上层滞水、层间水及潜水等,它们对路基的危害程度因条件不同而异。轻者使路基湿软,降低路基强度;重者会引起冻涨、翻浆或边坡滑坍,甚至整个路基沿倾斜基底滑动。

路基排水的目的就是通过设置相应的排水设施,采取拦截、隔断、疏干等措施,把影响路基强度和稳定性的地表水和地下水排放到路基范围以外合适的地点,从而降低路基土的湿度,使路基常年处于干燥状态,确保路基路面具有足够的强度和稳定性。具体来说,地表排水主要是排出路基范围内的地面径流、地表积水、边坡雨水及公路邻近地带影响路基稳定的地表水;地下排水主要是排出流向路基的地下水或降低地下水位。

5.1.2 路基排水设计的一般原则

路基排水设计一般有 4 个原则。

（1）公路路基排水设计应防、排、疏结合，并与路面排水、路基防护、地基处理以及特殊路基地区（段）的其他处治措施相互协调，形成完善的排水系统。

（2）路基排水设计应遵循总体规划、合理布局、少占农田、环境保护的原则，并与当地排灌系统协调。

（3）对于排水困难的地段可采取降低地下水位、设置隔断层等措施，使路基处于干燥、中湿状态。

（4）施工场地的临时性排水设施应尽可能与永久性排水设施相结合。各类排水设施的设计应满足使用功能的要求，结构安全可靠，便于施工、检查和养护维修。

任务 5.2　路基排水设计

知识讲解

路基排水设计分为地表排水设计和地下排水设计两部分。

5.2.1 路基地表排水设计

常用的地表排水设备包括边沟、截水沟、排水沟、跌水与急流槽等，必要时还有渡槽、倒虹吸、蒸发池、排水泵站等，应结合地形和天然水系进行布设，并做好进出口的位置选择和处理，防止出现堵塞、溢流、渗漏、淤积、冲刷和冻结等现象。这些排水设备分别设在路基的不同部位，各自的排水功能、布置要求和构造形式均有所不同。

在路基地表排水设计中对于降雨的重现期：高速公路、一级公路应采用 15 年，其他等级公路应采用 10 年。各类地表排水设施的断面尺寸应满足设计排水流量的要求，沟顶应高出沟内设计水面 0.2m 以上。地表排水沟管排放的水流不得直接排入饮用水水源、养殖池。

1. 边沟

边沟分为路堤边沟和路堑边沟，位于土路肩或护坡道外侧，用于汇集和排除路面、路肩及边坡的水。即在挖方路基的路肩外侧，矮路堤的边坡外侧均应设置边沟，边沟的走向通常与路线一致。

边沟断面形式既要考虑地形地质条件、边坡高度、汇水面积及排水功能，也要注意边沟形式对行车安全和环境景观的影响，因地制宜选用梯形、矩形、U 形（或带盖板矩形）、三角形、碟形横断面，以及暗埋式边沟，挖方路段宜优先选用三角形、浅碟形、盖板矩形、暗埋式边沟，如图 5.3 所示。各部位的尺寸应根据地形、地貌、汇水面积、暴雨强度、路基填挖情况，经过水文水力计算，并结合当地经验确定。

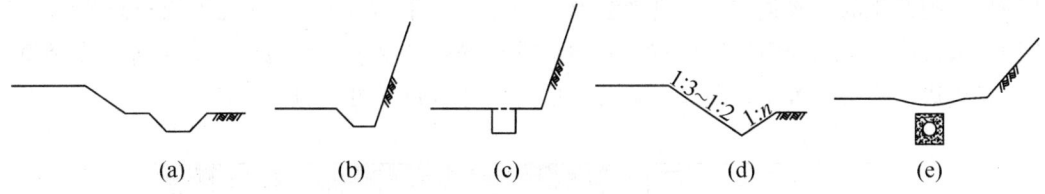

图 5.3 边沟形式示意图

(a)、(b)梯形边沟；(c)矩形边沟(带盖板)；(d)三角形边沟；(e)浅碟形边沟＋暗埋边沟

梯形边沟是最常用的一种形式，底宽与深度一般不宜小于 0.4m，沟壁内侧边坡坡度取 1:1.5～1:1.1.0，外侧边坡通常与路基挖方边坡一致。

> **特别提示**
>
> 浆砌梯形边沟适应于防止水流冲刷要求较高的路段，但生硬不美观，最好设于高路堤或视线以外的路段。

矩形边沟用于人工施工的坚硬岩石路堑地段，其内侧边坡直立，坡面应采用浆砌片石防护，外侧边坡直立或与挖方边坡坡度相同。从安全和视觉效果分析，沿街路段、挖方路段等采用带盖板的矩形边沟，可具有路基视觉增宽、防止车轮卡限和边坡碎落堵塞等功能。

少雨浅挖地段的土质边沟可采用三角形横断面，其内侧边坡坡度宜采用 1:3～1:2，外侧边坡坡度与挖方边坡坡度相同。三角形边沟的水流条件较差，流量较大时沟深宜适当增大。

从安全和景观角度分析，浅碟形边沟或放缓边坡漫流排水形式对于地形平坦、纵坡平缓的低填、浅挖路段适应性较好。边沟可与原地面舒缓自然地衔接，克服沿路基边缘设置规则深边沟所带来的行车安全隐患，同时形成流畅优美的视觉效果。浅碟形边沟通常与暗埋边沟结合使用，效果会更好。

此外，还有一种流线型边沟，是将路堤横断面的边角整修圆滑，可以防止路基旁侧积沙或堆雪，适用于沙漠或积雪地区的路基。

边沟紧靠路基，通常不允许其他排水沟渠的水流引入，也不能与其他人工沟渠合并使用。

边沟水流不应滞留在沟内，必须尽快排除，使水流不危及路基。边沟沟底纵坡宜与路线纵坡一致，并不宜小于 0.3%；在局部地面平坦地带或反坡排水地段，边沟出水口较远，排水较困难时，可减小至 0.1%，但应采取防止边沟淤塞的措施，边沟分水点的沟深可减小至 0.3m。

为了有利于边沟排水，边沟的连续长度一般不宜超过 500m，多雨地区不宜超过 300m，三角形边沟不宜超过 200m。边沟的水流通过出水口引向路基范围以外或排入天然河道。

边沟应根据不同情况选用不同的防护加固措施，较多采用浆砌片石或水泥混凝土预制块铺砌。砌筑用的砂浆强度对于高速公路、一级公路采用 M7.5，其他等级公路采用 M5。边沟出水口附近水流冲刷比较严重，必须慎重布置和采取相应措施。图 5.4 所示为路堑边沟与路堤边沟连接布置图，通过设置急流槽，防止对路堤边坡的冲刷。

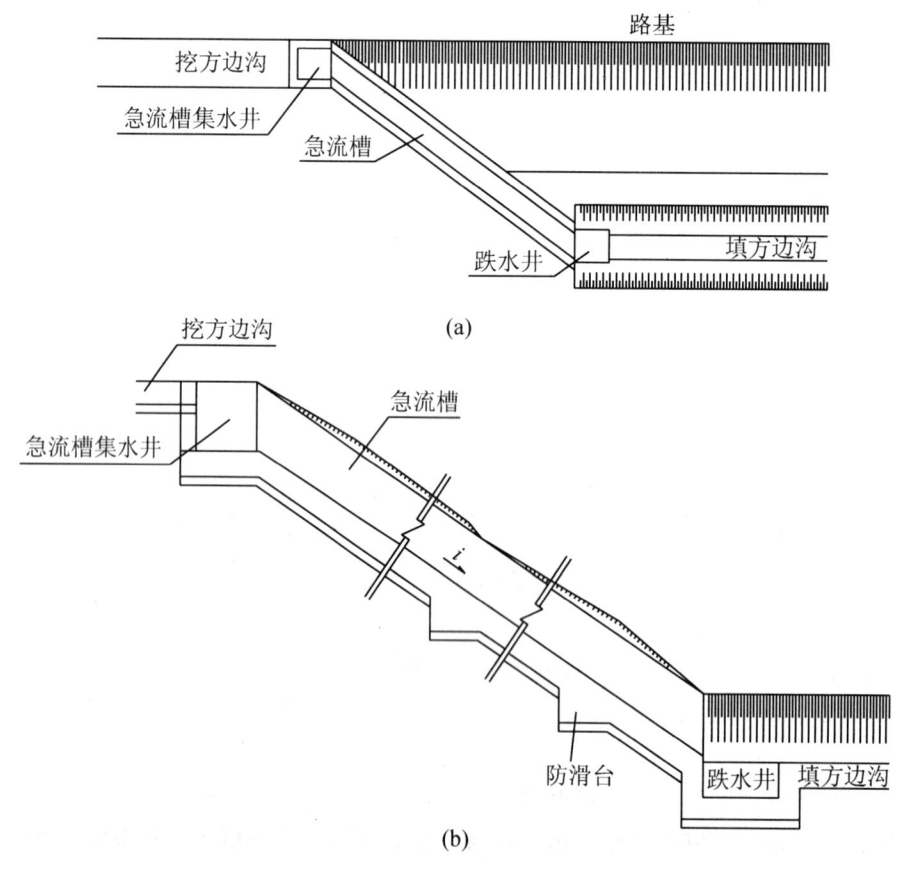

图 5.4 填挖路段边沟连接
(a)平面；(b)纵剖面

2. 截水沟

设置在挖方路基边坡坡顶以外或山坡路堤上方的适当位置，用以拦截路基上方流向路基的地表水，减轻边沟的水流负担，保护挖方边坡和填方坡脚不受水流冲刷和损害的人工沟渠，称为截水沟(又称为天沟)。如果降水量较少或坡面坚硬和边坡较低以致冲刷影响不大的路段可以不设截水沟；反之，对于降水量较多，且暴雨频率较高，山坡覆盖层比较松软，坡面较高，水土流失比较严重的地段，必要时可设置两道或多道截水沟。

特别提示

截水沟如果设置不好，可能会破坏公路景观，如图 5.1 所示。因此，截水沟若无需设置就不要设置；当必须设置时，应通过绿化手段予以遮挡。

截水沟根据路基填挖情况和所处位置可分为路堤截水沟、堑顶截水沟和平台截水沟。

图 5.5 所示为堑顶截水沟设置示意图。堑顶截水沟与挖方边坡坡口距离 d 应在 5m 以上,地质不良地段可取 10m 或更大。截水沟下方一侧可堆置挖沟的土方,要求做成顶部向沟内倾斜 2% 的土台。路堑上方设置弃土堆时,截水沟的位置及断面尺寸如图 5.6 所示。

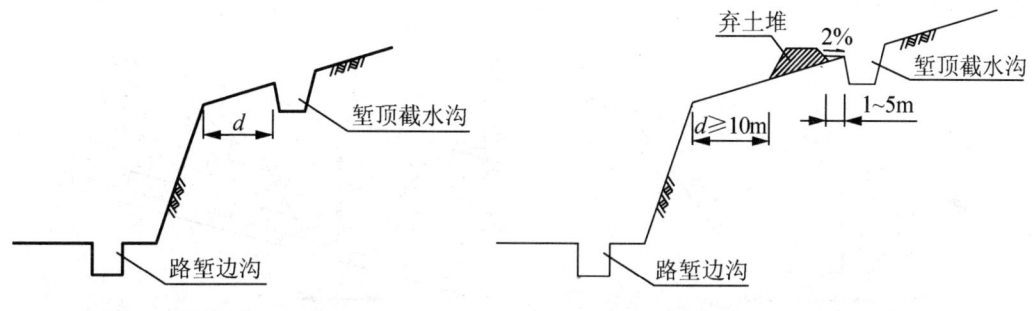

图 5.5　堑顶截水沟示意图　　　　图 5.6　堑顶截水沟与弃土堆关系图

当山坡填方路段可能遭到上方水流破坏作用时,必须设路堤截水沟,以拦截山坡水流保护路堤。如图 5.7 所示,截水沟与坡脚之间要有不小于 2.0m 的间距,并做成 2% 的向沟倾斜横坡,确保路堤不受水害。

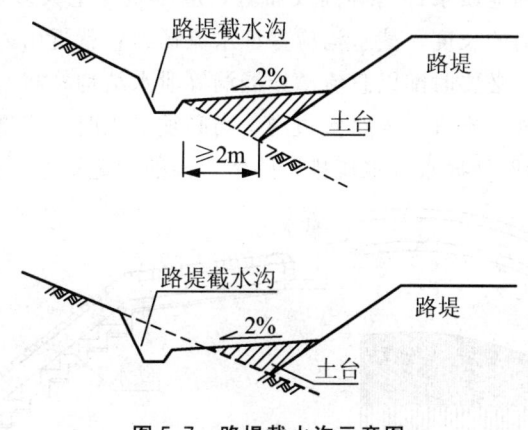

图 5.7　路堤截水沟示意图

当挖方路段土质边坡高度较大,汇水宽度较宽时,可在边坡上设置平台截水沟,平台宽度不小于 1.0m,台顶向沟内做 2% 的斜坡,如图 5.8 所示。

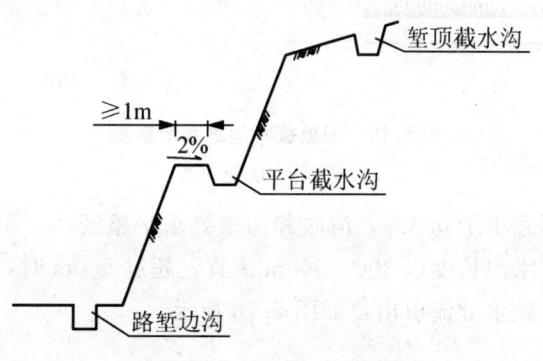

图 5.8　平台截水沟示意图

截水沟的横断面形式应结合设置位置、排水量、地形及边坡情况确定，一般采用梯形断面，如图5.9(a)所示，沟的底宽不小于0.5m，深度通过设计流量确定，同时不小于0.5m，沟壁边坡坡度视土质而定，一般采用1:1.5～1:1.0，石质截水沟沟壁坡度视石质而定。山坡覆盖层较薄(小于1.5m)，稳定性较差时，可将沟底设在基岩上，如图5.9(b)所示。

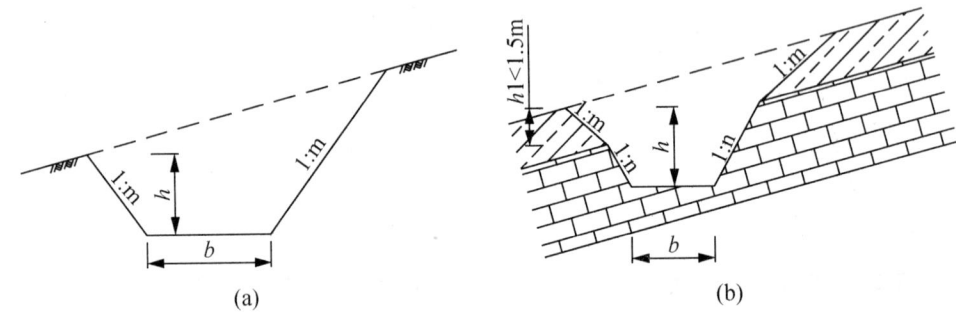

图5.9　截水沟横断面图例
(a)土质截水沟；(b)岩质截水沟

截水沟应结合地形和地质条件沿等高线布置，应尽量与绝大多数地面水流方向垂直，以提高截水效能和缩短沟的长度。截水沟应保证水流畅通，就近引入自然沟内排出，或直接引到桥涵的进水口处，必要时配以急流槽或涵洞等泄水结构物将水流引入指定地点。截水沟水流应排至路界之外，不宜引入路堑边沟，当必须引入时，应增大边沟横断面，并进行防护。图5.10所示为凹处截水沟水流排入路堑边沟的构造示意图。

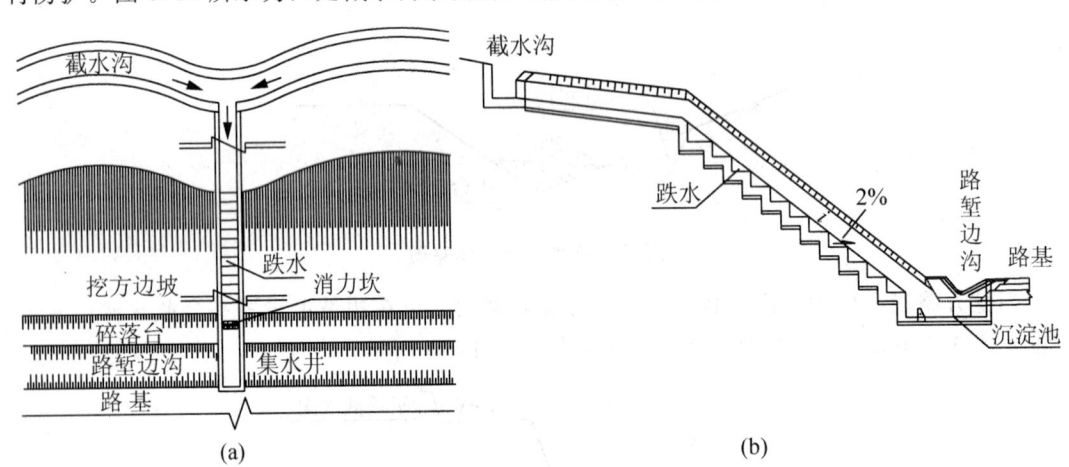

图5.10　凹处截水沟跌水示意图
(a)平面；(b)纵剖面

截水沟沟底纵坡不宜小于0.3%，沟底和沟壁要求平整密实，不滞留、不渗水，必要时予以加固和铺砌。截水沟长度以200～500m为宜，超过500m时，可在中间适当位置增设泄水口，由急流槽或跌水分流引出，如图5.10所示。

3. 排水沟

排水沟的主要用途在于引水。将边沟、截水沟、取(弃)土场和路基附近低洼处汇集的水引向路基以外时，应设置排水沟。

排水沟的布置必须结合地形等自然条件，因势利导，平面上力求短捷平顺，以直线为宜，必须转向时，尽量采用较大半径(10~20m以上)，徐缓改变方向，保证水流舒畅；纵面上应具有合适的纵坡，以保证水流畅通，不致流速太快产生冲刷，流速太小而形成淤积，为此应通过水文水力计算择优选定，在一般情况下，可取0.5%~1.0%，不宜小于0.3%，也不宜大于3%。若纵坡大于3%，应采取相应的加固措施。排水沟的连续长度不宜大于500m。

排水沟的断面形式应结合地形、地质条件确定，一般采用梯形断面，尺寸大小应经过水文水力计算选定，深度与底宽均不应小于0.5m。排水沟的沟壁坡率视土质而定，一般土层为1:1.5~1:1.0。

排水沟与其他排水设施的连接应顺畅。水流排入河道或沟渠时，为防止对原水道产生冲刷或淤积，两者水流流向应成小于45°的锐角相交，并设半径为10倍排水沟顶宽的圆弧，如图5.11所示。

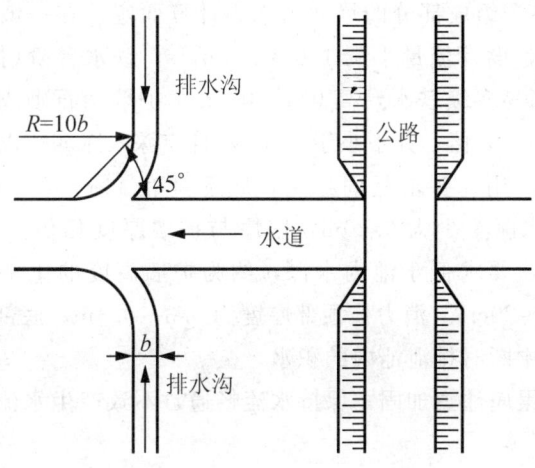

图 5.11 排水沟与水道的连接

4. 跌水与急流槽

水流通过坡度大于10%、水头高差大于1.0m的陡坡地段或特殊陡坎地段时，宜设置跌水或急流槽。跌水是阶梯形的建筑物，水流以瀑布的形式通过，有单级和多级的，它的作用主要是降低流速和消减水的能量；急流槽是具有很陡坡度的水槽，但水流不离开槽底，它的作用主要是在很短的距离内，水面落差很大的情况下进行排水，多用于涵洞的进出水口，或在特殊情况下，截水沟流向边沟的场合。

由于纵坡大、水流湍急、冲刷作用严重，所以跌水和急流槽应采取加固措施或者用浆砌块石或水泥混凝土砌筑。

跌水与急流槽通常设置在陡坡涵洞的进出水口、截水沟和边沟的出水口等处，如图5.4和图5.10所示。

跌水的构造有单级和多级之分,沟底有等宽和变宽之别。单级跌水适用于排水沟渠连接处,由于水位落差较大,需要消能或改变水流方向,图 5.12 所示为路基边沟水流通过涵洞排泄时,采用单级跌水(相当于雨水井)的示例之一。较长陡坡地段的沟渠,为减缓水流速度并予以消能,可采用多级跌水,图 5.13 所示即为示例之一。多级跌水底宽和每级长度可以采用各自相等的对称形,也可根据实地需要做成变宽或不等长度与高度。

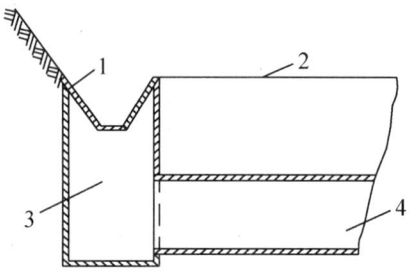
图 5.12 边沟与涵洞单级跌水连接图
1—边沟;2—路基;3—跌水井;4—涵洞

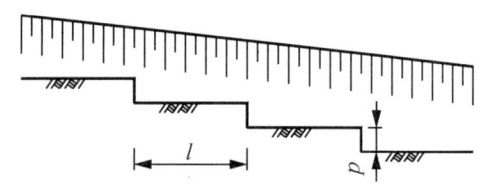
图 5.13 多级跌水纵剖面图

按照水力计算特点,跌水的基本构造可分为进水部分、消力池和出水部分 3 个组成部分,如图 5.14 所示。各个组成部分的尺寸由水力计算而定。在一般情况下,如果地质条件良好,地下水位较低,设计流量小于 $1.0\sim2.0\text{m}^3/\text{s}$,跌水台阶(护墙)高度为 P,最大不超过 2.0m。常用的简易多级跌水台高 $0.4\sim0.5\text{m}$,护墙用石砌或混凝土结构,墙基埋置深度为水深 a 的 $1.0\sim1.2$ 倍,并不小于 1.0m,且应深入冰冻线以下,石砌墙厚 $0.25\sim0.30\text{m}$。消力池起消能作用,要求坚固稳定,底部具有 $1\%\sim2\%$ 的纵坡,底厚 $0.35\sim0.30\text{m}$,壁高应比计算水深至少大 0.20m,壁厚与护墙厚度相仿。消力池末端设有消力槛,槛高 c 依计算而定,要求低于池内水深,约为护墙高度的 $1/4\sim1/5$,即 $c=(0.2\sim0.25)P$,一般取 $c=15\sim20\text{cm}$。消力槛顶部厚度为 $0.3\sim0.4\text{m}$,底部预留孔径为 $5\sim10\text{cm}$ 的泄水孔,以利于水流中断时排泄池内的积水。

跌水两端的土质沟渠应注意加固,保持水流畅通,不致产生水流冲刷和淤积,以充分发挥跌水的排水效能。

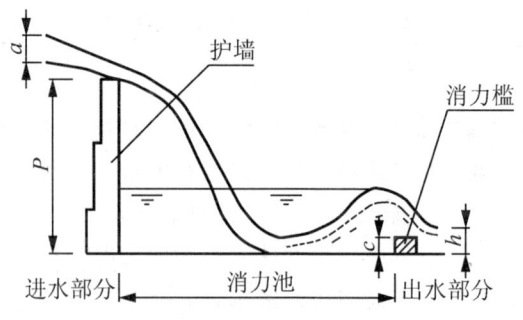
图 5.14 跌水构造示意图

急流槽的纵坡比跌水的平均纵坡更陡,结构的坚固稳定性要求更高,是山区公路回头展线,沟通上下线路基排水及沟渠出水口的一种常见排水设施。急流槽主体部分的纵坡依地形而定,一般可达 67%(1:1.5),如果地质条件良好,需要时还可更陡,但结构要求更严,造价亦相应提高,设计时应通过比较而定。

急流槽多用砌石(抹面)和水泥混凝土结构,亦可利用岩石坡面挖槽。如果临时急需时,可就近取材,采用竹木结构。

急流槽的构造如图 5.15 所示。按水力计算特点,亦由进口、主槽(槽身)和出口 3 部分组成。

急流槽的进出口与主槽连接处因沟槽横断面不同,为了能平顺衔接,可设过渡段,出口部分设有消力池。各个部分的尺寸依水力计算而定。一般来说,浆砌片石急流槽的槽底厚度可为 0.2～0.4m,槽壁厚 0.3～0.4m。混凝土急流槽的厚度可为 0.2～0.3m。槽顶应与两侧斜坡表面齐平。槽深最小为 0.2m,槽底宽最小为 0.25m。槽底每隔 2～5m 应设置耳墙,嵌入坡体内 0.3～0.5m,以避免槽体顺坡下滑。槽身较长时宜分段砌筑,每段长 5～10m,预留伸缩缝,并用防水材料填缝。

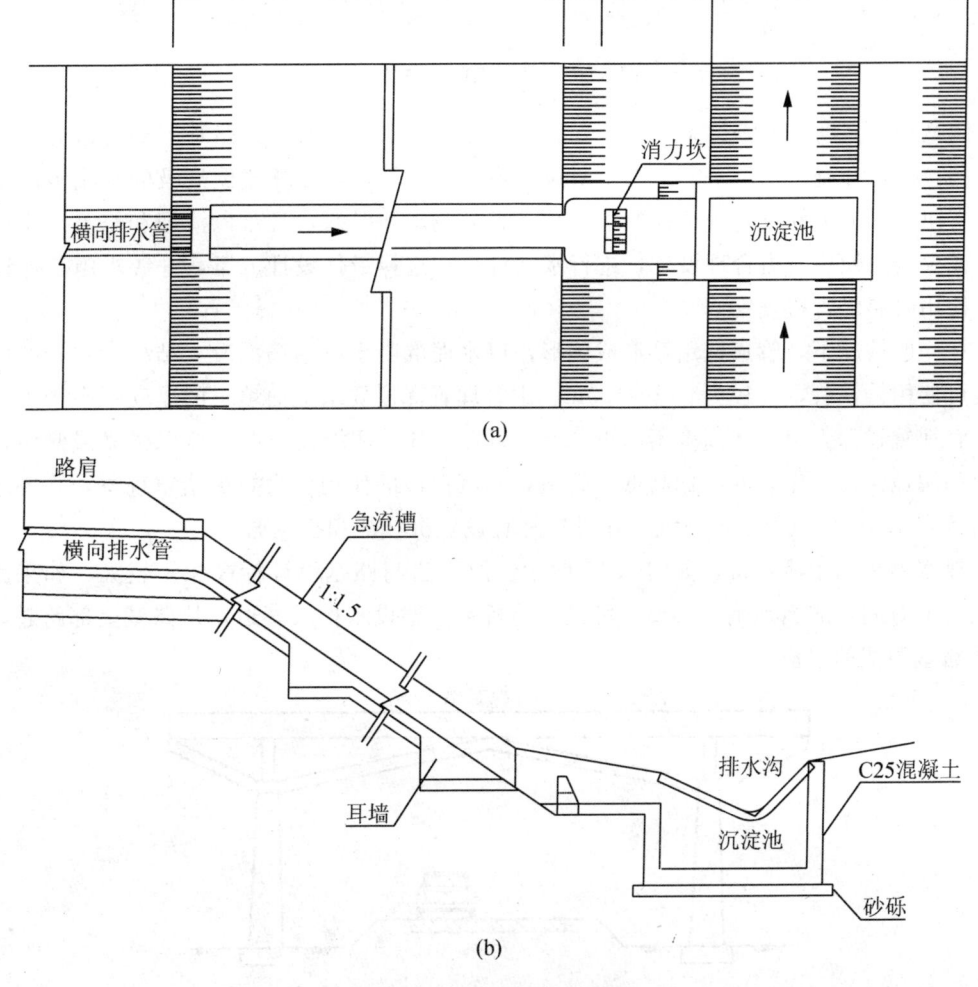

图 5.15 路堤急流槽示意图
(a)平面;(b)纵剖面

5. 倒虹吸与渡水槽

当水流需要横跨路基，同时受到设计标高的限制时，可以采用管道或沟槽，从路基底部或上部架空跨越，前者称倒虹吸，后者为渡水槽，分别相当于涵洞和渡水桥，两者属于路基地面排水的特殊结构物，并且多半配合农田水利所需而采用。

倒虹吸的设置往往是因路基横跨原有沟渠，且沟渠水位高于路基设计标高，不能按正常条件下设置涵洞，此时采用倒虹吸，布置形式如图 5.16 所示。

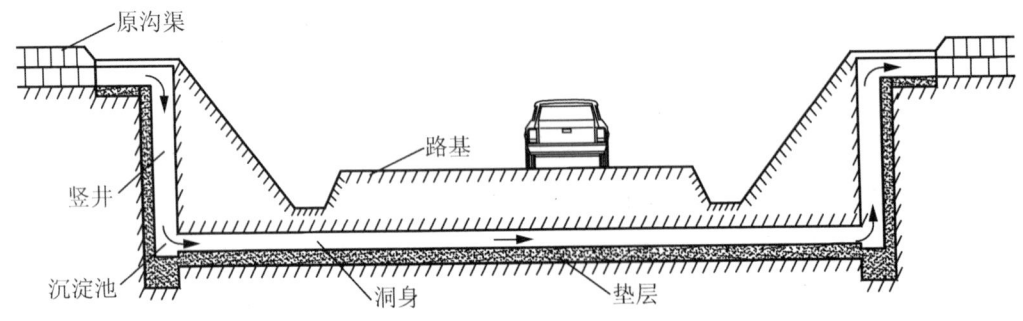

图 5.16　竖井倒虹吸布置图

倒虹吸是借助上下游沟渠水位差，利用势能迫使水流降落，经路基下部管道流向路基另一侧，再复升流入下游水渠。由于所设管道为有压管道，竖井式倒虹吸的水流多次垂直改变方向，水流条件较差，结构要求较高，容易漏水和淤塞，且难以清理和修复，应尽量不用或少用，使用时需合理设计，进行水力计算，选择最佳设计方案，并要求施工保证质量，使用时要经常检查维修。

在一般情况下，管道选用箱形或圆形，以水泥混凝土或钢筋混凝土结构为主，有条件时也可使用铸铁管，孔径为 0.5~1.5m。主管埋置深度要求上面填土的厚度不小于 1.0m，也不宜埋置过深，以填土高度不超过 3.0m 为宜。管道两端设竖井，可以竖立或倾斜，视地形和用地条件而定，井底标高低于管道，起沉淀沙的作用。为减少堵塞现象，除要求管道内具有 1.5m/s 以上的流速外，在进口外宜设置沉沙池和拦泥栅。

渡水槽相当于渡水桥，如图 5.17 所示。原水道与路基设计标高相差较大，如果路基两侧地形有利，或当地确有必要，可设简易桥梁，架设水槽或管道，从路基上部跨越，以勾通路基两侧的水流。

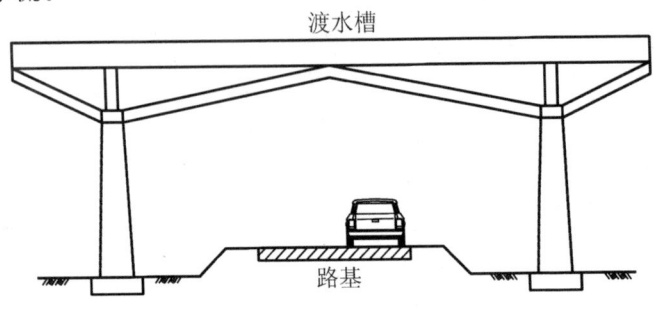

图 5.17　渡水槽示意图

渡水槽由进出水口、槽身和下部支承3部分组成，其中进出口段的构造如图5.18所示。

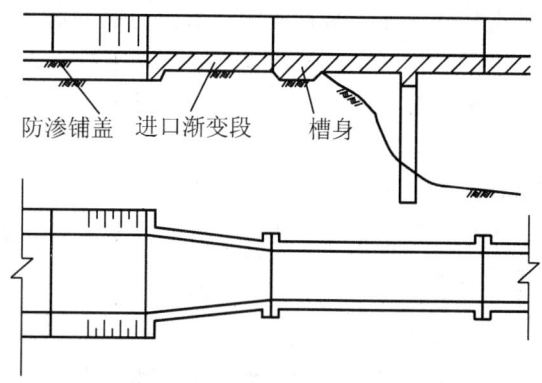

图5.18 渡水槽进出口的构造

为降低工程造价，槽身过水横断面一般均较两端的沟渠横断面为小，槽中水流速度相应有所提高，因此进出口段应注意防止冲刷和渗漏。进出水口处设置过渡段，根据土质情况，分别将槽身两端伸入路基两侧地面2~5m，而且进出水口过渡段宜长一些，以防淤积。如果主槽较短，可取槽身与沟渠的横断面相同，沟渠直接衔接，可不设过渡段。水流横断面不同时，过渡段的平面收缩角为10°~15°，据此可确定过渡段的有关尺寸。与槽身连接的土质沟渠应予防护加固，其长度至少是沟渠水深的4倍。

6. 蒸发池

路线穿越平坦地区、气候干燥且排水困难地段，可利用沿线的取土坑或专门设置蒸发池汇集地表水，依靠自然蒸发或下渗将水排除。蒸发池的容积一般按汇水量决定，深度可达1.5~2.0m。池周围可用土埂维护，防止其他水流进入池内。蒸发池边距路基边沟外缘的距离以保证路基的稳定和安全为原则，并且不小于5.0m。池中设计水位应低于排水沟的沟底。

蒸发池的容量应以一个月内路基汇流入池中的雨水能够及时完成渗透和蒸发作为设计依据。每个蒸发池的容水量应根据蒸发池的纵向间距经水文水力计算后确定。

蒸发池应根据具体情况采取适当的防护加固措施，蒸发池的设置不应使附近地面盐渍化或沼泽化。

7. 油水分离池

路基排水沟出口位于水质敏感区，且所排污水水质不满足《污水综合排放标准》(GB 8978—1996)中的规定时，可设置油水分离池。

油水分离池的大小应根据所在路段排水沟的汇入水量确定，并保证流入分离池的油水能有足够时间分离或过滤净化。污水进入油水分离池前，应通过格栅和沉淀池进行沉淀处理。

8. 排水泵站

路基汇水无法自流排出时，可设置排水泵站。排水泵站包括集水池和泵房。集水池的布置应考虑改善水泵吸水管的水力条件，减少滞留或涡流。集水池的容积应根据汇水量、水泵能力和水泵工作情况等因素确定。排水泵站抽出的水应排到公路用地范围之外。

5.2.2 路基地下排水设计

路基及边坡土体中的上层滞水或埋藏很浅的潜水称为地下水,当地下水影响路基、路面强度或边坡稳定时,应设置暗沟(管)、渗沟、渗井等地下排水设施。地下排水设施的类型、位置及尺寸应根据工程地质和水文地质条件确定,并与地表排水设施相协调。

常用的路基地下排水设备有:暗沟、渗沟和渗井等,其特点是排水量不大,并就近排出路基范围以外。对于流量较大的地下水,应设置专用地下管道予以排除。

由于地下排水设备埋置地面以下,不易维修,在路基建成后又难以查明失效情况,因此要求地下排水设备能牢固有效。

1. 暗沟(管)

暗沟(管)是设置在地表以下引导水流的沟渠,无渗水和汇水的功能,当路基范围内遇到泉水或集中水流时,采用暗沟(管)将水流排出路基以外或路堑边沟中,如图 5.19 所示。

暗沟的构造比较简单,在路基填土之前或挖方挖成之后,按照泉眼范围大小剥除泉眼上层浮土,挖出泉井,砌筑井壁与沟壁,上盖钢筋混凝土盖板,井深保证盖板顶面的填土厚度不小于 0.5m。井宽、井高、井壁厚度按泉水范围大小确定,井壁下埋至冰冻深度以下。井壁和沟底以浆砌片石或水泥混凝土预制块砌筑。若井壁为岩石,盖板可直接放在岩石上。为了防止泥土或沙砾落入堵塞泉眼,暗沟顶铺筑碎(砾)石层,上填沙砾。

暗沟沟底的纵坡不宜小于 1%,条件困难时也不得小于 0.5%,出口处应加大纵坡,沟底应高出地表排水沟常水位 0.2m 以上,不容许出现倒灌现象。寒冷地区的暗沟应作防冻保温处理或将暗沟设在冻结深度以下。

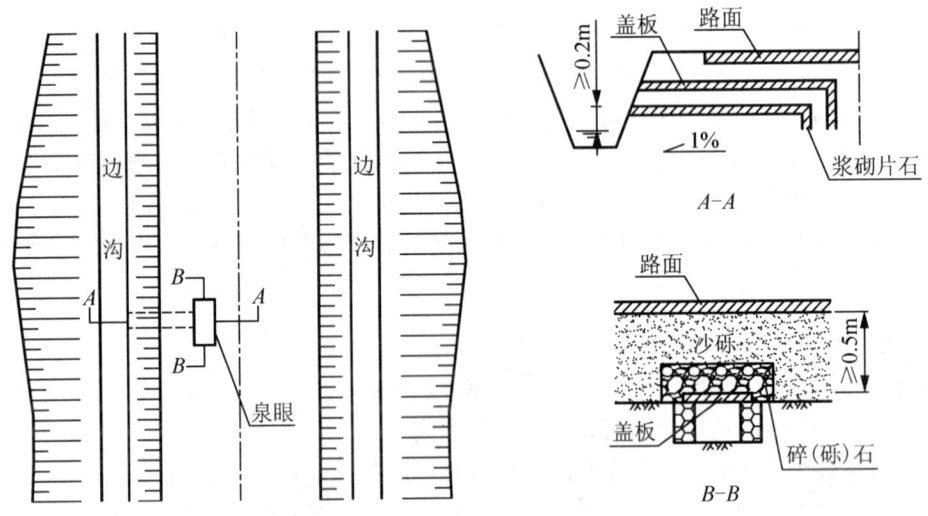

图 5.19 暗沟结构示意图

2. 渗沟(井)

渗沟、渗水隧洞及渗井用于降低地下水位或拦截地下水,并将其排到路基范围以外,使路基处于干燥或中湿状态,消除地下水对路基的危害,如图 5.20 和图 5.21 所示。当地下水埋藏较浅或无固定含水层时，宜采用渗沟；当地下水位埋藏较深或有固定含水层时宜采用渗水隧洞、渗井。对于地下水位较高、水量较大的填挖交界路段和低填方路段应设置渗沟。

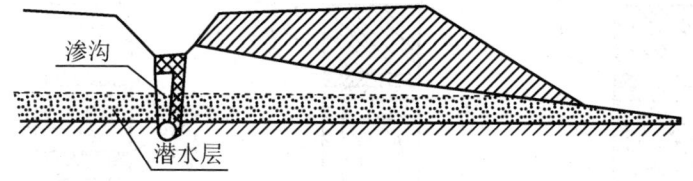

图 5.20 拦截潜水流向的渗沟

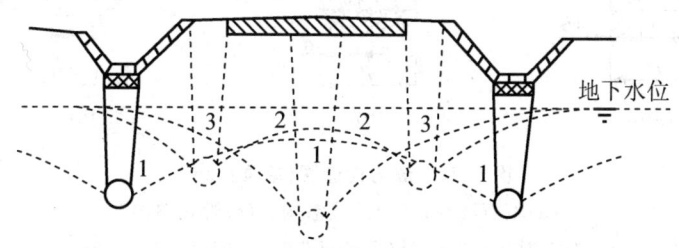

图 5.21 降低地下水位的渗沟

1、2、3—渗沟位置不同所降低的不同水位曲线

渗沟、渗水隧洞及渗井的断面尺寸应根据构造类型、埋设位置、渗水量、施工和维修条件等确定。渗沟侧壁及顶部应设置反滤层，底部应设置封闭层。渗水隧洞的结构尺寸由计算确定。渗沟及渗水隧洞迎水侧可采用砂砾石、无砂混凝土、渗水土工织物作为反滤层。

按构造的不同，渗沟有 3 种基本形式：填石渗沟、管式渗沟和洞式渗沟。这 3 种形式的渗沟均由排水层(石缝或管、洞)、反滤层和封闭层组成，如图 5.22 所示。反滤层是用来汇集水流，防止细粒土堵塞排水层而设置的。反滤层应尽可能选用颗粒大小均匀的砂石材料，分层填埋，相邻两层颗粒直径之比不小于 1:4。封闭层是为了避免土粒落进填充石料的孔隙，以免造成渗沟堵塞而设置的，同时也能起到防止地面水渗入沟内的作用，它可用双层反铺草皮、沥青材料或浆砌片石制作。

1) 填石渗沟

填石渗沟也称为盲沟，一般用于流量不大、渗沟较短的地段，是目前公路上常用的一种渗沟形式，设计时应考虑淤塞失效的问题。由于排水层阻力较大，其纵坡不宜小于 1%。

2) 管式渗沟

管式渗沟一般设于地下引水较长的地段，但渗沟过长时，应加设横向泄水管，将渗沟内的水流分段排除。沟底最小纵坡不宜小于 0.5%，以免淤积。最大流速一般以不大于 1.0m/s 为宜。

3) 洞式渗沟

洞式渗沟用于地下水流量较大或缺乏水管时。即在沟底设置石砌隧洞，洞口大小依设计流量而定。沟底纵坡不宜小于 0.5%，有条件时适当采用较大纵坡，以利于排水。

渗沟的埋置深度按地下水位的高程、地下水位需下降的深度以及含水层介质的渗透系数等因素确定。渗沟的排水孔(管)应设在冻结深度以下不小于 0.25m 处。截水渗沟的基底宜埋入隔水层内不小于 0.5m。

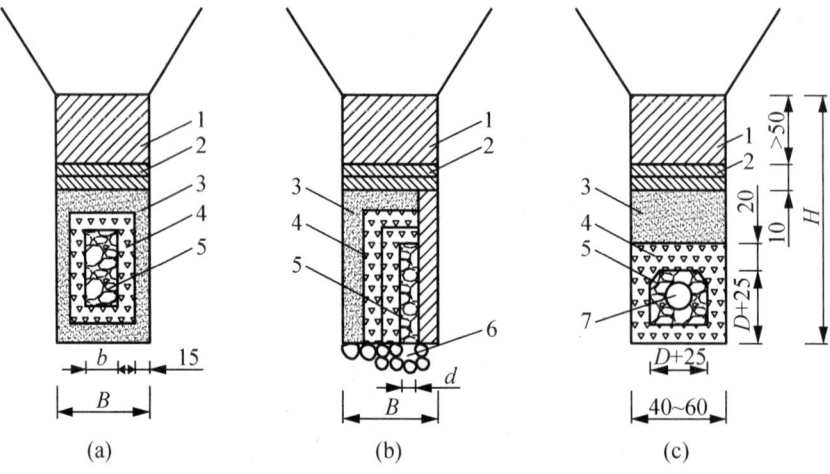

图 5.22 渗沟构造图(单位：cm)
(a)填石渗沟；(b)洞式渗沟；(c)管式渗沟
1—夯实黏土；2—双层反铺草皮；3—粗砂；4—石屑；
5—碎石；6—浆砌片石洞沟；7—预制管

渗沟出水口段宜加大纵坡，出口处宜设置栅板或端墙，出水口应高出地表排水沟常水位 0.2m 以上。寒冷地区的渗沟出水口应采取防冻措施。

渗井属于立式地下排水设备，当地下存在多层含水层，其中影响路基的上部含水层较薄，排水量不大，且平式渗沟难以布置时，采用立式(竖向)排水，设置渗井穿过不透水层，将路基范围内的上层地下水引入更深的含水层中去，以降低上层的地下水位或全部予以排除。图 5.23 所示为圆形渗井的结构与布置图例。

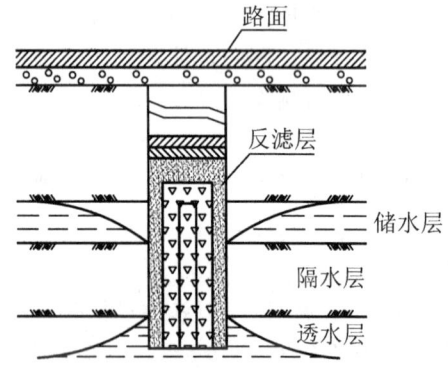

图 5.23 渗井结构与布置图例

渗井的平面布置以及孔径与渗水量按水力计算而定，一般为直径 1.0~1.5m 的圆柱形。也可以是边长为 1.0~1.5m 的方形。井深视地层构造情况而定，井内由中心向四周按层次分别填入由粗而细的砂石材料，粗料渗水，细料反滤。填充料要求筛分冲洗，施工时需用铁皮套筒分隔填入不同粒径的材料，要求层次分明，不得粗细材料混杂，以保证渗井达到预期的排水效果。

鉴于渗井不易施工,单位渗水面积的造价高于渗沟,一般应尽量少用。有时,因土基含水量较大,严重影响路基、路面的强度,其他地下排水设备不易布置,其他技术措施如隔离层的造价较高,此时渗井可作为方式之一,设计时应进行分析比较,有条件地选用。

 任务实施

1. 路基排水结构设计

1) 边沟设计

(1) 路堤边沟设计:根据经验、沿线具体条件和前述边沟设计要求,且公路路堤填土较高,因此路堤边沟采用梯形断面,底宽 0.6m,深 0.6～1.0m,采用 C25 混凝土预制块,厚度 0.08m,为了便于施工,边沟底设置 0.1m 厚的沙砾垫层,如图 5.24 所示。将该路堤边沟编号为 A。

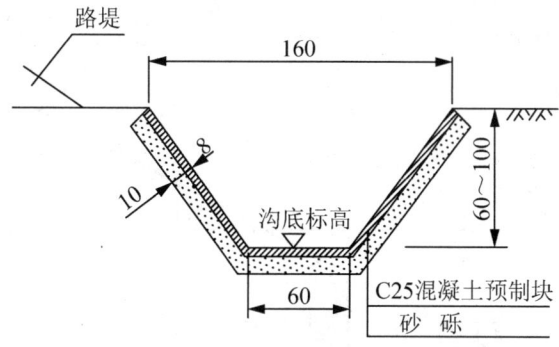

图 5.24　路堤边沟结构图(A)(单位:cm)

(2) 路堑边沟设计:路堑边沟采用带盖板的矩形形式,具有路基视觉增宽、防止车轮卡限和边坡碎落堵塞以及减少设置波形护栏等功能,如图 5.25 所示。将该路堑边沟编号为 B。在边沟底设置碎石盲沟,排除路面结构内部的水分。盖板之间预留 0.07m 孔隙以利于透水,此外,盖板还应进行配筋,以满足车辆荷载的作用,详见 S3-16。

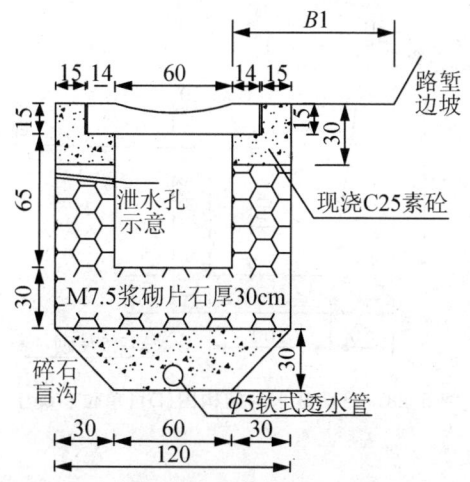

图 5.25　路堑边沟结构图(B)(单位:cm)

2)截水沟设计

(1)堑顶截水沟设计:地形平缓处采用梯形断面截水沟,如图 5.26 所示,编号为 C1;地形陡峻处采用 U 形截水沟,以减少土方开挖量,如图 5.27 所示,编号为 C2。

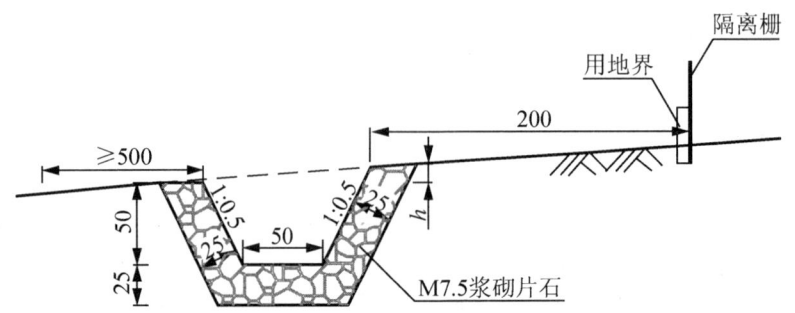

图 5.26　梯形断面截水沟结构图(C1)(单位:cm)

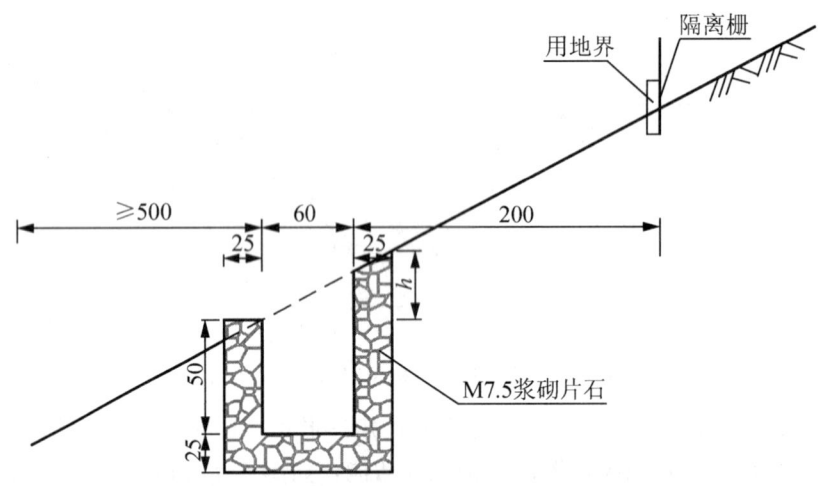

图 5.27　U 形断面截水沟结构图(C2)(单位:cm)

(2)路堤截水沟设计:路堤截水沟结构如图 5.28 所示,编号为 D。

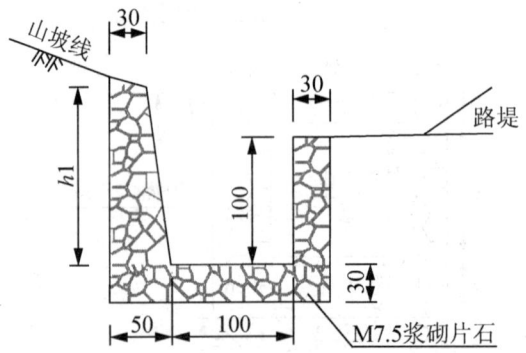

图 5.28　路堤截水沟结构图(D)(单位:cm)

3）中央分隔带渗沟设计

为排除由中央分隔带渗入的雨水，在中央分隔带下设置纵向渗沟，其结构设计如图 5.29 所示，编号为 E。渗沟内的 $\phi 10$ 打孔塑料管每隔 70～100m 设置横向渗沟外排，其结构与纵向渗沟相同。

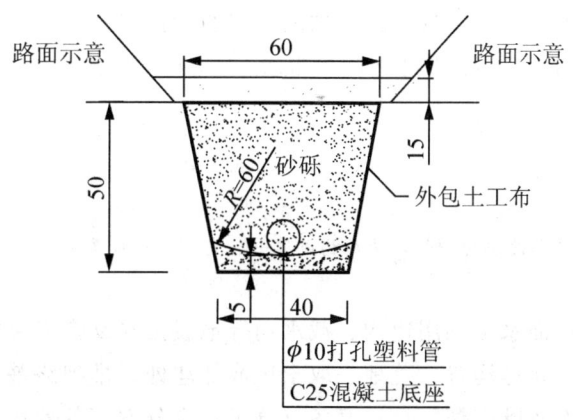

图 5.29　中央分隔带渗沟结构图(E)(单位：cm)

4）绘制路基排水结构设计图

路基排水结构设计图应包括公路全线所有遇到的路基排水设施，并编制排水结构每延米工程数量表，供计算工程数量用。同时，必须附上必要的文字说明（或注），文字说明部分应明确本图尺寸、比例、各排水设施的结构要求以及其他需要特别注明的内容，详见 S3-16。

2. 急流槽设计

路堑边沟与路堤边沟交接处需设置急流槽，详见附图 S3-17。堑顶截水沟太长时，应在较低处设置截水沟急流槽，将截水沟内的水引入路堑边沟内，详见 S3-18。

3. 倒虹吸、涵洞设计

公路沿线不可避免地会设置各类通道，以沟通道路两侧。这样，边沟就不可避免地要从通道下穿过，根据边沟与通道的相对标高需要设置倒虹吸或涵洞，详见 S3-19。

任务 5.3　路基排水系统的综合设计

知识讲解

5.3.1　路基排水综合设计的意义

上述的各种地面和地下排水设施均是针对某一水源为满足某一方面的要求而设置的。在实际工程中，由于自然条件、路线位置及其他人为因素的不同，情况往往复杂得多，对于某些重点路段则需要进行路基排水的综合设计，以提高排水效果，发挥各类排水设施的优点，降低工程费用。

实践经验表明，排水系统综合设计的好坏对路基稳定性的影响很大。特别是在多雨的山区、黄土高原地区、寒冷潮湿地带、水网密布、地基软弱的平原区，以及水文地质条件不良等情况下，修建高等级公路，更应重视路基排水的综合设计。

综合设计的含义应包括地表排水与地下排水设施的协调配合，路基排水设施与桥涵等泄水结构物的合理布置，排水工程与防护加固工程的相互配合，以及路基排水与沿线农田水利规划及有关其他基本建设项目之间的联系，但主要目的在于确保路基的强度与稳定性。

特别提示

必须密切重视各种排水设施的衔接，使之构成统一、完整的排水系统。

在综合设计中，地面水可利用边沟、截水沟等地表排水设施将流向路基的山坡水和路基表面水分截留，引入自然沟谷、荒地、取土坑或低洼处，排到路基范围之外。自然沟谷及沟渠与涵洞等排水设备既密切配合，又各自分工，充分发挥其效用，使排水流畅，避免对路基的冲刷，又不致形成淤积而危害路基。地下水的处理应与地面水的排除统一考虑，因地制宜，设置必要的地下排水设施，充分利用地面排水沟渠，把危害路基的地下渗水、泉水排除。图 5.30 所示为路基排水综合设计的一个简例，利用渗沟将路基上方出现的泉水汇集，经涵洞排至路基下方。

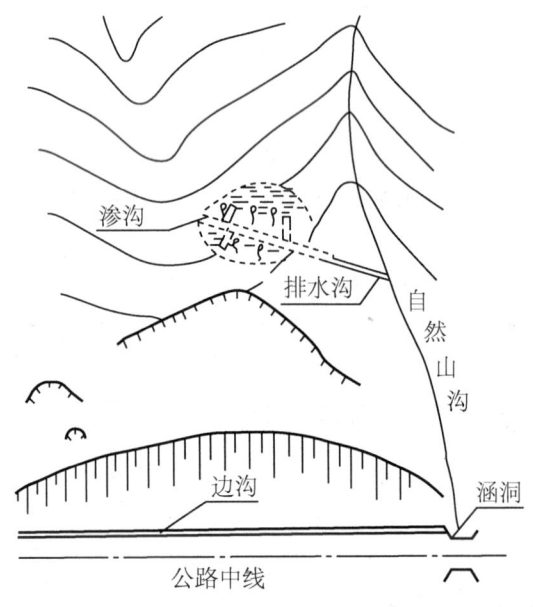

图 5.30　路基排水综合设计示例一

5.3.2　路基排水综合设计的基本要求

（1）照顾当地农田水利规划是路基排水综合设计的一项重要原则。为此，必须事先摸清路基附近的农田排灌现状及其规划意图，以便在防范路基水害的同时不致损害农田水利。

（2）流向路基的地表水和地下水需在路基范围以外的适当地点设置截水沟、排水沟或渗沟进行拦截，并引至指定地点。路基范围内的水源分别采用边沟、渗沟、渗井与排水沟予以排除。路基排水一般向低洼一侧排除，必须横跨路基时，尽量利用拟设的桥涵，必要时增设涵洞。水流落差较大时应设置跌水或急流槽。总之，因地制宜和综合治理是路基排水综合设计的基本要求之一。

（3）对于明显的天然沟槽宜依沟设涵，不必勉强改沟合并。对于沟槽不明显的漫流应在上游设置束流设施加以调节，汇集成沟，导流排除。对于较大的水流，注意因势利导，不可轻易改变流向，必要时配以防护加固工程进行分流或束流。

（4）为了提高截留效果，减少工程量，地表沟渠宜大体沿等高线布置，尽可能使沟渠垂直于流水方向，且应力求短捷，水流通畅。沟渠转弯处要求以圆曲线相接，以减少流水阻力。

（5）各种排水设施必须地基稳固，不得渗漏或滞留，并具有适当的纵坡，以控制与保持适当的流速。沟槽的基底与沟底及沟壁必要时予以加固，不得溢水渗水，防止损害路基，引起水土流失。

（6）路基排水综合设计必须事先做好调查研究工作，查明水源和有关现状，测绘现场地形图，进行必要的水文水力计算，作出总体规划，提出总体布置方案，逐段逐项进行细部设计计算，并进行效益分析与经济核算。

5.3.3 路基排水综合设计的内容

路基排水系统综合设计的成果用沿线路基排水设计图表示。

一般公路排水困难的地段应绘制沿线路基排水设计图，比例尺根据需要确定。高速公路、一级公路应绘在公路总体布置图内。

沿线路基排水设计图的主要内容如下。

（1）绘出路堤坡脚线和路堑坡顶线（已有公路总体布置图）。
（2）桥涵位置、中心桩号、水流方向、进出口沟底标高及其附属工程等。
（3）取土坑、弃土场的位置。
（4）其他有关工程的平面布置，如交叉口、灌溉渠道等。
（5）各种排水设施（如边沟、截水沟、跌水、急流槽、倒虹吸等）的平面位置，以及沟渠长度、排水流向、排水纵坡、出水口与分界点位置等。

图5.31所示为某路段路基排水系统综合设计平面布置图。

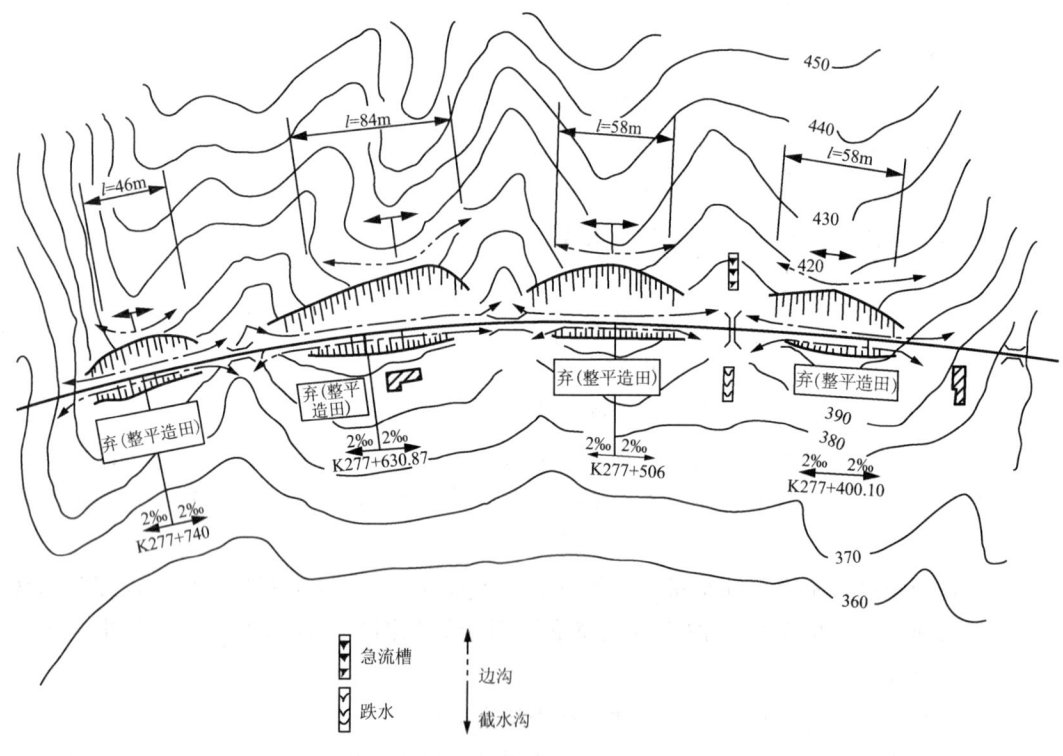

图 5.31 路基排水综合设计示例二

 任务实施

路基排水的综合设计在公路总体布置图上进行，公路总体布置图应反映公路填挖情况（通过示坡线反映）。

本段公路起点为 K138+750，终点为 K141+640，全长 2890m，路段全线有一座桥梁（中心桩号 K139+050）、一个互通（范围为 K139+380～K140+420）、一个隧道（范围为 K140+840～K141+325）、3 个涵洞（中心桩号分别为 K138+894、K140+610 和 K141+460）。互通、桥梁和隧道的排水有其单独考虑，不在路基设计范围内。涵洞的功能有人通、机通和灌溉，对涵洞的功能应调查清楚，只有具有灌溉功能的涵洞才可作为边沟的出水口。在本段公路的 3 个涵洞中，只有 K140+610 处的涵洞具有灌溉功能，因此该涵洞可作为边沟水流的出水口；对于其他两个涵洞，边沟应经其底部通过，根据涵洞底与边沟标高的关系，需设置倒虹吸或涵洞通过。

本段公路有填有挖，填方路段应设置路堤边沟，挖方路段应设置路堑边沟，并结合地形情况确定是否设置截水沟。本段公路的挖方路段路基汇水范围较大，因此均应设置截水沟。

结合地形、地质以及道路平面和纵断面，合理确定排水流向，应确保水能排出去，必要时设置涵洞、急流槽及跌水等构造物将路基排水沟渠或渗沟的水流引入自然沟渠中，而排出路基范围外。当公路某侧边沟水流无合理出路时，可通过横向排水管引至另一侧排出。

1. 绘制沿线路基排水设计图

在沿线路基排水设计图中应明确排水流向、每段沟底标高、纵坡以及对应的桩号和对应的水沟类型、截水沟的长度与位置、倒虹吸与涵洞的设置与长度、各类急流槽的设置与长度等内容。其中，沟底标高需根据道路纵断面和路基横断面进行计算。沿线路基排水设计图详见 S3-14-1～3。

2. 编制路基排水工程数量表

在沿线路基排水设计图中确定了各类排水设施的类型和长度，而各类排水设施单位长度工程量在路基排水结构设计图中已提供，因此可计算公路全线的路基排水工程数量。路基排水工程数量表详见 S3-15。

项目小结

本次路基排水设计主要包含以下内容。

(1) 水是影响路基路面强度与稳定性的关键性因素之一，因此必须重视路基排水设计，把影响路基强度和稳定性的地表水和地下水排放到路基范围以外合适的地点，从而降低路基土的湿度，使路基常年处于干燥状态。按照水源的不同，路基排水分为地表排水和地下排水。

(2) 路基地表排水设施包括边沟、截水沟、排水沟、跌水与急流槽等，必要时还有渡槽、倒虹吸、蒸发池、排水泵站等。边沟分为路堑边沟和路堤边沟；截水沟分为堑顶截水沟、路堤截水沟和平台截水沟。

(3) 路基地下排水设施包括暗沟、渗沟、渗井等。渗沟分为填石渗沟、管式渗沟和洞式渗沟。

(4) 进行路基排水系统综合设计时应合理选定各种排水设备的类型和位置，并密切注意各种排水设施的衔接，使之构成统一、完整的排水系统，确保将水流排出路基范围之外。

习　题

一、单选题

1. 当路基上侧山坡汇水面积较大时，应在挖方坡顶外侧或填方路基上侧适当距离处设置(　　)。

　　A. 边沟　　　　B. 截水沟　　　　C. 排水沟　　　　D. 渗沟

2. 为了排除路基范围内及流向路基的少量地表水，可设置(　　)。

　　A. 边沟　　　　B. 截水沟　　　　C. 排水沟　　　　D. 渗沟

3. 路基下有泉水时，可采用(　　)引导水流到路基以外。

　　A. 渗沟　　　　B. 排水沟　　　　C. 渗井　　　　　D. 暗沟

4. 路基边沟、截水沟、取土坑或路基附近的积水主要通过(　　)排除到路基以外的天然河沟。

　　A. 排水沟　　　B. 盲沟　　　　　C. 边沟　　　　　D. 截水沟

5. 截水沟与挖方边坡坡顶的距离一般应大于(　　)m。

　　A. 5　　　　　　B. 10　　　　　　C. 2　　　　　　　D. 15

6. 沟渠冲刷的主要原因是(　　)。
   A. 流量过大　　　B. 过水面积小　　　C. 土质　　　　D. 沟底纵坡大
7. 从安全和视觉效果分析，沿街路段、挖方路段等采用(　　)，具有路基视觉增宽、防止车轮卡限和边坡碎落堵塞等功能。
   A. 带盖板的矩形边沟　　　　　　B. 梯形边沟
   C. 三角形边沟　　　　　　　　　D. 不带盖板的矩形边沟
8. 路基排水的目的是保证路基的(　　)。
   A. 强度　　　B. 稳定性　　　C. 强度与稳定性　　　D. 干燥
9. 截水沟在平面上布置的特点是(　　)。
   A. 与水流方向垂直　　　　　　　B. 与水流方向平行
   C. 与水流方向相交　　　　　　　D. 因地形而异
10. 某排水沟渠的纵坡为10%，需设跌水，若每级台阶长度为5m，则台阶高度为(　　)m。
    A. 0.5　　　B. 2　　　C. 1　　　D. 0.1

二、简答题
1. 简述边沟与截水沟的主要区别。
2. 地下排水设施有几种？各适用于何种情况？

三、思考题
试述各种截面形式边沟的优缺点。

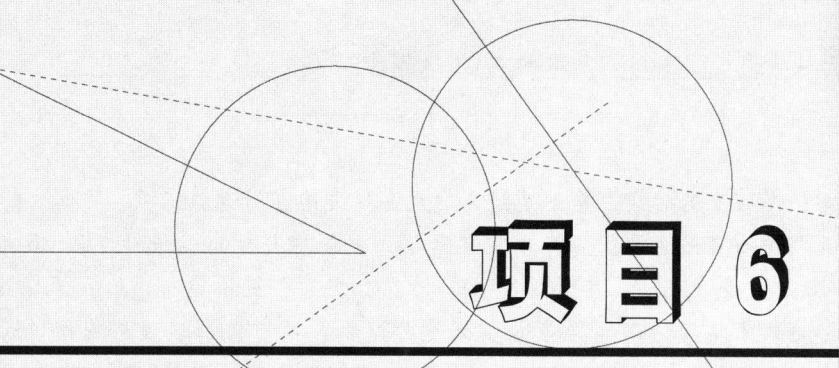

项目 6

沥青路面设计

教学目标

通过本项目任务的学习,认识沥青路面的特点,了解沥青路面的分类和设计内容;掌握累计当量轴次的计算方法;熟悉沥青路面各结构层次的功能,掌握沥青路面组合设计的原则;了解沥青路面设计参数的确定方法,掌握设计指标和路面厚度的计算方法;熟练应用软件绘制沥青路面结构设计图和编制路面工程数量表。

教学要求

能 力 目 标	知 识 要 点	权 重
认识沥青路面的优缺点	沥青路面的特性	5%
了解沥青路面的分类方法和设计内容	沥青路面的分类与设计	5%
掌握累计当量轴次的换算方法	当量轴次的换算	10%
熟悉沥青路面各结构层的功能和选用	沥青路面结构层设计	15%
掌握沥青路面结构层组合设计的原则和方法	沥青路面结构层组合设计	15%
了解各结构层抗压回弹模量、劈裂强度的确定方法	沥青路面设计参数的确定	5%
掌握设计弯沉与容许弯拉应力的计算和选用	沥青路面设计指标	10%
掌握应用路面设计软件进行厚度计算	沥青路面厚度计算	15%
熟料应用软件输出设计成果	绘制沥青路面结构设计图、编制路面工程数量表	20%

▶▶引例

同学们乘汽车回家的时候，是不是经常发现高速公路在封道施工？

这是因为我国沥青路面的使用寿命常常达不到我国规范规定的设计年限15年，与国际上的30～40年的设计年限、甚至50年的"永久性路面"更不能相比。我国修建的高速公路中除了早期的京津塘、广深珠等几条高速公路外，大多数高速公路使用的寿命不到8～10年，甚至在更短的年限内就发生基层松散的结构性破坏，需要进行大修，而且这种大修不仅是对沥青面层的维修，还必须同时维修基层和底基层（摘自《公路沥青路面施工技术规范实施手册》）。

通过学习和执行本项目任务，掌握沥青路面设计的基本理论和基本方法，分析造成我国沥青路面耐久性差的原因，从而为日后能够修筑性能良好、使用寿命长的沥青路面打下坚实的基础。

任务6.1　认识沥青路面

6.1.1　沥青路面的特性

铺筑沥青面层的路面结构称为沥青路面。世界各国高等级的道路大多采用沥青路面，因为它具有以下良好性能。

（1）足够的力学强度，能承受车辆荷载施加到路面上的各种作用。

（2）一定的弹性和塑性变形能力，能承受应变而不被破坏。

（3）与汽车轮胎的附着力好，可保证行车安全。

（4）有高度的减振性，可使汽车快速、平稳而低噪声地行驶。

（5）不扬尘，且容易清扫和冲洗。

（6）维修工作比较简单，便于分期修建且沥青路面可再生利用。

（7）采用机械化施工，施工速度快，施工后即可开放交通。

但是沥青路面也存在高温稳定性和低温抗裂性不足的问题。

6.1.2　沥青路面的分类

根据不同的分类方法，沥青路面可以分为多种类型。

1. 根据矿料级配组成特点及沥青路面压实后的剩余孔隙率（相关知识详见《公路工程材料》）

1）连续密级配

按连续密级配原理组成的矿料与沥青结合料拌和而成，其典型类型为：设计孔隙率3%～5%的密实式沥青混凝土混合料，以 AC 表示，通常用作面层；设计孔隙率为3%～6%的密级配沥青稳定碎石混合料，以 ATB 表示，通常用作基层。

密实式沥青混凝土混合料（AC）根据关键性筛孔通过率的不同，又分为粗型（C 型）和细型（F 型）。粗型级配适合高温多雨地区，细型级配适合低温少雨地区。

2）半开级配

由适当比例的粗集料、细集料及少量填料（或不加填料）与沥青结合料拌和而成，其典型类型为设计孔隙率在 6%～12% 的半开式沥青碎石混合料，以 AM 表示。

3）开级配

矿料级配主要由粗集料嵌挤组成，细集料及填料较少，设计孔隙率 18% 以上的混合料。其典型类型为设计孔隙率为 18%～25% 的排水式沥青磨耗层，以 OGFC 表示，通常用作排水面层；设计孔隙率大于 18% 的排水式沥青稳定碎石，以 ATPB 表示，通常用作排水基层。

4）间断级配

矿料级配组成中缺少 1 个或几个粒径档次（或用量很少）而形成的沥青混合料。其典型类型为设计孔隙率为 3%～4% 的沥青玛蹄脂碎石混合料，用 SMA 表示，通常用作抗滑表层。

> **特别提示**
>
> ATB、AM 及 ATPB 均叫做沥青碎石，要注意区分。

2. 根据施工工艺

1）层铺法

层铺法用分层洒布沥青，分层铺撒矿料和碾压的方法修筑，其主要优点是工艺和设备简便、功效较高、施工进度较快、造价较低，其缺点是路面成型期较长，需要经过炎热季节行车碾压之后路面方能成型。用这种方法修筑的沥青路面有沥青表面处治和沥青贯入式两种。

2）路拌法

路拌法是在路上用机械将矿料和沥青材料就地拌和摊铺和碾压密实而成的沥青面层。此类面层所用矿料为碎（砾）石者为路拌沥青碎（砾）石；所用矿料为土者则称为路拌沥青稳定土。路拌沥青面层通过就地拌和，沥青材料在矿料中分布比层铺法均匀，可以缩短路面的成型时间。但因所用的矿料为冷料，需使用黏稠度较低的沥青材料，所以混合料的强度较低。

3）厂拌法

厂拌法是将规定级配的矿料和沥青材料在工厂用专用设备加热拌和，然后送到工地摊铺碾压而成的沥青路面。厂拌法按混合料铺筑时的温度不同又可分为热拌热铺和热拌冷铺两种。热拌热铺是指混合料在专用设备加热拌和后趁热立即运到路上摊铺压实。如果混合料热拌和后储存一段时间再在常温下摊铺压实，即为热拌冷铺。厂拌法使用较黏稠的沥青材料，且矿料经过精选，因而混合料质量高，使用寿命长，但修建费用也较高。

3. 根据沥青路面的技术特性

1) 沥青混凝土路面

沥青混凝土路面是指用沥青混凝土作面层的路面，其面层可由单层或双层或三层沥青混凝土混合料组成，各层混合料的组成设计应根据其层厚和层位、气温和降雨量等气候条件、交通量和交通组成等因素确定，以满足对沥青面层使用功能的要求。沥青混凝土是目前各等级道路最常用的类型。

2) 沥青碎石路面

沥青碎石路面是指用沥青碎石作面层的路面，沥青碎石的配合比设计应根据实践经验和马歇尔试验的结果，并通过施工前的试拌试铺确定。沥青碎石也可以作为黏结层。

3) 沥青贯入式路面

沥青贯入式路面是我国沥青路面发展早期较为常用的路面形式，是采用层铺法施工工艺的一类沥青路面。它具有明显的优点，仅需沥青和碎石洒布车、压路机，设备简单，工程造价低。但其缺点也很显著，包括施工受气候影响较大，而且最终成型需要靠开放交通补充压实成型，通常需要2～3周的成型期，同时成型后的路面也不如厂拌沥青混合料路面平整和美观，成型期又多浮动灰砂，并可能泛油。为了克服这一缺点，可把最后一层浇洒沥青和撒布石屑改为铺筑预拌细粒沥青混合料，即为上拌下贯路面，可以加速成型和减少浮动灰尘，并有利于表面排水。

沥青贯入式路面的厚度一般为4～8cm。上拌下贯路面的拌和层厚度宜为2.5～4cm，其总厚度宜为7～10cm。沥青贯入式的结合料宜用石油沥青。

沥青贯入式路面在我国的使用已经越来越少，其路用性质和适用层位与沥青碎石路面接近，适用于三级及三级以下公路的面层。沥青贯入式路面充分利用粗集料之间的嵌挤，抗车辙能力较强，因此作为沥青混凝土面层的底面层或联结层可能效果会更好。

4) 沥青表面处治路面

沥青表面处治路面的施工工艺和路用性质接近沥青贯入式，但是其层厚较薄，一般为1～3cm。表面处治按浇洒沥青和撒布集料的遍数不同，分为单层式、双层式和三层式。单层表处是将热沥青直接浇洒在洁净干燥的基层上，然后撒布嵌缝料，最后压实成型，厚度为1～1.5cm。双层表处则需浇洒两次沥青、两次碎石，厚度为1.5～2.5cm。三层表处则需浇洒3次沥青、3次碎石，厚度为2.5～3.0cm。喷洒的沥青可采用石油沥青或乳化沥青。沥青表面处治的集料最大粒径应与处置层厚度相等，荷载主要由集料承担，沥青结合料只起集料稳定作用，多层撒布集料和喷洒沥青的目的是将集料之间填充嵌挤紧密。施工中第一次撒布的集料粒径较大，以后逐层减小粒径。

沥青表面处治路面的使用寿命不如贯入式路面，设计时一般不考虑其承重强度，其作用主要是对非沥青承重层起保护和防磨耗作用，而对旧沥青路面则是一种日常维护的常用措施，适用于三级及三级以下公路的沥青面层。

此外，近年来，各种封层的使用越来越多。封层也属于表面处治的范畴，使用上分为上封层和下封层。为封闭表面空隙、防止水分侵入而在沥青面层或基层上铺筑的具有一定厚度的沥青混合料薄层，叫做封层。铺筑在沥青面层表面的称为上封层，铺筑在沥青面层下、基层表面的称为下封层。上封层还具有抵抗车轮磨耗作用的能力，通常采用稀浆封层和微表处；下封层一般采用层铺法表面处治或稀浆封层法施工，厚度不宜小于6mm，要做到完全密封。

> **特别提示**
>
> 多雨潮湿地区的高速公路、一级公路的沥青面层孔隙率较大，有严重渗水可能，或铺筑基层不能及时铺筑沥青面层而需要通行车辆时，宜在喷洒透层油后铺筑下封层。使用中要严格区分下封层与透层油的区别：下封层的目的在于封闭表面，不一定要求透下去；透层油要求渗透到一定深度。

6.1.3 沥青路面设计的内容

沥青路面设计一般包括以下内容。

（1）调查与收集有关交通量及其组成资料，积极开展轴载谱分布的调查、测试，分析预测设计交通量。

（2）收集当地气候、水文资料，了解沿线地质、路基填挖及干湿状况，通过试验或论证确定路基的回弹模量。

（3）认真做好路用各种材料的调查，并取样试验，根据试验结果选定路面各结构层所需的材料。

（4）施工图设计阶段应进行混合料的目标配合比设计，并测试、确定材料设计参数。

（5）拟定路面结构组合，计算结构厚度。

（6）对路面结构方案进行初期投资技术经济比较或长期成本寿命分析，提出推荐的设计方案。

（7）认真做好路面排水、路面结构内部排水和中央分隔带排水系统的设计。

任务6.2　交通荷载计算

知识讲解

任何结构设计和计算均需要先计算荷载，路面结构设计也不例外。路面结构所承受的是交通荷载的多次重复作用，沥青路面的破坏是累积的疲劳损伤引起的。因此，交通荷载的计算包括交通荷载大小和累计作用次数的确定两方面内容。

6.2.1 标准轴载

行驶在路面上的车辆型号多种多样，而路面设计的交通荷载采用统一的标准轴载表示，即双轮组单轴载100kN，以BZZ-100表示。标准轴载的计算参数按表6-1确定。

表 6-1　标准轴载计算参数

标准轴载	BZZ－100
标准轴载 P/kN	100
轮胎接地压强 p/MPa	0.70
单轮传压面当量圆直径 d/cm	21.30
两轮中心距/cm	1.5d

> **特别提示**
>
> 我国规定的汽车轴重限值单轴为100kN，双轴为180kN，虽然某些公路超载现象严重，但各省采取了限制超载措施，故以双轮组单轴载100kN作为标准轴载。
>
> 而对于运煤、运建筑材料以及大型车辆为主的公路，应根据实测汽车轴重、轮胎压力、当量圆直径资料，经论证适当提高荷载参数。

6.2.2　设计年限

计算交通荷载的累计作用次数必须是在一定的年限范围内进行，这个年限就是设计年限，即计算累计交通荷载作用次数的基准年限。路面设计年限的选择应根据经济、交通发展情况以及该公路在公路网中的地位，考虑环境和投资条件综合确定。各级公路的沥青路面设计年限不宜低于表6-2的要求，若有特殊使用要求，可适当调整。

表 6-2　各级公路的沥青路面设计年限

公路等级	设计年限/年	公路等级	设计年限/年
高速公路、一级公路	15	三级公路	8
二级公路	12	四级公路	6

6.2.3　轴载换算

路面设计是以累计标准轴载作用次数下路面产生回弹变形、弯曲疲劳破坏为指标，因此不同轴载的作用次数应按照一定的法则换算成标准轴载的作用次数而得到当量轴次。不同力学参数的疲劳等效效应不同，我国规范规定，当量轴载换算分以下两种情况进行。

（1）当以设计弯沉值和沥青层层底拉应力作为指标时，各级轴载均应按式(6-1)换算成标准轴载 P 的当量作用次数 N。

$$N = \sum_{i=1}^{K} C_1 \cdot C_2 n_i \left(\frac{P_i}{P}\right)^{4.35} \tag{6-1}$$

式中　N——标准轴载的当量轴次，次/日；

　　　n_i——各种被换算汽车的作用次数，次/日；

　　　P——标准轴载，kN；

P_i——各种被换算车型的轴载，kN；

C_2——轮组系数，双轮组为1，单轮组为6.4，四轮组为0.38；

C_1——轴数系数。

当轴间距大于3m时，应按一个单独的轴载计算；当轴间距小于3m时，双轴或多轴的轴数系数按式(6-2)计算。

$$C_1 = 1 + 1.2(m-1) \qquad (6-2)$$

式中 m——轴数。

(2) 当以半刚性材料层的拉应力作为设计指标时，各级轴载均应按式(6-3)换算成标准轴载 P 的当量轴次 N'。

$$N' = \sum_{i=1}^{K} C'_1 \cdot C'_2 n_i \left(\frac{P_i}{P}\right)^8 \qquad (6-3)$$

式中 N'——以半刚性材料层的拉应力为设计指标时的标准轴载当量轴次，次/日；

C'_2——轮组系数，双轮组为1.0，单轮组为18.5，四轮组为0.09；

C'_1——轴数系数。

其余符号含义参照式(6-1)。

以拉应力为设计指标时，双轴或多轴的轴数系数按式(6-4)计算。

$$C'_1 = 1 + 2(m-1) \qquad (6-4)$$

式中 m——轴数。

(3) 上述轴载换算公式，适用于单轴轴载小于或等于130kN的各种车型的轴载换算。

> **特别提示**
>
> 当轴重大于130kN或采用贫混凝土基层时，轴载换算方法可参考《公路沥青路面设计规范》推荐的公式。

6.2.4 设计年限内累计当量轴次

公路的设计交通量由可行性研究报告给出，但给出的是多年各种汽车的交通量（自然车辆数），即小型客车、小型货车、大型客车、中型货车、大型货车、拖挂车等各种车型的交通量。路面设计中需要的是车辆轴载作用次数，因此需要将可行性研究报告中的车辆数按照一定的方法折算成标准轴载作用次数，即需要确定各种车型的轴载换算系数。准确的计算车型轴载换算系数需要对各种车型的轴重分布进行调查，并应根据交通载重的实际情况，计入空载、满载、超载等因素。

根据各种车型的轴载换算系数和可行性研究报告中给出的各种车型在预测第一年的年平均日交通量，就可以计算交工后第一年平均日当量轴次 N_1。在项目可行性研究报告等资料基础上，经研究确定设计年限内交通量的平均增长率，并考虑车道系数后，由式(6-5)可计算设计年限内一个车道上的累计当量轴次 N_e。

$$N_e = \frac{[(1+\gamma)^t - 1]}{\gamma} \times 365 \cdot N_1 \cdot \eta \qquad (6-5)$$

式中　N_e——设计年限内一个方向上一个车道的累计当量轴次,次;

t——设计年限,年;

N_1——路面营运第一年双向日平均当量轴次,次/日;

γ——设计年限内交通量的平均年增长率,%;

η——车道系数,见表6-3。

> **特别提示**
>
> 可行性研究报告中的交通量均是指双向交通量。目前路面设计中,车型轴载换算系数的准确计算比较薄弱,从而会影响路面设计的可靠性。

表6-3　车道系数 η

车道特征	车道系数
双向单车道	1.0
双向两车道	0.6~0.7
双向四车道	0.4~0.5
双向六车道	0.3~0.4
双向八车道	0.25~0.35

注:公路无分隔时,车道窄宜选高值,车道宽宜选低值。

6.2.5　交通等级

路面结构在设计年限内承担交通荷载的繁重程度以交通等级来划分。我国沥青路面按承担交通荷载的轻重划分为轻交通、中等交通、重交通和特重交通4级。路面结构选型、结构组合设计、结构层位的确定、路面材料的选定都应充分考虑沥青路面的交通等级。

我国沥青路面交通等级的划分按两种方法进行:第一种方法以设计年限内一个车道通过的累计当量轴次进行划分;第二种方法是以营运车辆中的大客车、中型货车、大型货车、拖挂车等车型在一个车道上的日平均车数(辆/d·车道)进行划分。取两种方法得出的较高交通等级作为沥青路面交通等级。交通等级划分标准见表6-4。

表6-4　交通等级

交通等级	BZZ-100KN累计标准轴次 N_e/(次/车道)	中型以上货车及大客车/(辆/d·车道)
轻交通	$<3\times10^6$	<600
中等交通	$3\times10^6\sim1.2\times10^7$	600~1 500
重交通	$1.2\times10^7\sim2.5\times10^7$	1 500~3 000
特重交通	$>2.5\times10^7$	>3 000

 **任务实施**

根据公路工程可行性研究报告,可知该公路在预测第一年日平均交通量见表6-5,预测交通量增长率为7.0%,设计年限为15年。

表6-5 近期交通组成与交通量

车型分类	代表车型	数量/(辆/d)
大客车	黄海DD640	400
中型货车	东风EQ140	300
	解放CA10B	400
重型货车	黄河JN162A	300
	尼桑CWL40HD	250
铰接挂车	东风SP9250	180
	尤尼克2766型	60

各代表车型的轴载见表6-6。

表6-6 各代表车型轴载

汽车车型	前轴重/kN	后轴重/kN	后轴数	后轴轮组数	后轴距/m
黄海DD640	32	72.2	1	2	
东风EQ140	23.7	68.7	1	2	
解放CA10B	24	48	1	2	
黄河JN162A	73	92.5	2	2	2
尼桑CWL40HD	50	93.8	2	2	2
东风SP9250	50.7	113.3	3	2	4
尤尼克2766型	67	102.5	4	2	2

1. 按弯沉与沥青层底弯拉应力指标进行换算

以尼桑CWL40HD为例:

前轴: $P_i=50\text{kN}$, $C_1=1$, $C_2=6.4$, $m=1$, $n_i=250$

$$N=1\times 6.4\times 250\times \left(\frac{50}{100}\right)^{4.35}=78.5$$

后轴: $P_i=93.8\text{kN}$, $C_1=1+1.2(m-1)=2.2$, $C_2=1.0$, $m=2$, $n_i=250$

$$N=2.2\times 1.0\times 250\times \left(\frac{93.8}{100}\right)^{4.35}=416.3$$

则对于尼桑CWL40HD:250辆/d相当于标准轴载作用416.3+78.5≈495次/d。

同理可求出,黄海DD640:400辆/d相当于标准轴载作用115次/d;东风EQ140:

300辆/d相当于标准轴载作用62次/d；解放CA10B：400辆/d相当于标准轴载作用22次/d；黄河JN162A：300辆/d相当于标准轴载作用959次/d；东风SP9250：180辆/d相当于标准轴载作用990次/d；尤尼克2766型：60辆/d相当于标准轴载作用375次/d。

因此，可获得第一年日均当量轴次为3018次/d。

则在设计年限内，以设计弯沉和沥青层底拉应力为指标时，一个车道累计当量轴次为

$$N_e = \frac{[(1+\gamma)^t-1] \times 365}{\gamma} N_1 \eta = \frac{[(1+0.07)^{15}-1] \times 365}{0.07} \times 3\,018 \times 0.5 = 1\,384.1 \times 10^4$$

2. 按半刚性材料层底弯拉应力指标进行换算

以尼桑CWL40HD为例：

前轴：$P_i = 50\text{kN}$，$C_1' = 1$，$C_2' = 18.5$，$m = 1$，$n_i = 250$

$$N' = 1 \times 18.5 \times 250 \times \left(\frac{50}{100}\right)^8 = 18.1$$

后轴：$P_i = 93.8\text{kN}$，$C_1' = 1+2(m-1) = 3$，$C_2' = 1.0$，$m = 2$，$n_i = 250$

$$N = 3.0 \times 1.0 \times 250 \times \left(\frac{93.8}{100}\right)^8 = 449.5$$

则对于尼桑CWL40HD：250辆/d相当于标准轴载作用$18.1 + 449.5 \approx 468$次/d。

同理可求出，黄海DD640：400辆/d相当于标准轴载作用30次/d；东风EQ140：300辆/d相当于标准轴载作用15次/d；解放CA10B：400辆/d相当于标准轴载作用1次/d；黄河JN162A：300辆/d相当于标准轴载作用930次/d；东风SP9250：180辆/d相当于标准轴载作用1 481次/d；尤尼克2766型：60辆/d相当于标准轴载作用557次/d。

因此，可获得第一年日均当量轴次为3 482次/d。

则在设计年限内，以半刚性材料层底拉应力为指标时，一个车道累计当量轴次为

$$N_e = \frac{[(1+\gamma)^t-1] \times 365}{\gamma} N_1' \eta = \frac{[(1+0.07)^{15}-1] \times 365}{0.07} \times 3\,482 \times 0.5 = 1\,596.9 \times 10^4$$

根据累计当量轴次的计算结果，按照表6-4的规定，确定本公路交通等级为重交通。

任务6.3 沥青路面结构组合设计

知识讲解

沥青路面通常由沥青面层、基层、底基层、垫层等多种结构组成，如图6.1所示。路面结构组合设计根据公路所在区域的水文地质、气候特点，公路的等级与使用要求，交通量及其交通组成等因素，结合当地实践经验，选择适宜的路面结构组合，确保在设计年限内，能够承受行车荷载与自然因素的共同作用，充分发挥各结构层的最大效能，使整个路面结构满足技术经济合理的要求。

沥青路面设计 项目 6

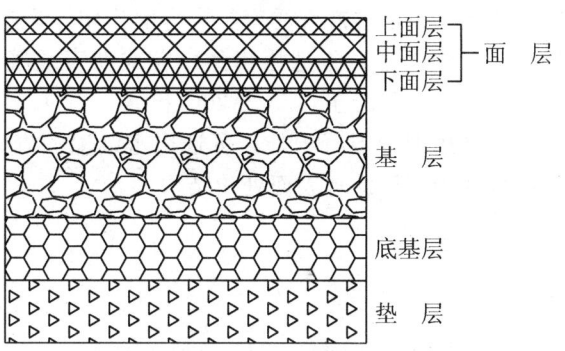

图 6.1　路面结构图

6.3.1　结构层设计

1. 沥青面层

沥青面层直接承受车轮荷载的反复作用和各种自然因素的影响，并将荷载传递到基层以下的结构层。因此，沥青面层应满足功能性和结构性的使用性能要求。沥青面层可为单层、双层或三层。双层结构分为表面层、下面层。三层结构分为表面层、中面层和下面层。一般来说，高速公路和一级公路采用三层式结构，二级及以下公路采用双层式结构。

表面层应具有平整密实、抗滑耐磨、抗裂耐久等功能。表面层是直接承受车辆荷载和自然因素影响的结构层，因此，它首先应具有良好的抗滑性能和平整度，保证行车安全舒适，其次要密实不透水，保证路面结构在各种气候下具有稳定的使用功能。同时，表面层直接接受太阳辐射，受大气环境的影响最显著，要求面层具有高温抗车辙和低温抗开裂的能力。表面层通常采用粗型细粒式或中粒式沥青混凝土：AC－10C、AC－13C 和 AC－16C，AC－13C 和 AC－16C 这两种类型使用最多。

> **特别提示**
>
> 对于面层的各种功能要求，往往在沥青混合料性能方面有矛盾，使用时经常顾此失彼。例如，为了提高高温抗车辙和低温抗开裂的能力，可能要采用相反的技术途径。沥青用量多了对低温性能有好处，但夏季可能会泛油或造成车辙；而路面的抗滑性和耐久性也会有矛盾，构造深度增大固然对提高抗滑性有好处，但可能带来路面透水而影响耐久性；施工时片面强调平整度也有可能影响路面的压实。所以，对沥青路面的功能要求必须客观、全面、互相兼顾，其中耐久性是最重要的。

中、下面层应具有高温抗车辙、抗剪切、密实和不透水的性能。下面层应具有耐疲劳开裂的性能。中、下面层普遍位于路表 4～5cm 深度以下，与基层结合并位于基层之上，因此，中面层应具备密实、不透水的性质，以阻止雨水下渗，从而保护下面层和基层不受水损害。其次，通过路面结构力学分析，在中面层位置的剪应力最大，夏季高温时受沥青混合料热传递的影响，此处的温度也最高。因此，在上述因素综合作用下，中、下面层容易产生高温流变性、车辙病害，对这部分结构层的性能要求应以高温抗车辙、抗剪切为主。同时，由于半刚性基层随着使用年限的增长，强度和模量逐渐减低，或在使用沥青碎石、粒料类等柔性基层条件下，下面层底部受弯拉应力的作用，产生疲劳开裂，所以下面层应具有耐疲劳开裂的性能。中面层通常选用粗型中粒式沥青混凝土AC－20C，下面层通常选用粗型中粒式或粗粒式沥青混凝土：AC－20C和AC－25C。

对于低等级公路，除了采用沥青混凝土外，可选用密级配沥青碎石ATB或沥青贯入式加上表面封层结构，也可选用双层沥青表面处治结构。

知识拓展

表面层通常选用粗型密级配沥青混凝土（AC），此外也可选用新的混合料类型，比如沥青玛蹄脂碎石混合料（简称SMA）。它以间断级配为骨架，具有抗滑耐磨、孔隙率小、抗疲劳、高温抗车辙、低温抗开裂的优点，是一种全面提高密级配沥青混凝土使用质量的材料，适用于高等级公路的面层。此外，为了减小噪声，表面层也可采用减噪混合料，比如开级配沥青混合料，它主要由粗集料组成，采用高黏度改性沥青，孔隙率在18%以上，具有表面粗糙、噪声小、雨天无水漂水雾、行车安全、高温抗车辙等优良性能，在杭州市政道路上已得到了普遍应用。

中面层通常选用粗型中粒式沥青混凝土，而对于特重交通等级也可采用SMA－20沥青混合料。

下面层通常选用中粒式或粗粒式沥青混凝土，或密级配沥青碎石ATB－25、沥青贯入式则成为柔性基层。

对于半开级配沥青碎石AM，因孔隙率大、渗水严重不宜作面层。半开级配沥青碎石AM－13、AM－16、AM－20主要用于调平层。

沥青面层在路面结构中的价格较高，一般情况下对沥青面层厚度应有所控制，但是也不能过薄。各沥青层的厚度应与混合料公称最大粒径相匹配，沥青混合料的一层压实最小厚度不宜小于混合料公称最大粒径的2.5～3倍，对OGFC或SMA等嵌挤型的一层压实最小厚度不宜小于混合料公称最大粒径的2～2.5倍，以减小离析便于压实。

各结构层的设计厚度应根据级配类型、结构组合及施工条件等确定。沥青混合料的压实最小厚度与适宜厚度宜符合表6-7的要求。灌入式沥青碎石、沥青表面处治的压实最小厚度与适宜厚度宜符合表6-8的要求。

表6-7 沥青混合料的压实最小厚度与适宜厚度

沥青混合料类型		最大粒径/mm	公称最大粒径/mm	符号	压实最小厚度/mm	适宜厚度/mm
密级配沥青混凝土（AC）	砂粒式	9.5	4.75	AC－5	15	15～30
	细粒式	13.2	9.5	AC－10	20	25～40
		16	13.2	AC－13	35	40～60
	中粒式	19	16	AC－16	40	50～80
		26.5	19	AC－20	50	60～100
	粗粒式	31.5	26.5	AC－25	70	80～120

续表

沥青混合料类型		最大粒径/mm	公称最大粒径/mm	符号	压实最小厚度/mm	适宜厚度/mm
沥青玛蹄脂碎石混合料（SMA）	细粒式	13.2	9.5	SMA－10	25	25～50
		16	13.2	SMA－13	30	35～60
	中粒式	19	16	SMA－16	40	40～70
		26.5	19	SMA－20	50	50～80
开级配沥青磨耗层（OGFC）	细粒式	13.2	9.5	OGFC－10	20	20～30
		16	13.2	OGFC－13	30	30～40

表6-8　灌入式沥青碎石、沥青表面处治的压实最小厚度与适宜厚度

结构层类型	压实最小厚度/mm	适宜厚度/mm
灌入式沥青碎石	40	40～80
上拌下贯沥青碎石	60	60～80
沥青表面处治	10	10～30

特别提示

应区分混合料最大粒径与公称最大粒径。最大粒径是混合料中筛孔通过率为100%的最小标准筛孔尺寸；公称最大粒径是混合料中筛孔通过率为90%～100%的最小标准筛孔尺寸。

层厚与公称最大粒径不匹配的话，会造成路面集料离析、压实不好，并导致路面早期损坏。因此，沥青层的厚度不仅是从力学计算得出的，还必须满足施工的要求。

此外，在各沥青层中必须至少有一层为密级配沥青混合料。

2. 基层、底基层

沥青路面结构中沥青面层主要起功能性作用，而非承重层。承担承重层作用的主要是基层，基层承担着沥青面层向下传递的全部荷载，支撑着面层，确保面层发挥各项功能。同时，基层还承受着由于土基水温状况多变而发生的地基支撑能力变化的敏感性，使之不影响沥青面层的正常工作。基层是承上启下保证路面结构耐久、稳定的承重层结构，因此基层应具有稳定、耐久、较高的承载能力。基层可为单层或双层。无论是沥青混合料、粒料类柔性基层，还是半刚性基层、刚性基层，均要求具有相对较高的物理力学性能。不过，由于基层不直接与车轮和大气接触，相对于路面表面性能有关的材料性能指标（如抗滑性能、抗剪切变形等）可以略微放宽。

当基层模量与土基模量比过大时，应设置底基层以降低基层层底弯拉应力，并与基层共同承受荷载作用。由于底基层是次要承重层，因此对材料质量要求较低，可更广泛地选择当地材料，以节约造价。

沥青路面的基层按材料和力学特性的不同可以分为柔性基层（沥青稳定碎石或无结合料级配碎石）、半刚性基层（无机结合料稳定土）和刚性基层（低强度等级混凝土）3种。各种基层具有不同的特点，各有适用的场合。基层、底基层厚度应根据交通量大小、材料性能，充分发挥压实机具的功能，以及考虑有利于施工等因素选择各结构层的厚度。各种结构层的压实最小厚度与适宜厚度应符合表6-9与表6-10的要求，并不得设计小于15cm厚的半刚性材料薄层。

表6-9 半刚性材料层的压实最小厚度与适宜厚度

结构层类型	压实最小厚度/mm	适宜厚度/mm
水泥稳定类	150	180~200
石灰稳定类	150	180~200
石灰粉煤灰稳定类	150	180~200
贫混凝土	150	180~240
级配碎石	80	100~200
级配砾石	80	100~200
泥结碎石	80	100~150
填隙碎石	100	100~120

特别提示

半刚性材料层的厚度除了符合设计计算外，还应满足施工的要求，即不能太薄和太厚。若半刚性基层小于最小厚度，在重载车作用下，薄的半刚性基层会产生较大拉应力而开裂。若半刚性基层太厚，则在没有特重型压实机具的情况下很难保证充分压实。因此，规范规定半刚性材料层适宜厚度为18~20cm，压实最小厚度为15cm。

表6-10 沥青混合料的压实最小厚度与适宜厚度

沥青混合料类型		最大粒径/mm	公称最大粒径/mm	符号	压实最小厚度/mm	适宜厚度/mm
密级配沥青碎石（ATB）	粗粒式	31.5	26.5	ATB-25	70	80~120
		37.5	31.5	ATB-30	90	90~150
	特粗式	53	37.5	ATB-40	120	120~150
开级配沥青碎石（ATPB）	粗粒式	31.5	26.5	ATPB-25	80	80~120
		37.5	31.5	ATPB-30	90	90~150
	特粗式	53	37.5	ATPB-40	120	120~150

续表

沥青混合料类型		最大粒径/mm	公称最大粒径/mm	符号	压实最小厚度/mm	适宜厚度/mm
半开级配沥青碎石（AM）	细粒式	16	13.2	AM－13	35	40～60
	中粒式	19	16	AM－16	40	50～70
		26.5	19	AM－20	50	60～80
	粗粒式	31.5	26.5	AM－25	80	80～120
	特粗式	53	37.5	AM－40	120	120～150

1）半刚性基层、底基层

主要包括水泥稳定类、石灰稳定类和石灰粉煤灰（二灰）稳定类。半刚性基层的板体性较好、整体强度高，可以大大提高沥青路面结构的整体刚度，因此沥青面层的厚度可以适当减薄。对于半刚性基层沥青路面，沥青层底主要是压应力或很小的拉应力，因此沥青层因荷载引起的裂缝破坏较少。半刚性基层的主要缺点是收缩开裂和不能很快排水。

特别提示

半刚性基层收缩开裂会引起反射裂缝，目前还是个无法改变的事实。虽然采取了很多有效的措施，使路面的收缩开裂的反射裂缝有了明显减少，但从总体上来说，半刚性基层开裂引起的反射裂缝问题仍然不可能得到彻底的解决。

另一方面，半刚性基层强度很高，致使半刚性基层本身非常致密，几乎成为完全不透水的层次。从面层下渗的水只能积存在面层与基层之间，在车轮荷载的反复作用下，基层表面逐步破坏，成为灰浆，并通过面层的裂缝挤到路面上来，这就是通常所说的"唧浆"，成为沥青面层水损坏的重要原因。

根据混合料的结构状态，半刚性材料可以分为骨架密实型、骨架空隙型、悬浮密实型和均匀密实型等4种类型。均匀密实型主要指无机结合料稳定细粒土，如石灰土、水泥土、二灰土等。这4种结构类型的路用性能总体特征如下。

（1）骨架密实型：粗集料形成相互嵌挤的骨架，细集料以充分密实的状态填充骨架间的空隙。压实后的混合料抗压强度最高，抗裂性、抗冲刷性较好，收缩较小。

（2）悬浮密实型：粗集料没有形成相互嵌挤的骨架，只是分散地分布在充分密实的细集料中。压实后的混合料抗折强度、劈裂强度最高，抗冲刷性较差，收缩较大。

（3）骨架空隙型：粗集料形成相互嵌挤的骨架，骨架间的空隙部分地被细集料所填充，并留有一定的空隙。压实后的混合料有较高的孔隙率，适用于有路面内部排水要求的基层，抗冲刷性最好，收缩最小，但强度较低。

（4）均匀密实型：没有粗集料，粒径大小相近的细集料或细粒土处于充分密实的状态。强度较低，抗裂性、抗冲刷性均很差。

根据半刚性材料的结构特征与路用性能的关系，规范规定了各自的适用范围。高速公路、一级公路的基层或上基层宜选用骨架密实型混合料。二级及二级以下公路的基层和各级公路的底基层可采用悬浮密实型混合料。均匀密实型混合料适用于高速公路、一级公路的底基层，二级及二级以下公路的基层。骨架空隙型混合料具有较高的孔隙率，适用于需考虑路面内部排水要求的基层。

2) 柔性基层、底基层

主要包括各种沥青碎石(AM、ATB及ATPB)、贯入式以及各类未经处治的粒料类。通常热拌沥青碎石宜用于中等交通及其以上的公路基层、底基层；灌入式沥青碎石宜用于中、重交通的公路基层或底基层；级配碎石可用于各级公路的基层和底基层；而其他粒料类材料适用于交通等级较低的公路基层和底基层。柔性基层由于其力学特性与沥青面层一样都属于柔性结构，因此在应力、应变传递的协调过渡方面比较顺利，同时由于结构材料均为有级配的颗粒状材料，所以结构排水畅通，路面结构不易受水损害。柔性基层的缺点在于基层本身刚度较低，沥青面层将承受较多的荷载弯矩，在减小路表弯沉、土基顶面压应力和沥青层底拉应变等方面不如半刚性基层，因此，在同样交通荷载作用下，沥青面层应采用较厚的结构层，并应提高路基强度或加强软弱路基处理。

基层用沥青碎石的公称最大粒径宜大于或等于26.5mm。

我国尚缺乏柔性基层沥青路面用于重交通、特重交通公路的实践经验，应加强试验研究，逐步推广。

3) 刚性基层

刚性基层采用低强度等级混凝土修筑基层混凝土板，板上铺筑沥青面层。刚性基层的模量比沥青面层大很多，因此，沥青层多处于受压状态，沥青层起功能性作用时不必太厚，应采取提高沥青混合料高温抗剪强度和加强层间结合的措施，防止沥青层剪切、推移与反射裂缝。

3. 垫层

垫层是设置在底基层与土基之间的结构层，它的功能是改善土基的湿度和温度状况，以保证面层和基层的强度、刚度和稳定性不受土基水温状况变化而造成的不良影响。另一方面的功能是将基层传下的车辆荷载加以扩散，以减小土基顶面的应力和变形。同时也可阻止路基土挤入基层中，影响基层结构的性能。在冰冻地区，路基处于潮湿或过湿状态下，具有一定厚度的垫层起着防止路基冻胀及降低路基冻胀引起的面层拉应力的作用。因此，垫层具有排水、隔水、防冻、防污及减小层间模量比、降低半刚性底基层拉应力、扩散荷载等作用。

垫层材料的强度要求不一定高，但水稳定性和隔温性要好。常用的垫层材料分为两类，一类是由松散粒料，如砂、砾石、炉渣等组成的透水性垫层；另一类是用水泥或石灰稳定土等修筑的稳定类垫层。

各级公路的排水垫层应与边缘排水系统相连接，垫层应铺筑到路基边缘或与边沟下的渗沟相连接。

冰冻地区各级公路的中湿、潮湿路段还应进行防冻厚度验算。根据交通量计算得到的路面结构总厚度不应小于表6-11最小防冻厚度的规定。防冻厚度与路基潮湿类型、路基土类、道路冻深以及路面结构层材料的热物性有关。若结构总厚度小于最小防冻厚度时，应增设或加厚防冻垫层，以满足防冻需要的最小厚度要求。

表 6-11 最小防冻厚度

路基类型	道路多年最大冻深/cm	黏性土、细亚砂土			粉性土		
		砂石类	稳定土类	工业废料类	砂石类	稳定土类	工业废料类
中湿	50—100	40—45	35—40	30—35	45—50	40—45	30—40
	100—150	45—50	40—45	35—40	50—60	45—50	40—45
	150—200	50—60	45—55	40—50	60—70	50—60	45—50
	>200	60—70	55—65	50—55	70—75	60—70	50—65
潮湿	60—100	45—55	40—50	35—45	50—60	45—55	40—50
	100—150	55—60	50—55	45—50	60—70	55—65	50—60
	150—200	60—70	55—65	50—55	70—80	65—70	60—65
	>200	70—80	65—75	55—70	80—100	70—90	65—80

注：① 在《公路自然区划标准》中，对潮湿系数小于 0.5 的地区，Ⅱ、Ⅲ、Ⅳ 等干旱地区防冻厚度应比表中的值减少 15%～20%。

② 对Ⅱ区砂性土路基防冻厚度应相应减少 5%～10%。

6.3.2 结构组合设计

沥青路面结构层次的合理选择和安排是整个路面结构能否在设计年限内承受行车荷载和自然因素的共同作用，同时又能发挥各个结构的最大功效，使整个路面结构经济合理的关键。在进行结构组合设计时应遵循一定的原则，并满足有关要求。

1. 结构组合原则

（1）路面结构组合应适应行车荷载作用的要求。

路面在行车荷载作用下，其内部产生的应力和应变随深度向下递减，同时表面层还要承受车轮荷载的磨耗作用。因此，要求路面面层应具有足够的强度和抗变形、磨耗能力，在其下各结构层的强度和抗变形能力可自上而下逐渐减小。这样在进行路面结构组合时，各结构层应按照强度和刚度自上而下递减的规律安排，以使各结构层材料的效能得到充分发挥。但考虑施工工艺、材料规格等因素，结构层数也不宜过多。

（2）各结构层的模量比要有合理的组合，以减小各结构层的应力和厚度。

① 对半刚性基层沥青路面，基层与沥青面层的模量比宜在 1.5～3 倍；基层与底基层的模量比不宜大于 3.0 倍；底基层与土基的模量比宜在 2.5～12.5 倍。

> **特别提示**
>
> 半刚性基层模量比沥青面层大很多时，会产生不利影响，使面层沥青混合料剪应力过大，易产生流变车辙；层间剪应力过大易产生层间滑动等。因此，应控制基层模量在一定范围内。
>
> 对于其他层次，若上下两层模量比太大，上层会产生较大的弯拉应力，所以也应限制上下两层的模量比。如果底基层模量与土基模量比过大时，应设置垫层以降低模量比。

② 对刚性基层沥青路面应采取措施加强沥青层与刚性基层间的结合，并提高沥青混合料的抗剪强度。

(3) 根据不同的交通和气候条件，并遵循因地制宜、合理选材、节约资源的原则，选择合理的路面结构形式，并根据不同的路面结构采取不同的技术措施。

半刚性基层沥青路面是我国沥青路面的主要形式，对其优缺点要有辩证的认识，使用过程中要扬长避短，积极采取措施延长路面的使用寿命。并及时研究发展新的路面结构形式，比如柔性基层沥青路面、复合式沥青路面等。

要重视路面的排水措施，沥青面层应选用密级配沥青混合料。同时要做好沥青路面结构内排水，防止水分滞留在路面结构内部。当采用排水基层时，其下应设防水层，并设置结构内部排水系统，将雨水排出路基。

2. 减少半刚性基层收缩开裂及防止反射裂缝的措施

反射裂缝是我国半刚性基层沥青路面的典型病害。反射裂缝不仅影响路面外观，且裂缝进水导致基层冲刷和唧浆，使路面水损害持续加重，若不采取措施，则路面损坏发展速度将十分迅速。因此，对于半刚性基层沥青路面，预先采取措施减少收缩开裂和反射裂缝对于保证路面质量、提高工程耐久性具有重要意义。

(1) 选用骨架密实型半刚性基层，严格控制细料含量、结合料剂量、含水率，及时养生。

水泥稳定集料的水泥剂量一般为3%~5.5%，当达不到强度要求时应调整级配，水泥的最大剂量不应超过6%。由于水泥剂量提高，基层强度也提高，但脆性、收缩也会增大，易出现收缩开裂，因此对水泥的最大剂量应有所限制。

(2) 适当增加沥青层厚度，在半刚性材料层上设置沥青碎石或级配碎石等柔性基层。

在半刚性材料层上设置模量比其低的沥青碎石或级配碎石，叫做"夹层结构"、"倒装结构"或"混合式结构"。

在半刚性材料上设置柔性基层，对于减少沥青路面的反射裂缝具有较好的效果。但是对于高速公路、一级公路采用级配碎石用作基层或过渡层时，应先修试验段，注意抓好材料规格、级配碎石混合料的配置及施工质量的过程控制，总结经验，不能盲目推广，尤其在交通量大、重车多的公路上应慎重使用。

(3) 在半刚性基层上设置改性沥青应力吸收膜、应力吸收层或铺设经实践证明有效的土工合成材料等。

3. 层间结合要求

设计时应采取技术措施，加强路面各结构层之间的结合，提高路面结构的整体性，避免产生层间滑移。

(1) 沥青层之间应设黏层。黏层沥青可用乳化沥青、改性乳化沥青或热沥青，洒布数量宜为 $0.3\sim0.6kg/m^2$。（相关知识详见《公路工程材料》）

(2) 各种基层上宜设置透层。透层沥青应具有良好的渗透性能，可用液体沥青、乳化沥青等。（相关知识详见《公路工程材料》）

（3）在半刚性基层上应设下封层。

（4）新、旧沥青层之间，沥青层与旧水泥混凝土板之间应洒布黏层沥青，宜用热沥青或改性乳化沥青、乳化沥青。

（5）拓宽路面时，新、旧路面接茬处宜喷涂黏结沥青。

（6）双层式半刚性材料基层宜采取连续摊铺、碾压工艺，增强层间结合，以形成整层。

特别提示

沥青路面设计所采用的弹性层状体系是严格按照层间连续的假定进行计算的。如果沥青路面各层之间不能形成整体，那路面的承载力就会受到很大影响。因此，必须要强化黏层油，改进透层油，保证沥青层之间以及沥青层与非沥青层之间能够黏结成整体，这是防止沥青路面发生早期损坏、保证沥青路面使用寿命的前提。

下封层设在半刚性基层表面，起到保护基层不被施工车辆破坏，利于半刚性材料养生，同时更是为了防止雨水下渗到基层以下结构层内，以及加强层间结合等作用。可用沥青单层表面处治或砂粒式、细粒式密级配沥青混合料、稀浆封层等。实践表明，沥青单层表面处治是经济、有效的方法之一。

任务实施

综合考虑交通状况、水文地质、路基填挖状况、材料供应情况、气候以及施工条件、结构层的适宜厚度等因素，并考虑投资水平和当地使用经验，拟定采用半刚性基层沥青路面。对于高速公路半刚性基层沥青路面，目前一般都要求面层厚度不宜小于18cm，根据与混合料最大公称粒径匹配的原则，沥青面层采用4＋6＋8的形式。对于各层的厚度，先拟定某层为设计层（一般为半刚性材料层），其他层厚度根据混合料类型与施工工艺要求事先确定（详见任务6.6）。因挖方路段水温状况较差，一般均较填方路段增设级配碎石垫层。

拟定的路面结构组合为：4cm AC－13C细粒式沥青混凝土＋6cm AC－20C中粒式沥青混凝土＋8cm AC－25C粗粒式沥青混凝土＋18cm 5％水泥稳定碎石＋? cm 3.5％水泥稳定碎石。若位于挖方路段，增设15cm级配碎石垫层。

任务6.4　路面材料设计参数的确定

知识讲解

在进行沥青路面设计时，一个非常重要的工作就是确定各结构层的设计参数，包括模量、劈裂强度等。只有确定了这些设计参数，才可以进行路面结构计算。

6.4.1　路基回弹模量 E_0

路基回弹模量 E_0 是路面结构设计的重要参数，其取值大小对路面结构厚度有较大影响,因此,正确确定 E_0 是十分重要的。

根据规范要求,设计宜使路基处于干燥或中湿状态,土基回弹模量值应大于 30MPa,重交通、特重交通公路土基回弹模量值应大于 40MPa。潮湿、过湿状态的路基应采取换填砂、沙砾、碎石等渗水性材料处理地基,或采取掺入消石灰、固化材料处理,设置土工合成材料,加强路基排水等措施进行综合处治。根据各种路基处理措施,确定土基回弹模量的设计值。

在新建公路初步设计时,可根据查表法(或现有公路调查法)、室内试验法、换算法等,经综合分析、论证,确定沿线不同路基状况的路基回弹模量设计值。查表法是根据路基土的种类和自然区划以及拟定的路基土的平均稠度,参考《公路沥青路面设计规范》表 F.0.3 估计路基回弹模量设计值。一般实用的方法是,在查表的基础上根据设计规范对路基回弹模量的最低要求,并考虑沿线地形、地质、水文地质等条件,拟定各路段的回弹模量设计值。并通过严格的路基施工,保证路基实际的回弹模量不小于拟定的回弹模量设计值,即在路基建成后,在不利季节实测各路段路基回弹模量代表值,检验是否大于或等于拟定的回弹模量设计值。现场实测的方法有承载板法和弯沉仪法,详见总论。

若现场实测路基回弹模量代表值小于设计值或弯沉大于要求的检验值,应采取翻晒补压、掺灰处理或调整路面结构厚度等措施,以保证路基路面的强度和稳定性。

当采用刚性承载板法测定路基回弹模量时,先按照式(0-6)计算测点处的路基回弹模量 E_{0bi},然后按式(6-6)计算某路段路基回弹模量代表值。

$$E_{0d}=(\overline{E}_{0b}-Z_aS)/K_1 \qquad (6-6)$$

式中 E_{0d}——某路段路基回弹模量代表值(MPa),需大于或等于拟定的路基回弹模量设计值 E_0;

$\overline{E}_{0b}$——实测某路段路基回弹模量的平均值,MPa;

S——实测某路段路基回弹模量的均方差,MPa;

Z_a——保证率系数,高速公路、一级公路为 2,二级、三级公路为 1.645,四级公路为 1.5;

K_1——不利季节影响系数,可根据当地经验确定。

也可采用贝克曼梁弯沉仪测定路基弯沉值,检验路基设计回弹模量对应的弯沉值。将式(0-7)进行变换,并考虑不利季节影响因素,得到路基设计弯沉值(也可称为路基弯沉验收值)的计算公式

$$l_{0D}=\frac{2p\delta}{K_1E_0}(1-\mu_0^2)\alpha_0\times10^2 \qquad (6-7)$$

式中 l_{0D}——路基设计弯沉值,mm;

E_0——拟定的路基回弹模量设计值,MPa;

p——测定车轮轮胎接地压强,MPa;

δ——与当量圆半径,mm;

α_0——均匀体弯沉系数,取 0.712;

K_1——不利季节影响系数,可根据当地经验确定。

则某路段实测的弯沉代表值 l_0 应不大于路基弯沉设计值 l_{0D}，即

$$l_0 = \bar{l}_0 + Z_a S \leqslant l_{0D} \tag{6-8}$$

式中　$\bar{l}_0$，S——某路段实测路基弯沉平均值(0.01mm)与均方差(0.01mm)；

　　　Z_a——保证率系数，高速公路、一级公路为2，二级、三级公路为1.645，四级公路为1.5。

> **特别提示**
>
> 路基设计回弹模量值是以最不利年份、最不利季节时考虑一定保证率后推荐的路基回弹模量值，而现场测定时间不一定在不利季节进行，实测值可能比设计值高，因此，应考虑不利季节影响系数来增大回弹模量值。

讨论

根据路基设计回弹模量反算路基回弹弯沉值，除了式(6-7)外，《公路路面基层施工技术规范》(JTJ 034—2000)中推荐的公式为 $l_0 = 9308 E_0^{-0.938}$，按该公式计算出的弯沉值很大，起不到控制路基弯沉值的作用，所以建议按式(6-7)计算路基弯沉值。

6.4.2 结构层回弹模量 E_i

结构层材料的回弹模量值也是路面结构设计的重要参数，不同的试验会得出不同的模量值。设计时采用何种试验方法及其模量值应考虑下列因素：①测试方法简单，测试结果稳定；②测得的模量值应较好地反映该结构层在路面结构层位中的工作状态和力学特性；③设计参数应与设计方法能较好地匹配。

我国《公路沥青路面设计规范》(JTG D50—2006)规定沥青路面结构按设计弯沉和容许弯拉应力两个指标控制设计厚度。无论采用哪项指标，各结构层的回弹模量均采用抗压回弹模量。

半刚性材料抗压回弹模量按我国《公路工程无机结合料稳定材料试验规程》(JTJ 057—1994)有关规定进行试验测定，并按规定龄期测定抗压回弹模量，即水泥稳定类材料为90d，石灰稳定类材料为180d，水泥粉煤灰稳定类为120d。

沥青混合料结构层的抗压回弹模量按我国《公路工程沥青及沥青混合料试验规程》(JTJ 052—2000)进行试验测定。当以路表弯沉值作为设计验算指标时，取标准试验温度为20℃；当以层底弯拉应力作为设计验算指标时，取标准试验温度为15℃。

无结合料的粒料类结构层的抗压回弹模量测试可以在工地现场铺筑整层试槽，通过承载板法进行测试。

考虑到路面结构层回弹模量的最不利组合，各结构层回弹模量 E_i 的设计值按下式计算。

(1) 计算路表弯沉值时，抗压回弹模量设计值按式(6-9)计算

$$E_i = \bar{E}_i - Z_a S \tag{6-9}$$

式中 $\overline{E}_i$——各试件模量的平均值,MPa;

S——各试件模量的标准差;

Z_a——保证率系数,取 2.0。

(2) 计算层底拉应力时,计算层以下各层的模量应采用式(6-9)计算,计算层及以上各层模量应采用式(6-10)计算

$$E_i = \overline{E}_i + Z_a S \tag{6-10}$$

6.4.3 结构层材料的劈裂强度

验算层底拉应力时候,需要满足计算拉应力小于或等于容许拉应力。容许拉应力是沥青混合料或半刚性材料的极限抗拉强度除以抗拉强度结构系数。而极限抗拉强度是在规定条件下通过劈裂试验获得材料的劈裂强度,也即间接抗拉强度,其测定方法应符合我国有关试验规程的规定。

6.4.4 设计参数确定要求

路面结构设计中各结构层的材料设计参数应根据公路等级和设计阶段的要求确定。

(1) 高速公路、一级公路施工图设计阶段时应选取工程用路面材料实测设计参数;各级公路采用新材料时,也必须实测设计参数。

(2) 高速公路、一级公路初步设计或二级及二级以下公路设计时可借鉴本地区已有的试验资料或工程经验确定。

(3) 可行性研究阶段可参考表 6-12 与表 6-13 确定设计参数。

合理地选择路面设计参数,是路面结构设计可靠性的根本保证。但长期以来,路面设计人员忽视这个问题,造成路面设计仅仅是抄录规范参数进行厚度计算的局面。因此,我国路面设计参数的资料积累非常少,为了加强这一工作,《公路沥青路面设计规范》(JTG D50—2006)根据不同的公路等级和设计阶段提出了上述 3 个要求。

表 6-12 沥青混合料材料设计参数

材料名称		抗压模量 E/MPa		劈裂强度/MPa	备 注
		20℃	15℃	15℃	
细粒式沥青混凝土	密级配	1 200～1 600	1 800～2 200	1.2～1.6	AC-10 AC-13
	开级配	700～1 000	1 000～1 400	0.6～1.0	OGFC
沥青玛蹄脂碎石		1 200～1 600	1 600～2 000	1.4～1.9	SMA
中粒式沥青混凝土		1 000～1 400	1 600～2 000	0.8～1.2	AC-16 AC-20
密级配粗粒式沥青混凝土		800～1 200	1 000～1 400	0.6～1.0	AC-25
沥青碎石基层	密级配	1 000～1 400	1 200～1 600	0.6～1.0	ATB-25 ATB-35
	半开级配	600～800	—	—	AM-25 AM-40
沥青贯入式		400～600	—	—	

表 6-13 基层、底基层材料设计参数

材料名称	配合比或规格要求	抗压模量 E/MPa 弯沉计算	劈裂强度 σ/MPa	抗压模量 E/MPa 拉应力计算用
水泥沙砾	4%~6%	1 100~1 500	0.4~0.6	3 000~4 200
水泥碎石	4%~6%	1 300~1 700	0.4~0.6	3 000~4 200
二灰沙砾	7:13:80	1 100~1 500	0.6~0.8	3 000~4 200
二灰碎石	8:17:75	1 300~1 700	0.5~0.8	3 000~4 200
石灰水泥粉煤灰沙砾	6:13:16:75	1 200~1 600	0.4~0.55	2 700~3 700
水泥粉煤灰碎石	4:16:80	1 300~1 700	0.4~0.55	2 400~3 000
石灰土碎石	粒料>60%	700~1 100	0.3~0.4	1 600~2 400
碎石灰土	粒料>40~50%	600~900	0.25~0.35	1 200~1 800
水泥石灰沙砾土	4:3:25:68	800~1 200	0.3~0.4	1 500~2 200
二灰土	10:30:60	600~900	0.2~0.3	2 000~2 800
石灰土	8%~12%	400~700	0.2~0.25	1 200~1 800
石灰土处理路基	4%~7%	200~350	—	—
级配碎石	基层连续级配型	300~350	—	—
	基层骨架密实型	300~500	—	—
	底基层、垫层	200~250	—	—
填隙碎石	底基层	200~280	—	—
未筛分碎石	做底基层用	180~220	—	—
级配沙砾、天然沙砾	做底基层用	150~200	—	—
中粗砂	垫层	80~100	—	—

 任务实施

1. 路基回弹模量的确定

根据规范要求及公路沿线地形、地质及水文地质情况,确定本公路填方路段路基回弹模量为40MPa,石质挖方路段路基回弹模量为80MPa。

2. 结构层材料回弹模量的确定

首先进行混合料配合比设计(详见《公路工程材料》课程),根据配合比设计结果制备混合料,测定其设计参数,测试结果见表6-14~表6-16。

表6-14 半刚性材料及粒料类材料抗压回弹模量实测参数取值

材料名称	抗压回弹模量/MPa			
	Ep	σ	Ep-2σ	Ep+2σ
5%水泥稳定碎石	2 830	651	1 528	4 132
3.5%水泥稳定碎石	2 021	456	1 109	2 933
级配碎石	672	76	520	

表6-15 沥青混合料抗压回弹模量实测参数取值

材料名称	20℃抗压回弹模量/MPa			15℃抗压回弹模量/MPa			
	Ep	σ	Ep-2σ	Ep	σ	Ep-2σ	Ep+2σ
AC-13	1 943	253	1 437	2 630	314	2 002	3 257
AC-20	1 513	155	1 203	2 233	200	1 832	2 634
AC-25	1 209	62	1 085	1 368	72	1 224	1 512

表6-16 路面材料劈裂强度试验结果

材料名称	AC-13	AC-20	AC-25	5%水泥稳定碎石	3.5%水泥稳定碎石
劈裂强度/MPa	1.3	1.0	0.8	0.45	0.35

任务6.5 沥青路面设计弯沉与容许拉应力计算

知识讲解

我国沥青路面设计方法采用双圆垂直均布荷载作用下的层状弹性体系理论,以路表回弹弯沉值和沥青混凝土层底弯拉应力、半刚性及刚性材料基层底弯拉应力为设计指标进行路面结构厚度计算。设计完成后,路面结构的路表弯沉与各结构层底的弯拉应力应满足设计指标的极限标准。

6.5.1 路表回弹弯沉

路表回弹弯沉表示路面结构在垂直荷载作用下产生的垂直变形。弯沉值的大小反映了路基路面的整体强度。在相同车轮荷载作用下,路面的弯沉值越大,则路面抵抗垂直变形的能力越弱,反之则越强。此外,以弯沉值作为设计控制指标也便于直接量测。因此,我国沥青路面设计方法较长时间都以路表弯沉作为设计控制指标,如图6.2所示。

实践表明,路表回弹弯沉值大的路面在经受了轴载不太多次数的重复作用后,将呈现出某种形态的破坏;而回弹弯沉值小的路面能经受住轴载多次重复作用之后,才达到这种形态的破坏。就是说,在达到相同程度的破坏时,回弹弯沉值的大小同该路面的设计使用寿命,即轮载累计重复作用次数成反比关系。路面的损坏过程是随着累计轴载数的增加而逐步发展的。如果能够建立路面达到某种破坏状态时，重复轮载作用次数与路面弯沉值之间的关系，那么就可以根据该种路面所要求的使用寿命(或轮载累计作用次数)确定路面的设计弯沉值。我国《公路沥青路面设计规范》(JTG D50—2006)规定路面设计弯沉值由式(6-11)计算确定。

$$l_d = 600 N_e^{-0.2} A_c A_s A_B \quad (6-11)$$

式中　l_d——设计弯沉值，0.01mm；

N_e——设计年限内一个车道累计当量轴次，次/车道；

A_c——公路等级系数，高速公路、一级公路为1.0，二级公路为1.1，三四级公路为1.2；

A_s——面层类型系数，沥青混凝土面层为1.0，热拌沥青碎石、冷拌沥青碎石、上拌下贯或贯入式路面、沥青表面处治为1.1；

A_B——路面结构类型系数，半刚性基层沥青路面为1.0，柔性基层沥青路面为1.6。

路面设计弯沉值相当于路面竣工后第一年不利季节、路面在标准轴载100kN作用下测得的最大回弹弯沉值，路面的计算弯沉值应小于或等于路面设计弯沉值。

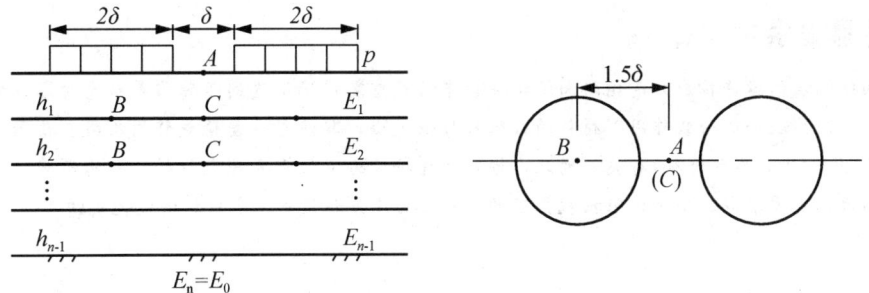

图6.2　弯沉与拉应力计算图式

6.5.2　容许弯拉应力

用路表弯沉作为设计指标能够从总体结构与宏观性能方面控制路面结构在设计年限内的正常工作，但是弯沉指标却不可能表征路面结构内个别结构层的某一个指标是否会出现破坏极限状态。从路面的调查中经常会发现，弯沉的大小与路面的损坏状态未必就一一对应得很好。有时候弯沉已经很大，但路面却完好无损，然而有些路段尽管路面已经破损严重，弯沉却并不大。此外，路面实测弯沉随气候和水温环境变化，也很难确定弯沉与路面结构工作状态的绝对对应关系。因此，需要建立第二项设计指标。

路面结构在车轮荷载的反复作用下，某一结构层的拉应变(或拉应力)超过材料的疲劳强度(它较一次荷载作用的极限值小很多)时，结构层就产生了疲劳开裂，并逐步向表面发展，导致路面产生各种裂缝，进一步发展则成为局部范围或大面积的损坏。路面结构在车轮荷载作用下的结构层极限拉应力一般发生在层底。因此，我国《公路沥青路面设计规范》(JTG D50—2006)规定，沥青面层和基层层底拉应力作为沥青路面设计的第二项设计控制指标，沥青层和半刚性材料层底的容许弯拉应力按式(6-12)计算。

$$\sigma_R = \frac{\sigma_S}{K_S} \qquad (6-12)$$

式中 σ_R——路面结构层材料的容许拉应力，MPa；

σ_S——沥青混凝土或半刚性材料的极限劈裂强度，MPa；

K_S——抗拉强度结构系数。

(1) 对沥青混凝土的极限劈裂强度是指15℃时的极限劈裂强度；对水泥稳定类材料是指龄期为90d的极限劈裂强度；对二灰稳定类、石灰稳定类材料是指龄期为180d的极限劈裂强度；对水泥粉煤灰类材料是指龄期为120d的极限劈裂强度。

(2) 对沥青混凝土层的抗拉强度结构系数，按下式计算。

$$K_S = 0.09 N_e^{0.22}/A_c \qquad (6-13)$$

对无机结合料稳定集料类的抗拉强度结构系数，按下式计算。

$$K_S = 0.35 N_e^{0.11}/A_c \qquad (6-14)$$

对无机结合料稳定细粒土类的抗拉强度结构系数，按下式计算。

$$K_S = 0.45 N_e^{0.11}/A_c \qquad (6-15)$$

特别提示

路面结构层的容许拉应力是指路面结构在行车荷载重复作用下达到疲劳临界状态时容许的最大拉应力。这一应力较一次荷载作用下材料的极限抗拉强度小，其值与重复荷载作用次数、路面结构层的材料性质（即材料的疲劳特征）有关。因此，确定容许拉应力不仅需要确定材料在一次荷载作用下的极限抗拉强度，也要求得在小于极限抗拉强度的某一应力重复作用下产生破坏的疲劳规律。

知识拓展

沥青路面在使用过程中除了以上两种极限状态外，引起路面损坏的形式还有很多种，在条件成熟的时候可以考虑增加与之相应的设计控制指标，如为了控制热稳定性不足产生的车辙，将车辙永久变形的深度作为设计控制指标，也可将沥青面层抗剪强度作为设计控制指标以控制路面永久变形，还可将低温裂缝的断裂应力作为设计控制指标等。目前规范主要还是从材料选择、混合料优化设计、结构组合等方面弥补缺乏上述这些控制指标的不足。

任务实施

1. 设计弯沉值计算

由任务6.2可知，以设计弯沉和沥青层底拉应力为指标时，一个车道累计当量轴次为$1\,384.1 \times 10^4$。则由式(6-11)可求得设计弯沉值。

$$A_c = 1, \quad A_s = 1, \quad A_B = 1$$

$$l_d = 600 N_e^{-0.2} A_c A_s A_B = 600 \times (1\,384.1 \times 10^4)^{-0.2} \times 1 \times 1 \times 1 = 22.4(0.01\text{mm})$$

2. 容许弯拉应力计算

由任务6.2可知,以半刚性材料层底拉应力为指标时,一个车道累计当量轴次为 $1\,596.9 \times 10^4$。则由式(6-12)与式(6-13)可求得各层层底容许弯拉应力为如下。

1) AC-13

$$K_S = 0.09 N_e^{0.22}/A_c = 0.09 \times (1\,384.1 \times 10^4)^{0.22}/1 = 3.352$$

$$\sigma_R = \frac{\sigma_S}{K_S} = \frac{1.3}{3.352} = 0.388(\text{MPa})$$

2) AC-20

$$K_S = 0.09 N_e^{0.22}/A_c = 0.09 \times (1\,384.1 \times 10^4)^{0.22}/1 = 3.352$$

$$\sigma_R = \frac{\sigma_S}{K_S} = \frac{1.0}{3.352} = 0.298(\text{MPa})$$

3) AC-25

$$K_S = 0.09 N_e^{0.22}/A_c = 0.09 \times (1\,384.1 \times 10^4)^{0.22}/1 = 3.352$$

$$\sigma_R = \frac{\sigma_S}{K_S} = \frac{0.8}{3.352} = 0.239(\text{MPa})$$

4) 5%水泥稳定碎石

$$K_S = 0.35 N_e^{0.11}/A_c = 0.35 \times (1\,596.9 \times 10^4)^{0.11}/1 = 2.170$$

$$\sigma_R = \frac{\sigma_S}{K_S} = \frac{0.45}{2.170} = 0.207(\text{MPa})$$

5) 3.5%水泥稳定碎石

$$K_S = 0.35 N_e^{0.11}/A_c = 0.35 \times (1\,596.9 \times 10^4)^{0.11}/1 = 2.170$$

$$\sigma_R = \frac{\sigma_S}{K_S} = \frac{0.35}{2.170} = 0.161(\text{MPa})$$

任务6.6 新建路面结构厚度计算

知识讲解

沥青路面结构组合设计的各项工作,即结构层材料类型、层位确定、结构层厚度初步选定后,路面厚度计算阶段主要考察拟定的路面结构在经受设计年限内累计当量轴次之后,是否能满足两项设计控制指标的要求,即路面结构层厚度的确定应满足整体刚度(承载力)与沥青层或半刚性基层、底基层抗疲劳开裂的要求。

(1) 轮隙中心点(A点)路表计算弯沉值 l_s 应小于或等于设计弯沉值 l_d,即

$$l_s \leqslant l_d \tag{6-16}$$

(2) 轮隙中心(C点)或单圆荷载中心处(B点)的层底拉应力 σ_m 应小于或等于容许拉应力 σ_R,即

$$\sigma_m \leqslant \sigma_R \tag{6-17}$$

6.6.1 路表计算弯沉值 l_s

路表计算弯沉值按式(6-18)计算

$$l_s = 1\ 000 \frac{2p\delta}{E_1} \alpha_c F \quad (6-18)$$

其中

$$\alpha_c = f\left(\frac{h_1}{\delta}, \frac{h_2}{\delta}, \cdots, \frac{h_{n-1}}{\delta}, \frac{E_2}{E_1}, \frac{E_3}{E_2}, \cdots, \frac{E_0}{E_{n-1}}\right) \quad (6-19)$$

$$F = 1.63 \left(\frac{l_s}{2\ 000\delta}\right)^{0.38} \left(\frac{E_0}{p}\right)^{0.36}$$

式中
- l_S——路表计算弯沉值，0.01mm；
- F——弯沉综合修正系数；
- p——标准车型的轮胎接地压强，MPa；
- δ——当量圆半径，cm；
- α_c——理论弯沉系数；
- E_0——土基抗压回弹模量，MPa；
- $E_1, E_2, \cdots, E_{n-1}$——各层材料抗压回弹模量，MPa；
- $h_1, h_2, \cdots, h_{n-1}$——各结构层厚度，cm。

特别提示

我国沥青路面的理论体系为层状弹性连续体系，它是在一定假设条件下经过复杂的力学、数学推演而得的理论体系，与实际有一定差异。因此，需要用弯沉综合修正系数 F 对理论解进行修正。

6.6.2 层底拉应力 σ_m 计算

层底拉应力以单圆中心(B点)及双圆轮隙中心点(C点)为计算点，并取较大值作为层底拉应力。按式(6-20)计算层底最大拉应力。

$$\sigma_m = p\bar{\sigma}_m$$

$$\bar{\sigma}_m = f\left(\frac{h_1}{\delta}, \frac{h_2}{\delta}, \cdots, \frac{h_{n-1}}{\delta}, \frac{E_2}{E_1}, \frac{E_3}{E_2}, \cdots, \frac{E_0}{E_{n-1}}\right) \quad (6-20)$$

式中 $\bar{\sigma}_m$——理论最大拉应力系数。

其他符号意义同式(6-18)。

6.6.3 设计指标选用要求

高速公路、一级公路、二级公路的路面结构以路表回弹弯沉值、沥青混凝土层的层底拉应力及半刚性材料层的层底拉应力为设计指标。三级公路、四级公路的路面结构以路表设计弯沉值为设计指标。有条件时，对重载交通路面宜检验沥青混合料的抗剪强度。

6.6.4 新建路面厚度设计步骤

对新建沥青路面设计进行总结，其流程如下。

（1）根据设计要求，按弯沉或弯拉指标分别计算设计年限内一个车道的累计标准当量轴次，确定设计交通量和交通等级，拟定面层、基层类型，并计算设计弯沉值或容许拉应力。

（2）按路基土类与干湿类型及路基横断面形式，将路基划分为若干路段，确定各个路段土基回弹模量设计值。

（3）参考本地区的经验拟定几种可行的路面结构组合与厚度方案，根据工程选用的材料进行配合比试验，测定各结构层材料的抗压回弹模量、劈裂强度等，确定各结构层的设计参数。

（4）根据设计指标采用多层弹性体系理论设计程序计算或验算路面厚度。

（5）对于季节性冰冻地区应验算防冻厚度是否符合要求。

（6）进行技术经济比较，确定路面结构方案。

6.6.5 新建路面厚度确定方法

路面各结构层的厚度可按计算法或验算法确定。

（1）计算法：根据路用性能要求或工程经验确定路面结构组合类型，先拟定某一层为设计层（通常为半刚性材料层），然后根据混合料类型与施工工艺要求确定其他各层的厚度，按上述规定的流程计算设计层厚度。设计层厚度应不小于最小施工厚度。

（2）验算法：根据本地区典型结构确定路面结构组合类型，然后根据混合料类型与施工工艺拟定各结构层的厚度，按上述规定的流程进行结构验算，验算通过即可作为备选结构。

 任务实施

目前，各种路面结构设计软件的出现和发展，已将广大设计人员从烦琐的查图表工作中解放出来，可以把有限的时间更多地花在解决实际问题中，从而大大提高工作效率。HPDS 软件是目前比较流行的公路路面设计软件，操作简单，很容易上手，本书就以 HPDS 2006来进行沥青路面的结构计算。

关于 HPDS 的详细功能和使用请查看该软件附带的使用说明，本书不再赘述。

路面结构厚度计算以底基层为设计层，其他层厚度均事先确定。

选择"沥青路面设计与计算"下拉菜单下的"沥青路面结构厚度计算"命令，如图6.3 所示。

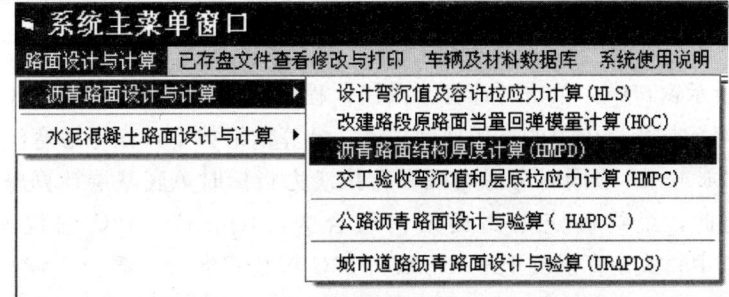

图 6.3 路面设计与计算菜单

单击“沥青路面结构厚度计算”命令后，弹出图 6.4 所示窗口，选择计算类型、设计内容、公路等级以及是否验算防冻厚度，并输入设计弯沉值、路面结构层数、设计层位、土基回弹模量和设计层最小厚度。

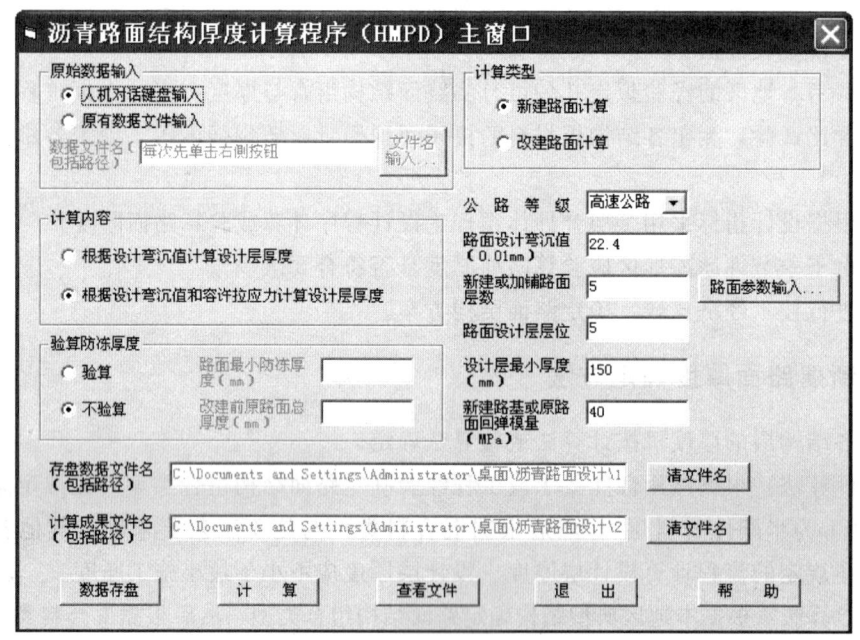

图 6.4 厚度计算程序主窗口

单击“路面参数输入”按钮，弹出图 6.5 所示窗口，输入各结构层抗压回弹模量实测值、容许弯拉应力、厚度等之后，单击“确定”按钮，回到图 6.4 所示窗口。

层位	路面材料代码	路面材料名称	厚度（mm）	20℃平均抗压模量（MPa）	标准差（MPa）	15℃平均抗压模量（MPa）	标准差（MPa）	容许应力（MPa）
1	0103	细粒式沥青混凝土	40	1943	253	2630	314	.388
2	0102	中粒式沥青混凝土	60	1513	155	2233	200	.298
3	0101	粗粒式沥青混凝土	80	1209	62	1368	72	.239
4	0412	水泥稳定碎石	180	2830	651	2830	651	.207
5	0412	水泥稳定碎石	150	2021	456	2021	456	.161

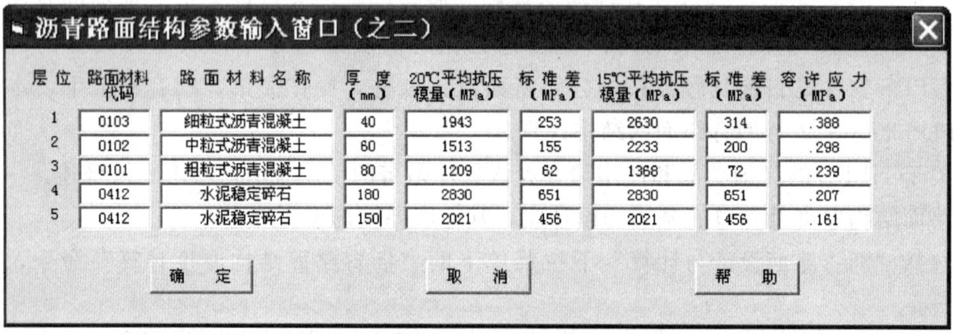

图 6.5 参数输入窗口

在图 6.4 所示窗口中，单击“计算”按钮，程序将按照式(6－9)～式(6－10)的规定自动选择计算弯沉与弯拉应力的抗压回弹模量。计算结果如下：仅考虑弯沉指标时，底基层计算厚度为 24.4cm；当同时考虑弯沉和弯拉应力指标时，底基层计算厚度为 27.3cm，取整 30cm。因此，最终确定的路面结构组合为：4cmAC－13C 细粒式沥青混凝土＋6cmAC－20C中粒式沥青混凝土＋8cmAC－25C 粗粒式沥青混凝土＋18cm5％水泥稳定碎石＋30cm3.5％水泥稳定碎石。

任务 6.7 沥青路面设计成果

知识讲解

路面结构设计的成果最终要体现在图纸上,要把设计者的意图完整、无误地表现出来,目前常用的绘图软件是 AutoCAD。此外,还应统计路面的工程数量。

6.7.1 路面结构设计图

公路路面结构设计图一般由以下几部分组成(随设计单位及设计阶段不同而略有差异)。

1. 路面结构类型表

该表一般还有以下内容。
(1) 自然区划。
(2) 路面类型。一条公路会随着所经路段的不同而采用不同的路面结构类型,比如在一般路段采用沥青混凝土路面,而在隧道内采用水泥混凝土路面。
(3) 累计当量轴次。
(4) 设计弯沉值。
(5) 路基土组。
(6) 路基干湿类型。即确定属于干燥、中湿、潮湿或过湿中的哪一类。
(7) 路段。公路的不同路段会采用不同的路面结构,比如主线、匝道、桥梁、隧道等路段的路面结构一般都会不同,因此应标明每种路面结构适应的路段。
(8) 路面结构图式。该条公路有几种路面结构就绘制几种路面结构,每个结构层均采用不同的填充图案,并标出每层的厚度,尤其应标明路基回弹模量。

2. 路面结构设计图

完整地绘制路面结构设计图,包括各结构层次的类型、厚度、道路横坡度、横断面的各组成部分及尺寸等。如果有特殊要求,还应绘制土路肩及中央分隔带的大样图。

3. 图例

本路面结构图所涉及的所有填充图案均应说明其表示何种混合料类型。

4. 说明(或注)

说明是设计图的重要组成部分,因为设计的很多内容只能用文字表述,而无法用图表描述。文字说明部分一般要包括以下内容。
(1) 要明确本图所采用的单位制。路面结构设计图一般采用厘米为单位。
(2) 说明沥青混凝土采用的沥青等级和标号(相关知识详见《公路工程材料》)。
(3) 说明黏层、封层和透层的材料和做法(相关知识详见《公路工程材料》)。
(4) 各层的验收弯沉值。

(5) 对于半刚性基层应说明其强度和压实度。
(6) 其他需要特别说明的内容。

6.7.2 编制路面工程数量表

采用 Excel 软件编制沥青混凝土路面的工程数量，包括面层、基层、底基层、垫层的总面积。编制的范围不应包括桥梁、隧道范围内的路面工程量。

**任务实施**

根据前述计算与设计成果，应用 AutoCAD 软件绘制路面结构设计图，用 Excel 软件编制工程数量表。本书仅绘制主线行车道和硬路肩路面结构，若还有其他路段不同的路面结构，应一同绘于该图中。设计成果详见 S3-20 和 S3-21。

**知识拓展**

排水沥青路面设计

拥有优良的抗滑性能、较小的交通噪声、较少的水雾等品质的路面一直是道路交通建设者所追求的目标。而排水沥青路面就是能体现这些高品质的路面结构类型，已经在许多国家广泛使用，部分国家和地区强制使用。

1. 排水沥青路面的概念

排水沥青路面又称多孔沥青路面，指压实后孔隙率在 20% 左右，能够在混合料内部形成排水通道的沥青混凝土面层。其组成主要以单一粒径碎石为主，按照嵌挤原理形成的骨架孔隙结构。此外，以改善表面抗滑能力为主的开级配表面薄层又称为开级配磨耗层、多孔隙沥青磨耗层等，基于多孔吸音原理实现降噪功能时又被称为低噪声沥青路面等。这些叫法不同的沥青混合料构成特征基本相同，但由于使用功能、描述角度和突出重点有所区别而被赋予不同名称，有时在技术上特点上也有所不同。但考虑到这些混合料的最大优越性主要集中于通过大孔隙来排水，从而极大提高雨天行驶的安全性，所以一般均称之为排水沥青路面。

排水沥青混合料中，粗集料坚硬耐磨，形成坚固的骨架。沥青采用高黏度的改性沥青结合料，排水式沥青混凝土面层既有丰富的纹理结构，又有较大的孔隙率，从而保证较高的透水能力，能迅速排除降雨期间的路表积水。

2. 排水沥青路面的功能优点

排水沥青路面的优点可以概括为 3 个方面。

1) 抗滑性能高，大幅度提高行车安全

降雨导致路面变滑，使车辆行驶不安全。这主要是因为降雨使路面表面覆盖一层水膜，车辆在道路上行驶，由于水膜的润滑作用，轮胎与路面的附着系数显著降低，导致制动失效，转向不灵。此外，降雨较大时，轮胎与路面之间的水不能立即排除，车辆行驶容易产生"水漂"现象,也会导致车辆行驶无法控制方向。

而排水沥青路面表面粗糙,构造深度大,抗滑性能高。特别是雨天,通过路面内部通道迅速排除路面积水,消除路表水膜,增加轮胎与路面之间的附着力,防止"水漂",从而极大提高行车安全性,尤其是雨天行车的安全性。

2) 改善雨天和夜间行驶的舒适性

雨天行车,普通路面的表面会形成一定厚度的水膜,当车辆跟车行驶时,前车的溅水和水雾严重影响后车的视线和路况判断,这是诱发追尾等交通事故的重大危害源。排水沥青路面的连通空隙可以迅速排除路表雨水,有效抑制雨天道路表面的溅水和起雾,提高雨天行车能见度和行车速度,从而极大改善驾驶人员的视野,促进其对路况的清晰判断,有效减少交通事故的发生。

夜间行车时,汽车前灯照射到水泥混凝土路面或密级配沥青混凝土路面上时,由于路表致密且被磨光,灯光在路表发生镜面反射,造成眩光现象,严重影响驾驶人员的视线。同等条件下,排水沥青路面的大空隙可以有效吸收汽车前灯斜射到路面的灯光,从而可以有效消除或减弱这种眩光现象,极大提高夜间行车安全。

3) 有效降低车辆轮胎与路面间摩擦产生的噪声

排水沥青路面是一种低噪声路面,彼此连通的大空隙为轮胎滚动与路面之间产生的噪声提供了消声通道。与普通密级配路面相比,排水沥青路面比密级配沥青混凝土路面可以降噪3~5dB,比水泥混凝土路面降噪6dB左右;在降雨条件下,排水沥青路面增加噪声约1.5dB,而密级配沥青混凝土路面增加噪声约4dB。由此可见,排水沥青路面在雨天时有更显著的降噪效果。

此外,由于采用骨架嵌挤结构和高黏度改性沥青,排水沥青路面的高温稳定性和耐久性均较好。

3. 排水沥青路面的构造与设计

排水沥青路面具有具有较多的功能优点,因此近几年来,杭州、武汉、南京、大连等大型城市开始尝试在城市干道中使用排水沥青路面来提升路面安全特性和降噪性能,尤其是杭州,自"一纵三横"使用排水沥青路面以来,目前排水沥青路面在城市中已得到大规模应用。本书主要介绍杭州市排水沥青路面的设计。

城市道路排水沥青路面的构造一般是采用大空隙的沥青混合料作排水表面层(最大粒径一般为13.2mm),排水表层下的中、下面层是密实型的沥青混凝土,作为不透水层,使雨天渗入到排水表层内的水横向排除到路面边缘的边沟内,然后边沟接入雨水口将水排走。城市道路排水沥青路面的常见构造如图6.6所示。

穿孔钢管钻孔纵向间距100mm,钢管之间采用套管连接。钢管剖面图如图6.7所示。

排水沥青路面的排水表层同时也作为结构层使用,其设计计算内容同普通沥青混凝土路面。

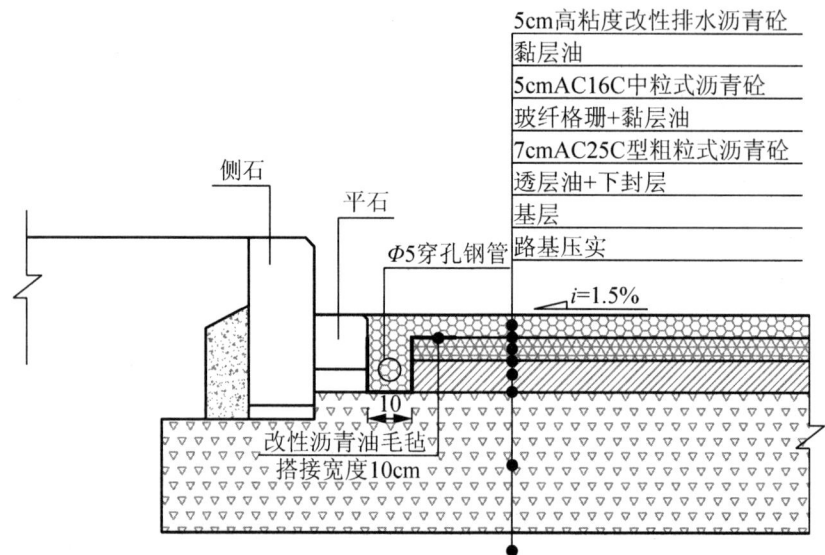

图 6.6 城市道路排水沥青路路面构造(尺寸：cm)

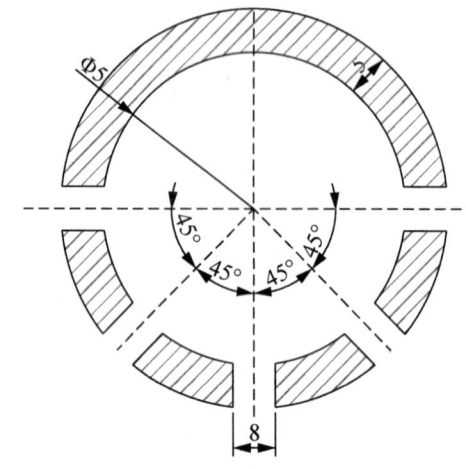

图 6.7 穿孔钢管剖面图(尺寸：mm)

4. 排水沥青表层的材料要求(参考《"一纵三横"道路整治工程排水式沥青混凝土面层(OGFC)技术规定(CJS 01—2005)》)

1) 沥青

根据不同面层结构的需要，沥青宜采用具有高温热稳定性较好、黏结性强的高黏度改性沥青。沥青应具有较小的针入度和较高的软化点和黏度，应有较好的抗裂性，避免沥青面层低温开裂。高黏度改性沥青的具体性状指标应符合表 6-17 的规定。

> **特别提示**
>
> 排水沥青混凝土孔隙率大，则外界环境因素，比如水、空气等很容易进入内部，所以为保证混合料具有良好的耐久性，应使用高黏度改性沥青。

表 6-17 高黏度改性沥青的技术要求

试验项目	标 准 值
针入度/(1/10mm)	40 以上
软化点/℃	85 以上
延度(15℃)/cm	90 以上
闪点/℃	260 以上
薄膜加热质量损失率/%	≤0.05
薄膜加热针入度比/%	65 以上
*黏韧性/(N·m)	20 以上
*韧性/(N·m)	15 以上
*60℃黏度/(Pa·s)	100 000 以上

注：*为区别于普通道路石油沥青质量要求的试验项目。

2) 粗集料

排水式沥青混合料以粗集料为主，集料的磨光值应符合设计及 GB 50092—1996 的要求。石料需有足够的强度、抗压碎性和抗冲击性应符合 GB 50092—1996 及 JTG F40—2004 的规定。为保证混合料的排水功能，石料外形应具有近似立方体的形状，针片状颗料比一般要求高，3:1 针片状颗料不超过 10%。

3) 细集料及填料

排水式沥青混合料中细集料使用量较少。细集料及石粉等与沥青之间应有较好的黏附性能。

4) 集料级配

排水式沥青混合料集料采用间断级配(又称开级配)，粗集料含量大且粒径单一，细集料含量少，结构孔隙率一般为 18%~22%，沥青用量一般为 5% 左右。目标孔隙率可根据降雨情况确定。排水式沥青混合料的集料级配宜符合表 6-18 的规定。

表 6-18 排水式沥青混合料的标准级配

筛孔(方孔筛，mm)	通过质量百分率/%		
	1	2	3
26.5	—	100	—
19.0	100	95~100	100
13.2	92~100	72~77	90~100
9.5	50~80	45~70	62~81
4.75	9~21	14~31	11~35
2.36	9~13	14~17	8~25
0.60	4~17	8~15	5~17

续表

筛孔(方孔筛,mm)	通过质量百分率/%		
	1	2	3
0.30	3~12	6~10	4~14
0.15	3~9	4~7	3~10
0.075	2~7	4~7	3~7

注：表中1、2、3分别对应3种不同的材料标准级配范围，其最大粒径 D 均为13.2mm。

5) 排水沥青混凝土的技术指标

在进行排水式沥青混凝土组成设计时，其各项试验技术指标宜符合表6-19的规定。

表6-19 排水式沥青混合料的试验技术指标

试验项目	指　标
击实次数/次	双面各50
马歇尔稳定度/kN	≥4.5
流值/0.1mm	20~40
孔隙率/%	20±2
矿料间隙率/%	≥17
残留稳定度/%	≥80
沥青滴落损失率/%	≤0.2
集料磨耗损失率/%	≤20
老化后集料磨耗损失率/%	≤20
动稳定度/(次·mm^{-1})	≥5 000
冻融劈裂试验的残留强度比/%	≥80
*透水系数/(mm·s^{-1})	≥0.1

注：*为区别于普通沥青混合料质量要求的试验项目。

5. 排水沥青路面使用中的问题

1) 结构耐久性

由于排水沥青路面大空隙的敞开性，其受水分侵蚀和光线照射等气候因素的影响更大，水稳性和抗老化性能要接受更为苛刻的考验。在这些因素作用下，排水沥青路面中沥青结合料的黏附性会逐渐降低，沥青膜逐渐从集料表面脱落，沥青混合料就更容易发生剥落、早期松散等病害。

此外，若施工时未严格按照规范要求进行摊铺碾压，或基层施工质量较差，则排水沥青路面的剥落、松散、甚至沉陷就更为突出。

2) 功能耐久性

在交通荷载作用下，路面材料或多或少地会发生压密现象，孔隙率发生衰减。同时，排水沥青路面遭遇污染后排水功能也会减弱，且恢复困难。这种污染主要是尘土堵塞空隙，可使路面失去或者部分失去排水功能。虽然国外针对这种空隙堵塞开发了一些清洗和泵吸设备，但效果不是很理想。

国外对排水沥青路面孔隙率变化和排水功能衰减进行了许多观测研究，结果表明，在环境污染较轻的高速公路和城市干道、汽车专用快速路，如果植被覆盖较好，排水沥青路面的功能维持至少可以实现3～5年，这已经可以带来非常可观的社会效益；之后，排水功能会逐渐衰减，直到最终消失，但只要不发生大的结构损坏，排水沥青路面即便在基本散失排水功能后仍然可以作为普通路面使用。

为了提高排水沥青路面的功能耐久性，日本主要从养护技术和设备方面进行了许多研究；西欧部分国家开发了双层排水沥青路面技术，据报道效果很好，荷兰已有10%的排水路面采用此种技术。我国重载交通、道路污染问题更为严重，应用排水沥青路面更应该注意功能耐久性问题，这方面我国的研究还很少。

3）排水沥青路面施工技术

好的技术也必须通过精心和高水准的施工来实现。我国沥青路面的施工仍面临着各种各样的技术问题和质量管理问题，与国外发达国家的技术尚存在差距；而排水沥青路面的实现施工环节的要求更高，更容易受施工参数波动的影响。因此，在目前排水沥青路面的推广初期，有必要实施科研院所与施工企业的联合工作模式。

项目小结

沥青混凝土路面是目前使用最广泛的路面类型，本次沥青路面设计主要包含以下内容。

(1) 沥青路面按不同的分类方法有多种类型。按矿料级配和混合料孔隙率分为连续密级配、半开级配、开级配和间断级配；按施工工艺分为层铺法、路拌法和厂拌法；按技术特性分为沥青混凝土路面、沥青碎石路面、沥青贯入式路面和沥青表面处治路面。

(2) 沥青路面设计不仅仅是厚度的计算，包含交通量实测、分析与预测，材料选择，混合料配合比设计，设计参数的测试与确定，路面结构组合设计与厚度计算，路面排水系统设计等内容。

(3) 沥青路面设计采用的标准轴载为单轴双轮组100kN，因此需把非标准轴载的作用次数按照一定的法则换算成标准轴载的作用次数，从而获得设计年限内的累计当量轴次。

(4) 沥青路面由面层、基层、底基层、垫层等结构层次组成。沥青面层可为三层、两层或单层，双层结构分为表面层和下面层，三层结构分为表面层、中面层和下面层。基层、底基层是主要的承重层，按材料性质的不同可分为柔性基层、半刚性基层和刚性基层，目前使用最广的是半刚性基层。垫层的主要作用是改善土基的水温状况。各结构层应根据所在的层位功能和作用选择合适的材料类型，各结构层的厚度除了要考虑交通、气候等因素外，还要考虑施工因素，即沥青混合料的厚度要与公称最大粒径匹配，半刚性材料层不宜设置小于15cm的薄层。

(5) 要采取各种措施加强沥青路面各层之间的黏结和减少半刚性基层的收缩开裂和反射裂缝。

(6) 沥青路面设计需要各结构层材料的设计参数，主要是模量和劈裂强度。计算层底弯拉应力时，模量的取值要考虑不利组合。

(7) 沥青路面的设计指标是设计弯沉与容许弯拉应力。根据设计年限内的累计当量轴次、实测劈裂强度,计算设计弯沉和各结构层容许弯拉应力。

(8) 高速公路、一级公路、二级公路的路面结构以路表回弹弯沉值、沥青混凝土层的层底拉应力及半刚性材料层的层底拉应力为设计指标。三级公路、四级公路的路面结构以路表设计弯沉值为设计指标。设计的路面结构应使路表回弹弯沉小于或等于设计弯沉,各结构层的弯拉应力小于或等于容许弯拉应力,采用 HPDS 软件计算或验算路面厚度。

(9) 运用 AutoCAD 软件绘制沥青路面结构设计图和运用 Excel 编制路面工程数量表。

(10) 介绍了排水沥青路面的设计。

习　题

一、单选题

1. 密实式沥青混凝土混合料(AC)根据(　　)的不同,分为粗型和细型。
   A. 最大粒径　　　　　　　　B. 关键性筛孔通过率
   C. 公称最大粒径　　　　　　D. 孔隙率

2. 沥青路面设计中,车道累计当量轴次 Ne 是指(　　)。
   A. 单车道双向交通量
   B. 设计年限内一个车道累计当量轴次
   C. 设年限内双车道双向累计当量轴次
   D. 设计年限内总交通累计当量轴次

3. 某公路,沥青路面表面层厚度为 4cm,则可采用的沥青混凝土类型为(　　)。
   A. AC—13　　B. AC—20　　C. AC—25　　D. AC—16

4. 沥青路面结构各层次中,主要起改善土基水温状况的是(　　)
   A. 面层　　　B. 基层　　　C. 垫层　　　D. 底基层

5. 沥青路面结构各层次中,最主要的承重层是(　　)。
   A. 面层　　　B. 基层　　　C. 垫层　　　D. 底基层

6. 半刚性材料层一层的压实厚度不宜小于(　　)cm。
   A. 20　　　　B. 15　　　　C. 10　　　　D. 25

7. 我国沥青路面设计规范规定路面设计指标是(　　)。
   A. 弯沉指标、弯拉应力指标
   B. 弯沉指标、剪切指标、平整度指标
   C. 弯沉指标、弯拉应力指标、抗滑指标
   D. 弯沉指标、弯拉应力指标、剪切指标

8. 在沥青路面设计中,路面弯沉的计算点为图 6.8 所示的(　　)。
   A. 1点　　　B. 2点　　　C. 3点　　　D. 4点

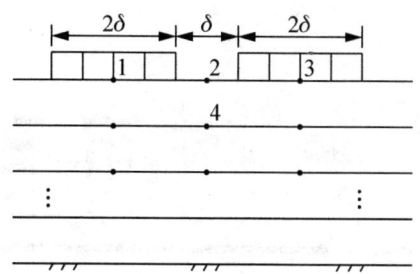

图 6.8 弯沉计算图式

9. 沥青面层中,哪层所受的剪切应力最大( )。
A. 表面层　　　B. 中面层　　　C. 下面层　　　D. 不一定
10. 我国沥青路面设计是以双圆垂直均布荷载作用下的( )体系作为设计理论。
A. 板体　　　B. 弹性层状　　　C. 弹性地基板　　　D. 弹性半空间

二、简答题

1. 简述 AM、ATB 与 ATPB 3 种沥青碎石的异同及应用。
2. 简述累计当量轴次的计算步骤。
3. 简述沥青面层各个层次的功能以及常用类型。
4. 简述减少半刚性基层收缩开裂及防止反射裂缝的措施。
5. 简述加强沥青路面各结构层层间结合的措施。

三、思考题

试述半刚性基层沥青路面的优缺点。

项目 7

水泥混凝土路面设计

教学目标

通过本项目任务的学习,了解水泥混凝土路面的特点,水泥混凝土路面的类型、组成、设计内容和设计方法;掌握临界荷位处所受的标准轴载累计作用次数的计算方法;掌握水泥混凝土路面组合设计的方法和内容;熟悉水泥混凝土路面面层厚度的计算方法;掌握水泥混凝土路面接缝的构造和布设要求;熟练应用软件进行路面结构设计图的绘制和工程数量表的编制。

教学要求

能力目标	知识要点	权重
了解水泥路面的特点	水泥路面的结构特征和优缺点	5%
了解水泥路面的类型、组成、设计内容和方法	水泥路面的设计内容和方法	5%
掌握标准轴载累计作用次数的计算方法	设计基准期、轴载换算方法	15%
掌握水泥路面组合设计	路基、垫层、基层、面层、路肩和路面排水	20%
熟悉水泥路面面层厚度的计算	疲劳极限状态方程、荷载疲劳应力、温度疲劳应力和临界荷位	15%
掌握水泥路面接缝的构造和布设	横向接缝、纵向接缝和端部处理	25%
能熟练进行路面结构图的绘制和工程量表的编制	绘制水泥路面设计图和计算路面工程量	15%

▶▶引例

尽管在高速公路路面结构中水泥混凝土路面所占的比例不高,但是由于它的强度高、耐久性能好,表面不产生车辙,在很多场合人们还是优选水泥混凝土路面。图 7.1 所示为某道路水泥混凝土路面,图 7.2 所示为水泥混凝土路面的接缝。

图 7.1　某道路水泥混凝土路面

图 7.2　水泥混凝土路面的接缝

任务 7.1　认识水泥混凝土路面

7.1.1　水泥混凝土路面类型和特点

水泥混凝土路面是指以水泥混凝土做面层(配筋或不配筋)的路面,这种路面结构具有刚度大、强度高等力学特性,因此也被称为刚性路面。根据面层组成材料或施工方法的不同,可分为普通水泥混凝土路面、钢筋混凝土路面、连续配筋混凝土路面、钢纤维混凝土路面、复合式路面和水泥预制块路面等。目前使用最广泛的是除路面接缝区和局部范围外,面层内均不配钢筋的普通混凝土路面。

1. 水泥混凝土路面的结构特征

作为刚性路面的水泥混凝土路面同柔性路面相比有其自己的特性。首先,混凝土路面板的弹性模量及力学强度大大高于基层和土基的相应模量和强度;其次,混凝土的抗弯拉强度远小于抗压强度,为其 1/7~1/6,因此取水泥混凝土板的弯拉强度作为设计指标;同时,由于混凝土板与基层或土基之间的摩阻力一般不大,所以在力学图式上可把水泥混凝土路面结构看做是弹性地基板,用弹性地基板理论进行分析计算。

由于混凝土的抗弯拉强度比抗压强度低得多,在车轮荷载作用下当弯拉应力超过混凝土的极限抗弯拉强度时,混凝土板便产生断裂破坏,且在车轮荷载的重复作用下,由于疲劳效应,混凝土板会在低于其极限抗弯拉强度时出现破坏。此外,由于板顶面和底面的温差会使板产生温度翘曲应力,板的平面尺寸越大,翘曲应力也越大。另外,水泥混凝土又是一种脆性材料,它在断裂时的相对拉伸变形很小。因此,在荷载作用下土基和基层的变形情况对混凝土板的影响很大,不均匀的基础变形会使混凝土板与基层脱空,在车轮荷载作用下板产生过大的弯拉应力而遭破坏。

因此,为使路面能够经受车轮荷载的多次重复作用、抵抗温度翘曲应力并对地基变形有较强的适应能力,混凝土板必须具有足够的抗弯拉强度和厚度。

水泥混凝土路面在行车荷载和环境因素的作用下可能出现的破坏类型主要有:①断裂;②唧泥;③错台;④拱起;⑤接缝挤碎等。从水泥混凝土路面的几个主要破坏类型可以看出,影响混凝土路面的使用性能的因素是多方面的,如轮载、温度、水分、基层、接缝构造、材料以及施工和养护情况等。从保证路面结构承载能力的角度,混凝土路面结构设计应以防止面层板断裂为主要设计标准;从保证汽车行驶性能的角度,应严格控制接缝两侧的错台量。产生断裂、错台等的原因是多方面的,如基层的冲刷和排水条件。因此,进行混凝土路面设计时必须从多方面采取措施来保证它的使用寿命。

混凝土路面在经受到车轮荷载重复作用的同时,还经受大气温度周期性变化的影响。因此,混凝土路面板的疲劳破坏不仅与荷载重复次数有关,而且与温度周期性变化产生的温度翘曲应力重复作用有关。因此,为了防止路面板在两种因素的综合作用下产生疲劳开裂,必须使荷载疲劳应力(σ_{pr})与温度疲劳翘曲应力(σ_{tr})之和不超过混凝土的抗弯拉强度(f_r)。

2. 水泥混凝土路面的优点

与其他类型路面相比,混凝土路面具有以下优点。

(1) 强度高,混凝土路面具有很高的抗压强度和较高的抗弯拉强度以及抗磨耗能力。

(2) 稳定性好,混凝土路面的水稳性、热稳性均较好,特别是它的强度能随着时间的延长而逐渐提高,不存在沥青路面的那种"老化"现象。

(3) 耐久性好,由于混凝土路面的强度和稳定性好,所以它经久耐用,使用年限一般为 30 年,而且它能通行包括履带式车辆等在内的各种运输工具。

(4) 有利于夜间行车,混凝土路面色泽鲜明,能见度好,对夜间行车有利。

(5) 耐磨性好,水泥混凝土路面在较长时间内能保持较好的路面使用品质。

(6) 养护费用少。

3. 水泥混凝土路面的缺点

同时,混凝土路面也存在一些缺点,主要有以下几方面。

(1) 对水泥和水的需要量大,修筑 0.2m 厚、7m 宽的混凝土路面,每 1 000m 要耗费水泥 400~500t 和水约 250t,尚不包括养生用的水在内,这给水泥供应不足和缺水地区带来较大困难。

(2) 有接缝,一般混凝土路面要建造许多接缝,这些接缝不但会增加施工和养护的复杂性,而且容易引起行车跳动,影响行车的舒适性,接缝又是路面的薄弱点,如果处理不当,将导致路面板边和板角处被破坏。

(3) 开放交通较迟,一般混凝土路面完工后,要经过 28 天的湿治养护,才能开放交通,如需提早开放交通,则需采取特殊措施。

(4)修复困难,混凝土路面损坏后,开挖很困难,修补工作量也大,且影响交通。
(5)与沥青路面相比,噪声大。

7.1.2 水泥混凝土路面组成

水泥混凝土路面由面层、基层、垫层、路肩结构和排水设施等组成,如图7.3所示。图中左半侧为未设路面内部排水设施和采用沥青路肩的路面结构,右半侧为设置路面内部排水设施和采用水泥混凝土路肩的路面结构。

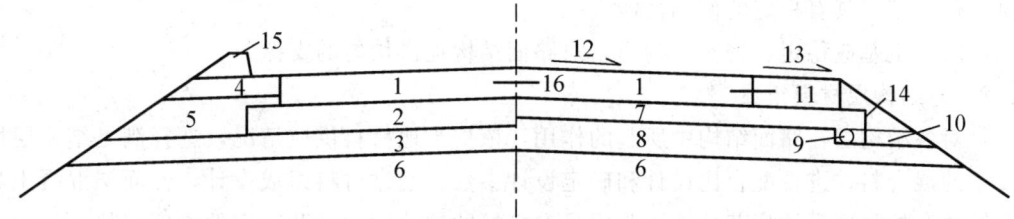

图7.3 水泥混凝土路面结构

1—面层;2—基层;3—垫层;4—沥青路肩面层;5—路肩基层;6—路床;
7—排水基层;8—不透水垫层(或反滤层);9—纵向集水沟和水管;
10—横向排水管;11—水泥混凝土路肩面层;12—路面横坡;13—路肩横坡;
14—反滤织物;15—拦水带;16—拉杆

7.1.3 水泥混凝土路面设计内容和方法

水泥混凝土路面设计应根据道路的使用任务、性质和要求,结合当地气候、水文、土质、材料、施工技术、实践经验以及环境保护要求,通过技术经济分析,以最低的寿命周期费用提供一种合适的路面结构。该路面结构在设计使用期内能按规定的可靠度水平承受预期的交通荷载作用,并同所处的自然环境相适应,满足预定的使用性能要求。

1. 路面设计内容

水泥混凝土路面在交通荷载和自然环境不断作用下,可能会出现断裂、唧泥和错台以及接缝碎裂等结构性损坏。有些损坏是由于结构组合或材料组成不当造成的,有些损坏是由于板厚或混凝土板强度不足造成的。因此,水泥混凝土路面设计必须从结构、材料等多方面采取措施,来保证在预定的使用年限内路面不恶化到某一规定的程度。水泥混凝土路面设计应包括如下内容。

1) 路面结构组合设计

水泥混凝土路面结构层的组合设计应根据该路的交通繁重程度,结合当地环境条件和材料供应情况,选择安排混凝土路面的结构层层次,包括土基、垫层、基层和面层的结构组合设计,各层的路面结构类型、弹性模量和厚度。技术先进、工程经济合理的路面结构组合设计方案应能保证混凝土路面板在设计使用期内能承受交通荷载作用,提供良好的路用品质，其设计过程与沥青路面结构组合设计相仿。有关基层、垫层的设置和抗冻的要求均应符合现行有关规范的规定。

水泥混凝土面板要求具有较高的弯拉强度，表面平整、抗滑、耐磨。常选用的面板类型有普通混凝土路面、钢筋混凝土路面、连续配筋混凝土路面、钢纤维混凝土路面、混凝土块料路面等。

基层和垫层有粒料类（碎石、沙砾）、稳定类（水泥、石灰、工业废渣）和贫混凝土三大类，分别具有不同的刚度、冲刷能力和透水性。在重交通的道路上，选用水泥稳定类或贫混凝土作为基层具有良好的使用性能。

同时，土基应稳定、密实、匀质，对路面结构提供均匀的支撑。

2）各结构层材料组成

针对各结构层在路面结构中所起的作用，依据当地材料供应情况，选择满足结构层性能要求的混合料，进行配合比设计和确定设计参数。通过材料组成设计，使面层混凝土具有足够的弯拉强度及抗疲劳性能，基层具有良好的抗冲刷性能和一定的刚度，垫层达到要求的稳定性及一定的刚度。

> **特别提示**
>
> 材料组成设计内容详见《公路工程材料》。

3）面层接缝构造和钢筋配置

根据混凝土面层内产生的荷载应力和温度应力进行面层的平面尺寸设计。依据接缝的作用，选择缩缝、胀缝或施工缝等类型，确定接缝的间距，布设接缝的位置，设计接缝的构造，包括传力杆、拉杆的布置及确定填缝的材料，目的是提高接缝传荷能力。当混凝土路面板较长或交通量较大、地基有不均匀沉降或板的形状不规则时，可沿板的纵向加设钢筋，在角隅处加设角隅钢筋或钢筋网，以阻止可能出现的裂缝。

4）面层厚度设计

根据公路等级、交通情况、材料类型与参数及当地的气候水文地质条件，按设计标准的要求，确定满足设计使用期内使用要求所需的混凝土面层厚度。

5）路面排水设计

根据路面排水要求及路面排水或内部排水设施的作用与设置条件，选择路面结构排水系统的布设方案，确定排水设施的构造尺寸和材料规格的要求。

6）路肩设计

高速公路和一级公路中间带和路肩路缘带的结构应与行车道的混凝土路面相同，并与行车道部分的混凝土面板浇筑成整体。路肩可采用水泥混凝土面层或沥青混合料面层，其基（垫）层结构应满足行车道路面结构和排水的要求。一般公路的混凝土路面应设置路缘石或加固路肩，路肩加固可采用沥青混合料或其他材料。

此外，面层还应具有抗滑、耐磨、平整及减轻车辆轮胎噪声等表面特性。

2. 路面结构设计方法

混凝土路面结构设计理论主要探讨如何建立路面结构在荷载和环境因素作用下的力学响应的定量模型。路面结构设计方法大致可分为经验法和半经验半解析法。水泥混凝土路面设计方法自一开始便明显地反映出路面的承重结构特性，因此大部分国家的水泥混凝土路面设计方法都采用半经验半解析法，我国也不例外。

按设计指标和参数分为确定型或概率型，路面结构设计方法可分为确定型设计法和概率型设计法。确定型设计法是水泥混凝土路面传统的设计方法，即输入定值的材料和结构参数、交通参数及环境参数等，通过结构计算得到在设计使用期内满足控制疲劳断裂要求所需的面层厚度。我国1994版《公路水泥混凝土路面设计规范》采用的设计方法即为一种确定型的设计方法。而由确定型向概率型过渡在我国2002版《公路水泥混凝土路面设计规范》中已经得到初步实现。概率型设计方法引入可靠度的概念，将路面结构设计、施工中各项因素的实际变异性通过可靠概率加以控制，也就是实现设计与施工实践的统一，理论与实践的统一。

任务7.2　交通荷载计算

知识讲解

同沥青路面一样，水泥路面结构所承受的也是交通荷载的多次重复作用，路面的破坏也是累积的疲劳损伤引起的，交通荷载的计算包括交通荷载的大小和累计作用次数的确定两方面内容。

7.2.1　标准轴载

与沥青路面相同，水泥路面设计的交通荷载采用统一的标准轴载表示，即双轮组单轴载100kN，标准轴载的计算参数同表6-1。

7.2.2　设计基准期

水泥路面设计基准期是计算路面结构可靠度时，考虑各项基本度量与时间关系所取用的基准时间，也可理解为保证路面结构达到规定可靠度指标的有效时间。

水泥混凝土路面设计基准期与公路等级有关，可根据公路在路网中的功能定位、当地国民经济发展的需求以及投资条件等因素，经综合论证后确定，通常可参照表7-1选定。

表7-1　各级公路的水泥路面设计基准期

公路等级	设计基准期/年	公路等级	设计基准期/年
高速公路、一级公路	30	三级公路	20
二级公路	20	四级公路	20

7.2.3 轴载换算

路面设计以累计标准轴载作用次数下水泥混凝土面层产生的疲劳断裂为指标,因此不同轴载的作用次数应按照一定的法则换算成标准轴载的作用次数,而得到当量轴次。轴载换算公式是以等效疲劳损坏原则导出的。

不同轴—轮型和轴载的作用次数按式(7-1)换算为标准轴载的作用次数。

$$N_s = \sum_{i=1}^{n} \delta_i N_i \left(\frac{P_i}{100}\right)^{16} \quad (7-1)$$

$$\delta_i = 2.22 \times 10^3 P_i^{-0.43} \quad (7-2)$$

或

$$\delta_i = 1.07 \times 10^{-5} P_i^{-0.22} \quad (7-3)$$

或

$$\delta_i = 2.24 \times 10^{-8} P_i^{-0.22} \quad (7-4)$$

式中 N_s——100kN 的单轴—双轮组标准轴载的作用次数;

P_i——单轴—单轮、单轴—双轮组、双轴—双轮组或三轴—双轮组轴型 i 级轴载的总重,kN;

n——轴型和轴载级位数;

N_i——各类轴型 i 级轴载的作用次数;

δ_i——轴—轮型系数,单轴—双轮组时,$\delta_i = 1$;单轴—单轮时,按式(7-2)计算;双轴—双轮组时,按式(7-3)计算;三轴—双轮组时,按式(7-4)计算。

7.2.4 设计基准期内累计当量轴次

1. 交通调查与轴载分析

利用当地交通量观测站的观测和统计资料,或者通过设立站点进行交通量观测,获取设计公路的初期年平均日交通量(双向)和车辆组成数据,并剔除 2 轴 4 轮以下的客、货车辆交通量,得到初期年平均日货车交通量(双向)。

> **特别提示**
>
> 轻型车对水泥混凝土路面的疲劳损伤可以不计,所以将 2 轴 4 轮以下的轻型客货车交通量剔除不计。

调查分析双向交通的分布情况,选取交通量方向分配系数,一般可采用 0.5。公路通行车辆在横断面上的分布是不均匀的,根据统计规律,车道数不同,分布概率也不同,出于安全考虑,将分布概率集中的车道作为设计车道,该分布概率即为车道分配系数,按表 7-2 取值。

表 7-2 交通量车道分配系数

单向车道数	1	2	3	≥4
车道分配系数	1.0	0.8~1.0	0.6~0.8	0.5~0.75

注:交通量大时,取低值;交通量小时,取高值。

因此，经过上述调查获得的双向年平均日货车交通量，还应乘以方向系数和车道分配系数才能得到设计车道在设计基准期初期的年平均日货车交通量（ADTT）。

对于设计基准期内交通量的年平均增长率g_r，可按公路等级和功能以及所在地区的经济和交通发展情况，通过调查分析，预估设计基准期内的交通增长量，然后确定。

路面设计中需要的是车辆标准轴载作用次数，因此，与沥青路面设计中的轴载换算相似，在水泥混凝土路面设计中，也需将车辆数（即ADTT）按照一定的方法折算成标准轴载作用次数，一般有下述两种方法。

1）轴载当量换算系数法

统计1 000辆2轴6轮以上客货车辆中单轴、双联轴和三联轴3种轴型分别出现的次数，并分别称重。称重测定资料分别按轴型和轴重级位整理，得到各种轴型的轴载谱。单轴轴载按10kN分级，双联轴和三联轴轴载按20kN分级。各种轴型不同轴载级位的标准轴载当量换算系数按式(7-5)计算确定。

$$k_{p,ij} = \delta_{ij} \left(\frac{P_{ij}}{100} \right)^{16} \quad (7-5)$$

式中 $k_{p,ij}$——各种轴型不同轴载级位的标准轴载当量换算系数；

P_{ij}——i种轴型j级轴载的轴重，kN；

i——轴型；

j——轴载级位；

δ_{ij}——i种轴型j级轴载的轴—轮型系数，按式(7-2)~(7-4)确定。

则根据轴载谱和轴载当量换算系数$k_{p,ij}$，可按式(7-6)计算得到设计车道使用初期的标准轴载作用次数。

$$N_s = \frac{ADTT}{1\ 000} \sum_i \left[n_i \sum_j (k_{p,ij} \times p_{ij}) \right] \quad (7-6)$$

式中 N_s——设计车道使用初期的标准轴载日作用次数；

n_i——每1 000辆2轴6轮以上客货车辆中i种轴型出现的次数；

p_{ij}——i种轴型j级轴载的频率（以分数计）。

2）车辆当量轴载系数法

将2轴6轮以上客、货车辆分为三大类：整车类，细分为单后轴货车、双后轴货车和大客车3类；半挂车类，细分为3轴、4轴、5轴和5轴以上3类；全挂车类，细分为4轴、5轴、6轴和6轴以上3类。各类车辆的轴型分为单轴、双联轴和三联轴3种。

称重测定资料分别按车型和轴型整理得到相应的轴载谱。单轴轴载按10kN分级，双轴轴载和三轴轴载按20kN分级。各类车辆的当量轴载系数按式(7-7)计算确定。

$$k_{p,k} = \sum_i \left(\sum_j (k_{p,ij} \times p_{ij}) \right) \quad (7-7)$$

式中 $k_{p,k}$——车辆当量轴载系数；

k——车辆类型；

p_{ij}——i种轴型j级轴载的频率（以分数计）。

由各类车辆的组成数据可按式(7-8)计算得到标准轴载日作用次数。

$$N_s = ADTT \times \sum_{k}(k_{p,k} \times p_k) \qquad (7-8)$$

式中 N_s——设计车道使用初期的标准轴载日作用次数；

p_k——k 类车辆组成比例(以分数计)。

2. 标准轴载累计当量作用次数

设计基准期内水泥混凝土面层临界荷位处所受的标准轴载累计作用次数可按式(7-9)计算确定。

$$N_e = \frac{[(1+g_r)^t - 1] \times 365}{g_r} \cdot N_s \cdot \eta \qquad (7-9)$$

式中 N_e——标准轴载累计作用次数；

t——设计基准期；

g_r——交通量年平均增长率；

η——临界荷位处的车辆轮迹横向分布系数，按表 7-3 选用。

表 7-3 车辆轮迹横向分布系数

公路等级		纵缝边缘处
高速公路、一级公路、收费站		0.17～0.22
二级及二级以下公路	行车道宽>7m	0.34～0.39
	行车道宽≤7m	0.54～0.62

注：车道或行车道宽或者交通量较大时，取高值；反之，取低值。

> **特别提示**
>
> 年增长率一般在 2%～6%范围内变动。所确定的年增长率应控制在设计基准期末的交通量不超出车道通行能力的合理范围。

7.2.5 水泥混凝土路面交通等级划分

水泥混凝土路面所承受的轴载作用按设计基准期内设计车道所承受的标准轴载累计作用次数分为 4 级，分级范围见表 7-4。

表 7-4 交通分级

交通等级	特重	重	中等	轻
设计车道标准轴载累计作用次数 $N_e(10^4)$	>2 000	100～2 000	3～100	<3

任务实施

表 6-5 和表 6-6 提供了近期交通量和代表车型轴载，本书将根据这两个表近似计算

标准轴载累计作用次数。因水泥混凝土路面设计基准期为30年,交通量年增长率取5%,比计算沥青路面的标准轴载累计作用次数时略小。交通方向分配系数取0.5,本公路单向两车道,车道分配系数取0.9。

表6-5所列的各类车辆均为2轴6轮以上,因此计算累计标准轴载作用次数时均应计入。其中,单后轴货车占37.0%,双后轴货车占29.1%,大客车占21.2%;4轴挂车类占9.52%,5轴挂车类占3.17%。

则初期年设计车道的年平均日货车交通量为

$$ADTT = 1\,890 \times 0.5 \times 0.9 = 851(辆)$$

下面以整车类为例,计算整车类的车辆当量轴载系数。

整车类的单后轴货车

$$k_{p,1} = \delta_{11}\left(\frac{P_{11}}{100}\right)^{16} p_{11} + \delta_{12}\left(\frac{P_{12}}{100}\right)^{16} p_{12} + \delta_{13}\left(\frac{P_{12}}{100}\right)^{16} p_{13} + \delta_{14}\left(\frac{P_{12}}{100}\right)^{16} p_{14}$$

$$= 2.22 \times 10^3 \times 23.7^{-0.43} \times \left(\frac{23.7}{100}\right)^{16} \times 0.429 + 1 \times \left(\frac{68.7}{100}\right)^{16} \times 0.429 +$$

$$2.22 \times 10^3 \times 24^{-0.43} \times \left(\frac{24}{100}\right)^{16} \times 0.571 + 1 \times \left(\frac{48}{100}\right)^{16} \times 0.571$$

$$= 1.06 \times 10^{-3}$$

同理可求出,整车类的双后轴货车 $k_{p,2} = 1.44$;整车类的大客车 $k_{p,3} = 5.46 \times 10^{-3}$;挂车类的4轴 $k_{p,4} = 5.44$;挂车类的5轴 $k_{p,5} = 1.72$。

这样就可以计算出初期年设计车道的标准轴载日作用次数

$$N_s = ADTT \times \sum_k (k_{p,k} \times p_k)$$

$$= 851 \times (1.06 \times 10^{-3} \times 0.37 + 1.44 \times 0.291 + 5.46 \times 10^{-3} \times 0.212 +$$

$$5.44 \times 0.0952 + 1.72 \times 0.0317)$$

$$= 845$$

则设计基准期内水泥混凝土面层临界荷位处所承受的标准轴载累计作用次数为

$$N_e = \frac{[(1+g_r)^t - 1] \times 365}{g_r} \times N_s \times \eta = \frac{[(1+0.05)^{30} - 1] \times 365}{0.05} \times 845 \times 0.2 = 409.8 \times 10^4$$

根据累计当量轴次的计算结果,按照表7-4的规定,确定本公路交通等级为重交通。

特别提示

上述过程为近似计算,并未严格按照轴载谱进行准确的计算。

任务7.3 水泥混凝土路面结构组合设计

知识讲解

水泥混凝土路面通常由水泥混凝土面层、基层、垫层、路基、路肩等部分组成。路面结构组合设计应根据道路的交通繁重程度，结合当地环境条件和材料供应情况，选择水泥混凝土路面的结构层次，包括路基、垫层、基层、面层和路肩的结构类型和厚度，以组合成能够提供均匀、稳定的支撑，防止或减轻唧泥、错台等病害，承受预期的交通荷载作用，满足使用性能要求的路面结构。

7.3.1 路基

水泥混凝土面层刚度大，具有良好的荷载扩散能力，通过水泥混凝土路面结构传到路基顶面的荷载应力很小，一般不会超过 0.05MPa，因此对路基承载力的要求并不是很高。但水泥混凝土是一种脆性材料，对土基变形适应能力很差，当路基出现不均匀变形时，混凝土面层与下卧层之间会出现局部脱空，面层应力会由此增加，从而导致面层板的断裂。因此，要求路基应稳定、密实、匀质，为路面结构提供均匀的支撑，即路基在环境和荷载作用下产生的不均匀变形小。

路基的不均匀变形主要在下述情况下出现：①软弱地基的不均匀沉降；②填挖交替或新老填土交替；③季节性冰冻地区的不均匀沉降；④填土因压实不足而引起的压密变形，受湿度变化影响而产生的膨胀收缩变形。为控制路基的不均匀变形，必须在地基、填料、压实等方面采取相应的措施。

路基设计标高应尽可能超过中湿状态的路基临界高度，使路床处于中湿或干燥状态。在设计标高受限制，未能达到中湿状态的路基临界高度时，应选用粗粒土或低剂量石灰或水泥稳定细粒土做路床或上路床填料；未能达到潮湿状态的路基临界高度时，除采用上述填料措施外，还应采取在边沟下设置排水渗沟等降低地下水位的措施。

高液限黏土及含有机质细粒土不能用做高速公路和一级公路的路床填料或二级和二级以下公路的上路床填料；高液限粉土及塑性指数大于16或膨胀率大于3%的低液限黏土不能用做高速公路和一级公路的上路床填料。因条件限制而必须采用上述土做填料时，应掺加石灰或水泥等结合料进行改善。

> **特别提示**
>
> 《公路路基设计规范》对公路路床填料的CBR值均给出了明确要求，根据这些要求以及各类土的CRB经验值，提出了上述各级公路路床土填料选择的最低要求。
>
> 膨胀率定义为在CBR试验中，试件浸水4d后的高度与未浸水前的高度之比，以百分率表示。按膨胀率的大小，土可分为不膨胀的（膨胀率不大于2%）、中等膨胀的（膨胀率为2%～4%）和高膨胀的（膨胀率大于4%）3级。

路基压实度应符合《公路路基设计规范》（JTG D30—2004）的要求。岩石或填石路床的顶面应铺设整平层。整平层可采用未筛分碎石和石屑或低剂量水泥稳定粒料，其厚度视路床顶面不平整程度而定，一般为100～150mm。

7.3.2 垫层

为了改善土基的湿度和温度状况，以保证面层和基层的强度、刚度和稳定性不受土基水温状况变化所造成的不良影响，通常采用水稳性和隔热性较好的材料在基层和土基之间修筑垫层，按用途分为防冻垫层、排水垫层和加固垫层等。遇有下述情况时，需在基层下设置垫层。

（1）在季节性冰冻地区，路面总厚度小于最小防冻厚要求（表7-5）时，其差值应以垫层厚度补足。

（2）水文地质条件不良的土质路堑，当路床土湿度较大时，宜设置排水垫层。

（3）当路基可能产生不均匀沉降和不均匀变形时，可加设半刚性垫层。

修筑垫层的材料，强度要求并不一定很高，但水稳性和隔温性要好。防冻垫层和排水垫层宜采用砂、沙砾等颗粒材料，其材料组成应符合相关规范的要求。加固垫层一般采用半刚性垫层，可采用低剂量无机结合料稳定粒料或土。

垫层的宽度应与路基相同，其最小厚度为150mm。

表7-5 水泥混凝土路面最小防冻厚度

路基干湿类型	路基土质	当地最大冰冻深度/m			
		0.50～1.00	1.01～1.50	1.51～2.00	＞2.00
中湿路基	低、中、高液限黏土	0.30～0.50	0.40～0.60	0.50～0.70	0.60～0.95
	粉土，粉质低、中液限黏土	0.40～0.60	0.50～0.70	0.60～0.85	0.70～1.10
潮湿路基	低、中、高液限黏土	0.40～0.60	0.50～0.70	0.60～0.90	0.75～1.20
	粉土，粉质低、中液限黏土	0.45～0.70	0.55～0.80	0.70～1.00	0.80～1.30

注：① 对于冻深小或填方路段，或者基、垫层为隔温性能良好的材料，可采用低值；对于冻深大或挖方及地下水位高的路段，或者基、垫层为隔温性能差的材料，应采用高值。

② 对于冻深小于0.50m的地区，一般不考虑结构层防冻厚度。

7.3.3 基层

人们对基层的认识随着生产的发展而不断加深。在早期，世界各国对水泥混凝土板下是否设置基层的问题并不重视。而从20世纪40年代中期开始，各国从水泥混凝土路面遭受破坏的经验教训中开始普遍认识到混凝土路面大多由于土基不稳定而产生唧泥和冻涨，同时由于行车轮迹在路面上大多分布不均，土基产生不均匀塑性变形累积而下沉，再加上路面板在温度、湿度坡差作用下的翘曲，形成板与土基间局部脱空，从而产生大量开裂和接缝处的错台现象。

美国公路研究委员会研究认为，"自由水"、"细粒土"和"频繁的重轮载"是产生唧泥、错台损坏的3个要素。在土基和混凝土面板之间修筑适当的基层可以降低车辆荷载对土基的压力，割断或减轻地面水对土基的作用，从而能有效地防止唧泥现象的发生。

因此，在水泥混凝土路面整体结构中，路面板、基层（垫层）和土基之间是相互依存、互为因果的关系。基层作为路面板与土基之间的中间层次，具有调节、补充路面板与土基之间的关系，使路面整体结构具有比较经济、合理的功能。

综合分析水泥混凝土路面中的基层，其作用主要有如下几个。

(1) 调节路面板和土基之间的受力状态，使土基在规定的路面使用期限内不发生过大的累积变形，以便使路面板在有均匀、坚实、稳定支撑的基础上保证其正常使用寿命。

(2) 缓和或降低水温变化对土基的影响，防止唧泥、冻涨现象的发生，从而避免路面板由此引起的断裂、破坏。

> **特别提示**
>
> 唧泥是在混凝土板的接缝、裂缝和边缘部位，土和水的混合物在车轮荷载反复作用下发生的强制性位移。唧泥是导致路面板因失去均匀支撑而被破坏的重要因素之一。修筑基层能有效防止唧泥，同时也是防止路面受土基不均匀冻涨而被破坏的重要措施之一。

(3) 提高路面整体结构的强度，改善路面板的工作条件。坚实的基层具有良好的承载、扩散荷载的作用，同时坚实的基层还具有较好的传递接缝处荷载的能力，从而减小接缝处路面板的弯矩和应力，改善路面板的工作条件。

(4) 改善施工条件，保证路面的施工质量。不论小型机具施工还是大型成套摊铺机机械施工，坚实稳定的基层可以保护已经碾压平整的土基，也有利于保证路面混凝土的浇筑质量。

唧泥、错台和断板等是混凝土路面结构最常见的损坏形式，而这些破坏形式都与基层的抗冲刷能力有直接的关系。所以，对水泥混凝土面层下的基层来说，抗冲刷能力是其首要的要求。不耐冲刷的基层表面在渗入水和荷载的共同作用下，会产生唧泥、板底脱空和错台等病害，导致行车的不舒适，并加速和加剧板的断裂。

此外，提高基层的刚度有利于改善接缝的传荷能力，所以基层还应具有一定的刚度。不过，提高基层刚度所起的有利作用只有在基层未受冲刷的前提下才能得到保证。

基层的抗冲刷能力取决于基层材料中结合料的性质和含量以及细料的含量。此外，交通繁重程度也影响到基层受冲刷的程度以及唧泥和错台出现的可能性和程度。根据这些要求，按交通等级和基层的抗冲刷能力提出的各交通等级宜选用的基层类型见表7-6。

表7-6 适宜各交通等级的基层类型

交通等级	基层类型
特重交通	贫混凝土、碾压混凝土或沥青混凝土基层
重交通	水泥稳定粒料或沥青稳定碎石基层
中等或轻交通	水泥稳定粒料、石灰粉煤灰稳定粒料或级配粒料基层

基层的厚度一般取20cm左右，最小厚度为15cm，最大厚度一般以不超过30cm为宜，过分强调基层的支撑强度，试图通过增加基层来减薄路面板厚度的想法是不恰当的，也是不经济的。根据形成结构层、方便施工（单层摊铺碾压）或排水要求等因素，表7-7给出了各类基层的建议厚度范围，并按设计轴载数多少和路床强弱选择基层厚度。

特别提示

提高基层的强度或刚度，对于降低面层的应力或者减薄面层的厚度影响很小，因此，混凝土面层下的基层不必很厚。

表 7-7 各类基层厚度的适宜范围

基层类型	厚度适宜范围/mm
贫混凝土或碾压混凝土基层	120～200
水泥或石灰粉煤灰稳定粒料基层	150～250
沥青混凝土基层	40～60
沥青稳定碎石基层	80～100
级配粒料基层	150～200
多孔隙水泥稳定碎石排水基层	100～140
沥青稳定碎石排水基层	80～100

基层的宽度应比混凝土面层每侧至少宽出 300mm（采用小型机具施工时）或 500mm（轨模式摊铺机施工时）或 650mm（滑膜式摊铺机施工时）。路肩采用混凝土面层，其厚度与行车道面层相同时，基层宜与路基同宽。级配粒料类基层也宜与路基同宽。

通过接缝或裂缝渗入路面结构内的水量相当大。因此，在湿润和多雨地区，路基为低透水性细粒土的高速和一级公路或者承受特重或重交通的二级公路，宜采用排水基层和纵向边缘排水系统排出渗入水，以减少渗入水对基层的冲刷作用，从而降低唧泥、错台和板底脱空等病害出现的可能和程度。排水基层可选用多孔隙的开级配水泥稳定碎石、沥青稳定碎石或碎石，其孔隙率约为 20%。

碾压混凝土基层和弯拉强度超过 1.8MPa 的贫混凝土基层会产生收缩裂缝，从而导致混凝土面层出现反射裂缝。因此，这两类基层应设置与混凝土面层相对应的横向缩缝。

遇有下列情况时，需考虑增设厚度一般为 200mm 的底基层。

（1）基层与路床的刚度很大或者采用薄沥青类基层，如基层下未设垫层，上路床为细粒土、黏土质砂或级配不良砂时，则基层与路床之间的刚度差过大，为了避免基层开裂，可设置级配粒料、低剂量水泥或石灰粉煤灰稳定粒料底基层。

（2）设置排水基层时，其下应设置由水泥稳定粒料或者密级配粒料组成的不透水底基层，底基层顶面宜铺设沥青封层或防水土工织物。

7.3.4 面层

水泥混凝土面层板应具有足够的强度、耐久性、表面抗滑、耐磨、平整等良好的路用性能。面层一般采用设置接缝的普通混凝土；当面层板的平面尺寸较大或形状不规则，路面结构下埋有地下设施，高填方、软土地基、填挖交界段的路基等有可能产生不均匀沉降时，应采用设置接缝的钢筋混凝土面层。其他面层类型可根据适用条件按表7-8选用。

表7-8 其他面层类型的选择

面层类型	适用条件
连续配筋混凝土面层	高速公路
沥青上面层与连续配筋混凝土或横缝设传力杆的普通混凝土下面层组成的复合式路面	特重交通的高速公路
碾压混凝土面层	二级及二级以下公路、服务区停车场
钢纤维混凝土面层	标高受限制路段、收费站、混凝土加铺层和桥面铺装
矩形或异形混凝土预制块面层	服务区停车场、二级及二级以下公路桥头引道沉降未稳定段

普通混凝土、钢筋混凝土、碾压混凝土或钢纤维混凝土面层板一般采用矩形。其纵向和横向接缝应垂直相交，纵缝两侧的横缝不得相互错位。纵向接缝的间距按路面宽度在3.0～4.5m范围内确定。碾压混凝土、钢纤维混凝土面层在全幅摊铺时可不设纵向接缝。普通混凝土面层板的横缝间距一般为4～6m，面层板的长宽比不宜超过1.30，平面尺寸不宜大于25m^2。碾压混凝土或钢纤维混凝土面层的横缝间距一般为6～10m，钢筋混凝土面层横缝间距一般为6～15m。

水泥混凝土面层厚度按交通等级、公路等级和参数变异水平等级，参考表7-9内的范围并通过荷载应力和温度应力计算分析确定。

表7-9 水泥混凝土面层厚度的参考范围

交通等级	特重			重		
公路等级	高速	一级	二级	高速	一级	二级
变异水平等级	低	中	低	中	低	中
面层厚度/mm	≥260	≥250	≥240	270～240	260～230	250～220

交通等级	中 等		轻	
公路等级	二级	三、四级	三、四级	三、四级
变异水平等级	高	中	高	中	高	中
面层厚度/mm	240～210	230～200	220～200	≤230	≤220

特别提示

要重视路基路面的整体强度和功能，不能过于片面地强调加大板的厚度。过厚的混凝土路面板不仅施工不易保证，而且在日温差影响下将产生较大的翘曲应力。因此，水泥混凝土路面板的厚度一般不宜超过260mm。

钢纤维混凝土面层的厚度一般为普通混凝土路面厚度的 0.65~0.75 倍（钢纤维体积率为 0.6%~1.0%）。特重交通或重交通时，最小厚度为 160mm；中等或轻交通时，最小厚度为 140mm。

新建复合式路面沥青上面层的厚度一般为 25~80mm。

混凝土路面表面构造应采用刻槽、压槽、拉槽或拉毛等方法制作。构造深度在使用初期应满足表 7-10 所示的要求。

表 7-10　各级公路水泥混凝土面层的表面构造深度(mm)要求

公路等级	高速公路、一级公路	二、三、四级公路
一般路段	0.70~1.10	0.50~0.90
特殊路段	0.80~1.20	0.60~1.00

注：① 特殊路段——对于高速公路和一级公路是指立交、平交或变速车道等处，对于其他等级公路是指急弯、陡坡、交叉口或集镇附近。

② 对于年降雨量 600mm 以下的地区，表列数值可适当降低。

7.3.5　路肩

高等级公路的路肩由土路肩和硬路肩两部分组成。硬路肩的功能除了与普通公路一样作为路面的侧向支撑，以保护路基路面结构外，还具有以下功能。

（1）保证外侧车道高速行车的安全。外侧车道上高速行驶的车辆由于种种原因，有时会驶出车道线范围，此时硬路肩将提供与行车道相近的刚度与平整度，以确保车辆平稳返回行车道范围以内，因此路肩铺面结构应具有一定的承载力，其结构层组合和材料选用应与行车道路面协调，并保证进入路面结构中的水被排除；此外，这也给驾驶员一种安全感，可以消除他们车临边缘的紧张感，能保持其高速行车。

（2）作为故障车辆停车修理的安全带。

（3）对道路进行维修保养时，可用做备用车道。

（4）交通量饱和，提高道路通行能力时可作为新增车道。

水泥混凝土路面的硬路肩可选用水泥混凝土面层或沥青路面。硬路肩的结构组合与面板厚度可以采用与主车道不同的或相同的结构。因硬路肩承受主车道标准轴载累计作用次数的 6%~9%，所以单独设计硬路肩所得的结构厚度肯定比主车道路面结构薄得多，表面上似乎可以节省部分工程费用。但是从硬路肩的使用功能来考虑，有许多不利之处。

（1）外侧车道重车比例高，进入硬路肩的车辆主要是货车，路肩与车道之间的强度、刚度差别大将导致硬路肩被破坏。

（2）水泥混凝土路面采用沥青面层硬路肩，在施工准备工作方面增加了不少工作量，但实际效果并不经济。

（3）采用沥青硬路肩后，主车道与硬路肩色调反差太大，在沿外侧边缘行车时，会增加驾驶员的紧张感，不由自主会降低车速。

（4）沥青硬路肩与主车道水泥混凝土面板之间的接缝很难做好，易渗水，可能成为路面的薄弱点。

因此,硬路肩宜选用水泥混凝土路面结构,面层厚度通常采用与行车道面层等厚,其基层也宜与行车道基层相同。这样对于简化施工、提高工程质量、降低工程费用和使用方便都有利。

7.3.6 路面排水

为了保证将降落在路面和路肩表面的水迅速排走,避免路面积水影响行车安全和减少路面水渗入路面结构内部影响路面的使用寿命,路面和硬路肩应做成中间高、两侧低的横坡,路面横坡坡度为1‰～2‰,路肩横坡宜比路面横坡大1‰～2‰。

在降雨丰沛的地区,通过接缝或裂缝渗入混凝土路面内的水量相当大,宜在混凝土路面结构设置排水基层和纵向边缘排水系统排出渗入水,以减少渗入水对基层的冲刷作用,降低唧泥、错台和板底脱空等病害出现的可能性和程度。

任务实施

根据交通等级、公路等级等因素,参照表7-9,水泥混凝土面层厚度预估为26cm。根据形成结构层、方便施工(单层摊铺碾压)等因素,基层采用5%水泥稳定碎石,厚度为20cm;底基层采用3.5%水泥稳定碎石,厚度为18cm。若位于挖方岩基路段,增设15cm级配碎石垫层。硬路肩采用与行车道相同的路面结构。

任务7.4 普通水泥混凝土路面厚度设计

知识讲解

我国水泥混凝土路面设计方法采用单轴双轮组100kN标准轴载作用下的弹性半空间地基有限大矩形薄板理论有限元解为理论基础,以路面板纵缝边缘荷载与温度综合疲劳弯拉应力为设计指标进行路面板厚度设计。设计完成后,路面板的综合疲劳弯拉应力应满足以目标可靠度为依据的极限状态平衡方程式。

7.4.1 目标可靠度与疲劳极限状态方程

1. 安全等级与目标可靠度

我国《公路工程结构可靠度设计统一标准》(GB/T 50283—1999)规定,根据工程结构破坏可能产生的后果严重程度,将公路工程结构的设计分为3个设计安全等级,路面工程的安全等级仅考虑高速公路、一级公路和二级公路的路面,其相应的安全等级分别规定为一级、二级和三级。为了适用于各等级公路水泥混凝土路面设计,2002版《公路水泥混凝土路面设计规范》对《公路工程结构可靠度设计统一标准》(GB/T 50283—1999)的规定进行了调整,即在维持该标准已有规定外,为三、四级公路路面增加了一个设计安全等级(四级),并按前三级的目标可靠指标和目标可靠度递减得到了 4 级的路面结构目标可靠度,也规定了相应的设计基准期为 20 年。

采用可靠度方法进行水泥混凝土路面结构设计时,不同等级公路的路面结构设计安全等级及相应的设计基准期、可靠度指标和目标可靠度见表 7-11。

表 7-11 可靠度设计标准

公路等级	高速公路	一级公路	二级公路	三、四级公路
安全等级	一级	二级	三级	四级
设计基准期/年	30	30	20	20
目标可靠度/%	95	90	85	80
目标可靠指标	1.64	1.28	1.04	0.84
变异水平等级	低	低~中	中	中~高

> **特别提示**
>
> 目标可靠度是指所设计路面结构应具有的可靠度水平。表 7-11 规定的目标可靠度是采用"校准法"确定的。所谓"校准法"就是对原规范的设计方法设计的路面进行隐含可靠度分析,将这些隐含可靠度作为目标可靠度,这样按新规范设计的路面结构与原规范定值设计的路面结构具有相同的可靠度水平。

2. 变异系数的变化范围

可靠度设计将材料性能和结构尺寸参数的变异水平引入了结构设计方法。新规范依据 20 世纪 90 年代在广东、浙江、安徽、河北和黑龙江等省的新建和已建混凝土路面 150 个代表性路段上采集的实际数据,经统计分析整理后,按施工技术、施工质量控制和管理水平分为低、中、高 3 个变异水平等级及几个主要设计参数的变化范围,见表 7-12。

表 7-12 变异系数的变化范围

变异水平等级	低	中	高
水泥混凝土弯拉强度、弯拉弹性模量	$Cv \leq 0.10$	$0.10 < Cv \leq 0.15$	$0.15 < Cv \leq 0.20$
基层顶面当量回弹模量	$Cv \leq 0.25$	$0.25 < Cv \leq 0.35$	$0.35 < Cv \leq 0.55$
水泥混凝土面层厚度	$Cv \leq 0.04$	$0.04 < Cv \leq 0.06$	$0.06 < Cv \leq 0.08$

选定了变异水平等级,施工时就应采取相应的技术和管理措施,以保证主要设计参数的变异系数被控制在表 7-12 中相应等级的规定范围内。

3. 疲劳极限状态设计表达式

水泥混凝土路面的结构设计以行车荷载和温度梯度综合作用产生的疲劳断裂作为设计的极限状态,极限状态方程如式(7-10)所示。

$$\gamma_r(\sigma_{pr}+\sigma_{tr}) \leq f_r \tag{7-10}$$

式中 γ_r——可靠度系数，根据所选目标可靠度及变异水平等级按表7-13确定；
σ_{pr}——行车荷载疲劳应力，MPa；
σ_{tr}——温度梯度疲劳应力，MPa；
f_r——水泥混凝土弯拉强度标准值，按表7-14确定。

表7-13 可靠度系数

变异水平等级	目标可靠度/%			
	95	90	85	80
低	1.20～1.33	1.09～1.16	1.04～1.08	—
中	1.33～1.50	1.16～1.23	1.08～1.13	1.04～1.07
高	—	1.23～1.33	1.13～1.18	1.07～1.11

注：变异系数在表7-12所示的变化范围下限时，可靠度系数取低值；上限时，取高值。

水泥混凝土的强度以28d龄期的弯拉强度控制。当混凝土浇筑后90d内不开放交通时，可采用90d龄期的弯拉强度。各交通等级要求的混凝土弯拉强度标准值不得低于表7-14所示的规定。

表7-14 混凝土弯拉强度标准值

交通等级	特重	重	中等	轻
水泥混凝土的弯拉强度标准值/MPa	5.0	5.0	4.5	4.0
钢纤维混凝土的弯拉强度标准值/MPa	6.0	6.0	5.5	5.0

特别提示

上述混凝土强度要求为强制性条文，必须严格执行。

7.4.2 应力分析及厚度设计

1. 临界荷位

混凝土面板在车轮荷载作用下，板内产生的应力大小与荷载作用在板上的位置有关。因此，在进行水泥混凝土路面设计时，应选择荷载疲劳应力最大的位置作为临界荷位。

根据计算分析结果，对于荷载应力和温度应力的综合疲劳损耗，只有在横缝无传荷能力，而纵缝设拉杆的情况下，横缝的疲劳损耗大于纵缝，但这种情况极少；其他情况均以纵缝边缘中部为临界荷位。因此，规范选取纵缝边缘中部为临界荷位。

2. 荷载疲劳应力分析

标准轴载在临界荷位处产生的荷载疲劳应力按式(7-11)计算。

$$\sigma_{pr}=k_r k_f k_c \sigma_{ps} \tag{7-11}$$

式中 σ_{pr}——标准轴载在临界荷位处产生的荷载疲劳应力，MPa；
σ_{ps}——标准轴载在四边自由板的临界荷位处产生的荷载应力，MPa；

k_r——考虑接缝传荷能力的应力折减系数,纵缝为设拉杆的平缝时,$k_r=0.87\sim 0.92$(刚性和半刚性基层取低值,柔性基层取高值);纵缝为不设拉杆的平缝或自由边时,$k_r=1.0$;纵缝为设拉杆的企口缝时,$k_r=0.76\sim 0.84$;

k_f——考虑设计基准期内荷载应力累计疲劳作用的疲劳应力系数,按式(7-14)计算确定;

k_c——考虑偏载和动载等因素对路面疲劳损坏影响的综合系数,按公路等级查表7-15确定。

表7-15 综合系数 k_c

公路等级	高速公路	一级公路	二级公路	三、四级公路
k_c	1.30	1.25	1.20	1.10

1) σ_{ps} 的计算方法

对轴载作用于四边自由矩形板纵向边缘中部产生的荷载应力,应用有限元法进行计算分析,得到荷载应力计算公式为

$$\sigma_{ps}=0.077r^{0.60}h^{-2} \tag{7-12}$$

$$r=0.537h\left(\frac{E_c}{E_t}\right)^{1/3} \tag{7-13}$$

式中 σ_{ps}——标准轴载在四边自由板的临界荷位处产生的荷载应力,MPa;

r——混凝土板的相对刚度半径,m;

h——混凝土板的厚度,m;

E_c——混凝土板的弯拉弹性模量,MPa,若无经验时可按表7-16确定;

E_t——基层顶面当量回弹模量,MPa。

表7-16 水泥混凝土弯拉弹性模量经验参考值

弯拉强度/MPa	1.0	1.5	2.0	2.5	3.0
抗压强度/MPa	5.0	7.7	11.0	14.9	19.3
弯拉弹性模量/GPa	10	15	18	21	23
弯拉强度/MPa	3.5	4.0	4.5	5.0	5.5
抗压强度/MPa	24.2	29.7	35.8	41.8	48.4
弯拉弹性模量/GPa	25	27	29	31	33

2) 疲劳应力系数的计算方法

设计基准期内荷载应力累计疲劳作用的疲劳应力系数按式(7-14)计算确定。

$$k_f=N_e^v \tag{7-14}$$

式中 N_e——设计基准期内标准轴载累计作用次数;

v——与混合料性质有关的指数,普通混凝土、钢筋混凝土、连续配筋混凝土,$v=0.057$;碾压混凝土和贫混凝土 $v=0.065$;钢纤维混凝土,v 按式(7-15)计算确定。

$$v=0.053-0.017\rho_f\frac{l_f}{d_f} \tag{7-15}$$

式中 ρ_f——钢纤维体积率,%;

l_f——钢纤维的长度,mm;

d_f——钢纤维的直径,mm。

3）基层顶面当量回弹模量的计算方法

新建公路的基层顶面当量回弹模量可按式(7-16)计算确定。

$$E_t = a h_x^b E_0 \left(\frac{E_x}{E_0}\right)^{1/3} \tag{7-16}$$

$$E_x = \frac{h_1^2 E_1 + h_2^2 E_2}{h_1^2 + h_2^2} \tag{7-17}$$

$$h_x = \left(\frac{12 D_x}{E_x}\right)^{1/3} \tag{7-18}$$

$$D_x = \frac{E_1 h_1^3 + E_2 h_2^3}{12} + \frac{(h_1+h_2)^2}{4}\left(\frac{1}{E_1 h} + \frac{1}{E_2 h_2}\right)^{-1} \tag{7-19}$$

$$a = 6.22\left[1 - 1.51\left(\frac{E_x}{E_0}\right)^{-0.45}\right] \tag{7-20}$$

$$b = 1 - 1.44\left(\frac{E_x}{E_0}\right)^{-0.55} \tag{7-21}$$

式中 E_t——基层顶面的当量回弹模量,MPa;

E_0——路床顶面的回弹模量,MPa,无经验时可参考表7-17确定;

E_x——基层和底基层或垫层的当量回弹模量,MPa,按式(7-17)计算;

E_1、E_2——基底和底基层或垫层的回弹模量,MPa,无经验时可参考表7-18确定;

h_x——基层和底基层或垫层的当量厚度,m,按式(7-18)计算;

D_x——基层和底基层或垫层的当量弯曲刚度,MN-m,按式(7-19)计算;

h_1、h_2——基层和底基层或垫层的厚度,m;

a、b——与E_x/E_0有关的回归系数,分别按式(7-20)和式(7-21)计算。

底基层和垫层同时存在时,可先将底基层和垫层换算成具有当量回弹模量和当量厚度的单层,然后再与基层一起按上述各式计算基层顶面当量回弹模量。无底基层和垫层时,相应层的厚度和回弹模量分别以零值代入上述各式进行计算。

表7-17 中湿路基路床顶面回弹模量经验参考值范围/MPa

土组	公路自然区划				
	Ⅱ	Ⅲ	Ⅳ	Ⅴ	Ⅵ
土质砂	26~42	40~50	39~50	35~60	50~60
黏质土	25~45	30~40	25~45	30~45	30~45
粉质土	22~46	32~54	30~50	27~43	30~45

表7-18 垫层和基层材料回弹模量经验参考值范围

材料类型	回弹模量/MPa	材料类型	回弹模量/MPa
中、粗砂	80~100	石灰粉煤灰稳定粒料	1 300~1 700
天然沙砾	150~200	水泥稳定粒料	1 300~1 700

续表

材料类型	回弹模量/MPa	材料类型	回弹模量/MPa
未筛分碎石	180~220	沥青碎石（粗粒式，20℃）	600~800
级配碎砾石（垫层）	200~250	沥青混凝土（粗粒式，20℃）	800~1 200
级配碎砾石（基层）	250~350	沥青混凝土（中粒式，20℃）	1 000~1 400
石灰土	200~700	多孔隙水泥混凝土（水泥剂量 9.5%~11%）	1 300~1 700
石灰粉煤灰土	600~900	多孔隙沥青碎石（20℃，沥青含量 2.5%~3.5%）	600~800

在旧柔性路面上铺筑水泥混凝土面层时，原柔性路面顶面的当量回弹模量可按式(7-22)计算确定。

$$E_t = 13\,739 w_0^{-1.04} \tag{7-22}$$

式中 w_0——以后轴重 100kN 的车辆进行弯沉测定，经统计整理后得到的原路面计算回弹弯沉值，0.01mm；

3. 温度疲劳应力分析

依据等效疲劳损耗原则和疲劳方程，将经历日变化和年变化的温度应力等效地转化成由最大温度应力和疲劳温度应力系数组成的疲劳温度应力，即混凝土面板在临界荷位处产生的温度疲劳应力按式(7-23)计算确定。

$$\sigma_{tr} = k_t \sigma_{tm} \tag{7-23}$$

式中 σ_{tr}——临界荷位处的温度疲劳应力，MPa；

σ_{tm}——最大温度梯度时混凝土板的温度翘曲应力，MPa；

k_t——考虑温度应力累计疲劳作用的疲劳应力系数。

1) σ_{tm} 的计算方法

最大温度梯度时的混凝土板的温度翘曲应力按式(7-24)计算确定。

$$\sigma_{tm} = \frac{\alpha_c E_c h T_g}{2} B_x \tag{7-24}$$

式中 σ_{tm}——最大温度梯度时混凝土板的温度翘曲应力，MPa；

α_c——混凝土的线膨胀系数(1/℃)，通常可取为 1×10^{-5}/℃；

T_g——最大温度梯度，查表 7-19 确定；

B_x——综合温度翘曲应力和内应力作用的温度应力系数，可按 l/r 和 h 查图 7.4 确定；

l——板长，即横缝间距。

表 7-19 最大温度梯度标准值 T_g

公路自然区划	Ⅱ、Ⅴ	Ⅲ	Ⅳ、Ⅵ	Ⅶ
最大温度梯度/(℃/m)	83~88	90~95	86~92	93~98

注：海拔高时，取高值；湿度大时，取低值。

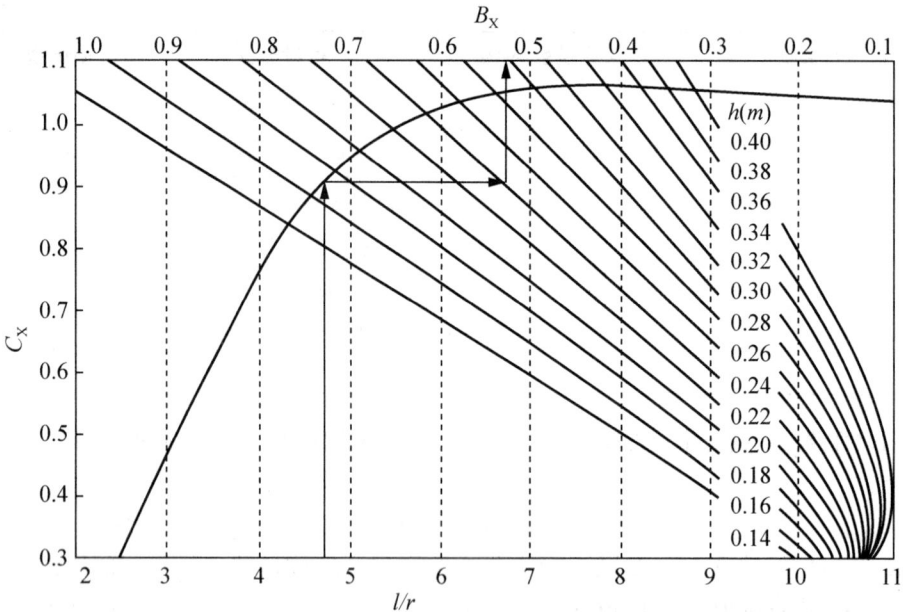

图 7.4　温度应力系数 B_x

2) k_t 的计算方法

温度疲劳应力系数按式(7-25)计算确定。

$$k_t = \frac{f_r}{\sigma_{tm}}\left[a\left(\frac{\sigma_{tm}}{f_r}\right)^c - b\right] \qquad (7-25)$$

式中　a、b 和 c——回归系数,按所在地的公路自然区划查表 7-20 确定。

表 7-20　回归系数 a、b 和 c

系　数	公路自然区划					
	Ⅱ	Ⅲ	Ⅳ	Ⅴ	Ⅵ	Ⅶ
a	0.828	0.855	0.841	0.871	0.837	0.834
b	0.041	0.041	0.058	0.071	0.038	0.052
c	1.323	1.355	1.323	1.287	1.382	1.270

4. 混凝土路面板的厚度设计

进行水泥混凝土路面设计时首先进行路面结构组合设计,即根据公路等级、交通等级和目标可靠度等初步选定路面结构组合,即选定面层混凝土板、基层、底基层、垫层、路床的材料类型和厚度。面层混凝土板可参考表 7-9 建议的参考范围,根据公路等级、交通等级和变异水平等级选定适宜的初估厚度。进一步按式(7-11)和式(7-23)计算荷载疲劳应力和温度疲劳应力,然后考察是否满足式(7-10)。如果满足式(7-10),则初估厚度即为设计厚度。否则,应改选混凝土板厚度或调整结构类型和组合,重新计算,直至满足式(7-10)为止。设计厚度依计算厚度按 10mm 向上取整。

任务实施

任务 7.3 已经初步拟定了路面结构组合，下面验算该路面结构。

1. 路面结构组合

初步拟定的路面结构组合为：26cm 水泥混凝土面层＋20cm5％水泥稳定碎石＋18cm3.5％水泥稳定碎石。混凝土板的平面尺寸为宽 4m，长 5m，纵缝为设拉杆平缝，横缝为设传力杆假缝(有关接缝内容参考任务 7.5)。

2. 路面材料参数确定

根据表 7-14，普通混凝土面层的弯拉强度标准值取 5.0MPa，按照表 7-16，其弯拉弹性模量为 31GPa。

路基顶面回弹模量为 40MPa。参照表 7-18，5％水泥稳定碎石回弹模量取 1600MPa，3.5％水泥稳定碎石回弹模量取 1200MPa。

按式(7-15)计算基层顶面当量回弹模量。

$$E_x = \frac{h_1^2 E_1 + h_2^2 E_2}{h_1^2 + h_2^2} = \frac{0.2^2 \times 1600 + 0.18^2 \times 1200}{0.2^2 + 0.18^2} = 1421 \text{(MPa)}$$

$$D_x = \frac{E_1 h_1^3 + E_2 h_2^3}{12} + \frac{(h_1 + h_2)^2}{4}\left(\frac{1}{E_1 h_1} + \frac{1}{E_2 h_2}\right)^{-1}$$

$$= \frac{1600 \times 0.2^3 + 1200 \times 0.18^3}{12} + \frac{(0.2 + 0.18)^2}{4}\left(\frac{1}{1600 \times 0.2} + \frac{1}{1200 \times 0.18}\right)^{-1}$$

$$= 6.305 \text{(MN-m)}$$

$$h_x = \left(\frac{12 D_x}{E_x}\right)^{1/3} = \left(\frac{12 \times 13.23}{1421}\right)^{1/3} = 0.376 \text{(m)}$$

$$a = 6.22\left[1 - 1.51\left(\frac{E_x}{E_0}\right)^{-0.45}\right] = 6.22 \times \left[1 - 1.51 \times \left(\frac{1421}{40}\right)^{-0.45}\right] = 4.336$$

$$b = 1 - 1.44\left(\frac{E_x}{E_0}\right)^{-0.55} = 1 - 1.44 \times \left(\frac{1421}{40}\right)^{-0.55} = 0.798$$

$$E_t = a h_x^b E_0 \left(\frac{E_x}{E_0}\right)^{1/3} = 4.336 \times 0.376^{0.798} \times 40 \times \left(\frac{1421}{40}\right)^{1/3} = 261 \text{(MPa)}$$

普通水泥混凝土面层的相对刚度半径为

$$r = 0.537 h \left(\frac{E_c}{E_t}\right)^{1/3} = 0.537 \times 0.26 \times \left(\frac{31000}{261}\right)^{1/3} = 0.686 \text{(m)}$$

3. 荷载疲劳应力

标准轴载在临界荷位处产生的荷载应力为

$$\sigma_{ps} = 0.077 r^{0.60} h^{-2} = 0.077 \times 0.686^{0.6} \times 0.26^{-2} = 0.909 \text{(MPa)}$$

纵缝为设拉杆的平缝时，因此 $k_r = 0.87$；按表 7-15，$k_c = 1.3$；$k_f = (409.8 \times 10^4)^{0.057} = 2.382$。

因此，荷载疲劳应力为

$$\sigma_{pr} = k_r k_f k_c \sigma_{ps} = 0.87 \times 2.382 \times 1.3 \times 0.909 = 2.449 \text{(MPa)}$$

4. 温度疲劳应力

根据表 7-19，Ⅳ区最大温度梯度取 86(℃/m)。板长 5m，$l/r=5/0.686=7.289$。由图 7.4 可查普通混凝土板厚 $h=0.26m$，$B_x=0.59$，则混凝土板的温度疲劳应力为

$$\sigma_{tm}=\frac{\alpha_c E_c h T_g}{2}B_x=\frac{1\times10^{-5}\times31\,000\times0.26\times86}{2}\times0.59=2.045(MPa)$$

由式(7-25)，温度疲劳应力系数为

$$k_t=\frac{f_r}{\sigma_{tm}}\left[a\left(\frac{\sigma_{tm}}{f_r}\right)^c-b\right]=\frac{5}{2.045}\left[0.841\times\left(\frac{2.045}{5}\right)^{1.323}-0.058\right]=0.488$$

则温度疲劳应力为

$$\sigma_{tr}=k_t\sigma_{tm}=0.488\times2.045=0.998(MPa)$$

查表 7-11，高速公路的安全等级为一级，变异水平等级为低级，目标可靠度为 95%，再查表 7-13，确定可靠度系数 $\gamma_t=1.25$。

按式(7-10)有

$$\gamma_r(\sigma_{pr}+\sigma_{tr})=1.25\times(2.449+0.998)=4.309MPa\leqslant f_r=5.0(MPa)$$

因此，所选的路面结构组合(26cm 水泥混凝土面层＋20cm 5%水泥稳定碎石＋18cm 3.5%水泥稳定碎石)可以承受设计基准期内荷载应力和温度应力的综合疲劳作用。

任务 7.5 水泥混凝土路面接缝设计

知识讲解

混凝土面层由一定厚度的混凝土板所组成，它具有热胀冷缩的性质。由于一年四季气候的变化，混凝土板会产生不同程度的膨胀和收缩，若这种变形受到约束，将转变为温度内应力，当超过允许范围时，路面板即产生裂缝或拱胀等破坏。而在一昼夜中，白天气温高，混凝土板顶面温度较底面高，这种温度坡差会使板的中部形成隆起的趋势。夜间气温降低，板顶面温度较底面低，会使板的四周和角隅发生翘起的趋势。若是由于板体自重或其他因素的影响，板的翘曲变形受到约束，则路面板在温度翘曲应力作用下将断裂成平面尺寸略小的板块，这样的分解过程一直进行到温度应力降低到容许范围为止。因此，对于不配筋的素混凝土路面，必须按照温度应力的计算方法确定板块平面尺寸。

以纵向和横向接缝将路面板分割为规则的形状，对于消除内应力、保持路面整齐的外观是有效的措施，如图 7.5 所示。但是接缝附近的路面板却因此成了最薄弱的部位。因此，从兼顾两方面的需要出发，混凝土路面既要设置接缝，又应尽量使接缝数量减少，并且接缝设计应能：①控制收缩应力和翘曲应力所引起的裂缝出现的位置；②通过接缝提供足够的荷载传递，增强传荷能力；③防止坚硬的杂物落入接缝缝隙内。

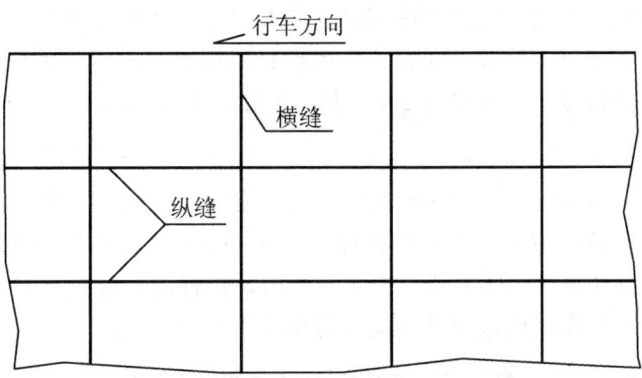

图 7.5　路面接缝设置

7.5.1　纵向接缝

纵向接缝是平行于混凝土路面行车方向的接缝。纵向接缝的布设应视路面宽度和施工铺筑宽度而定：①一次铺筑宽度小于路面宽度时，应设置纵向施工缝；②一次铺筑宽度大于 4.5m 时，应设置纵向缩缝。

1. 纵缝间距

纵缝间距通常按车道宽度确定，一般按 3～4.5m 设置，这对于行车和施工来说都方便。

2. 纵缝布置

纵缝应与路中线平行。在路面等宽的路段内或路面变宽路段的等宽部分，纵缝的间距和形式应保持一致。路面变宽段的加宽部分与等宽部分之间以纵向施工缝隔开，把加宽部分作为向外接出的路面进行纵缝布置。加宽板在变宽段起终点处的宽度不应小于 1.0m，以避免出现锐角板。

3. 纵缝构造

纵向施工缝采用平缝形式，上部应锯切槽口，深度为 30～40mm，宽度为 3～8mm，槽内灌塞填缝料，构造如图 7.6(a)所示。

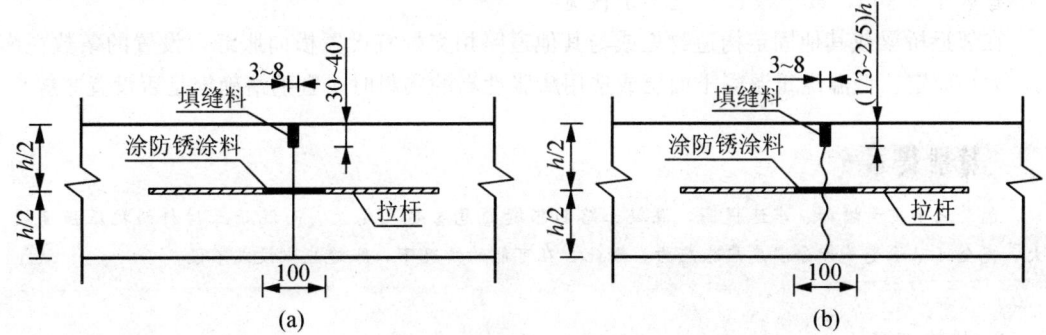

图 7.6　纵缝构造(尺寸：mm)
(a)纵向施工缝；(b)纵向缩缝

纵向缩缝采用假缝形式，锯切的槽口深度应大于施工缝的槽口深度，以保证混凝土在干缩时或温缩时能在槽口下位置处断裂。采用粒料基层时，槽口深度应为板厚的1/3；采用半刚性基层时，槽口深度为板厚的2/5。其构造如图7.6(b)所示。

4. 拉杆

为了保证纵缝缝隙不张开，同时使纵缝具有一定的传荷能力，纵缝应设置拉杆。拉杆采用螺纹钢筋，设在板厚中央，并应对拉杆中部100mm范围内进行防锈处理。拉杆的直径、长度和间距可参照表7-21选用。施工布设时，拉杆间距应按横向接缝的实际位置予以调整，最外侧的拉杆距横向接缝的距离不得小于100mm。

表 7-21 拉杆直径、长度和间距/mm

面层厚度 /mm	到自由边或未设拉杆纵缝的距离/m					
	3.00	3.50	3.75	4.50	6.00	7.50
200~250	14×700×900	14×700×800	14×700×700	14×700×600	14×700×500	14×700×400
260~300	16×800×900	16×800×800	16×800×700	16×800×600	16×800×500	16×800×400

注：拉杆直径、长度和间距的数字为直径×长度×间距。

连续配筋钢筋混凝土面层的纵缝拉杆可由板内横向钢筋延伸穿过接缝代替。

7.5.2 横向接缝

横向接缝是垂直于行车方向的接缝，共有3种：缩缝、胀缝和施工缝。缩缝保证板因温度和湿度的降低而收缩时沿该薄弱断面缩裂，从而避免产生不规则的裂缝。胀缝保证板在温度升高时能部分伸张，从而避免产生路面板在热天的拱胀和折断破坏，同时胀缝也能起到缩缝的作用。混凝土路面每天施工结束以及因雨天或其他原因中断施工时，必须设置横向施工缝，其位置应尽量在胀缝处或缩缝处。

1. 横缝间距

横向缩缝间距的大小直接影响板内温度应力、接缝缝隙宽度和接缝传荷能力，一般取4.0~6.0m。路面结构相对刚度半径大的可取高值；反之，取低值。即板越厚、基层顶面当量回弹模量越小，横缝间距可取较大值。但板的长宽比宜控制在1:1.3范围内，最大板长不宜大于6.0m，最小板长不宜小于板宽。

在邻近桥梁或其他固定构造物处或与其他道路相交处宜设置横向胀缝，设置的条数视膨胀量大小而定。低温浇筑混凝土面层或选用膨胀性高的集料时，宜酌情确定是否设置胀缝。

> **特别提示**
>
> 随着汽车重量增加、车速提高，混凝土路面胀缝的危害越来越大。而混凝土材料的抗压强度较大，完全可以承受一部分温度热胀应力。因此，在可能的情况下，胀缝应少设或不设。

2. 横缝布置

横缝通常垂直于路中线等间距布置。为防止斜缩缝锐角断裂，应加角隅钢筋补强，钢筋混凝土路面锐角可不加角隅钢筋,只在锐角加强钢筋网。不等间距缩缝,短板弯拉应力小,长板弯拉应力大,长板易断,使用寿命明显缩短,达不到相同的使用年限。由此从防止断角、保证路面板有相同的寿命和耐久性考虑,不宜采用不等间距的缩缝布置形式。

3. 横缝构造

1) 横向缩缝

横向缩缝一般采用假缝形式,即只在横向缩缝顶部锯切槽口,当板收缩时将沿此最薄弱断面有规则自行断裂。缩缝缝隙宽3~8mm,深度为面板厚度的1/5~1/4,槽内填塞填缝料,以防止地面水下渗及砂石等杂物进入缝隙。高速公路的横向缩缝槽口宜增设深20mm、宽6~10mm的浅槽口,其构造如图7.7所示。

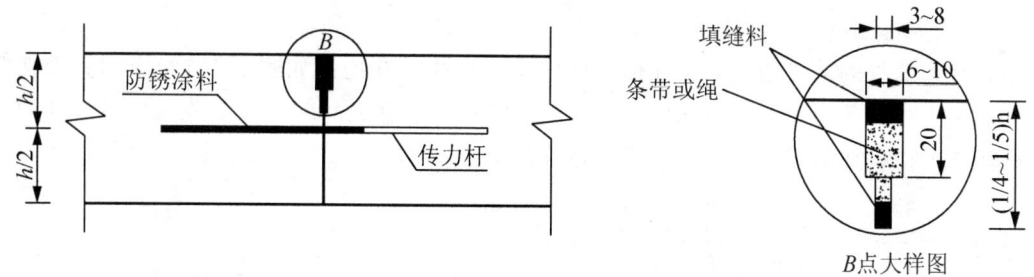

图7.7 浅槽口构造(尺寸:mm)

由于缩缝缝隙两侧板断裂面凹凸不平,能起一定的传荷能力,可采用不设传力杆假缝形式,其构造如图7.8(a)所示。为了改善混凝土路面行驶质量,保证混凝土路面的使用寿命,对特重和重交通公路、收费广场以及邻近胀缝或自由端部的3条缩缝,应采用设传力杆假缝形式,其构造如图7.8(b)所示。

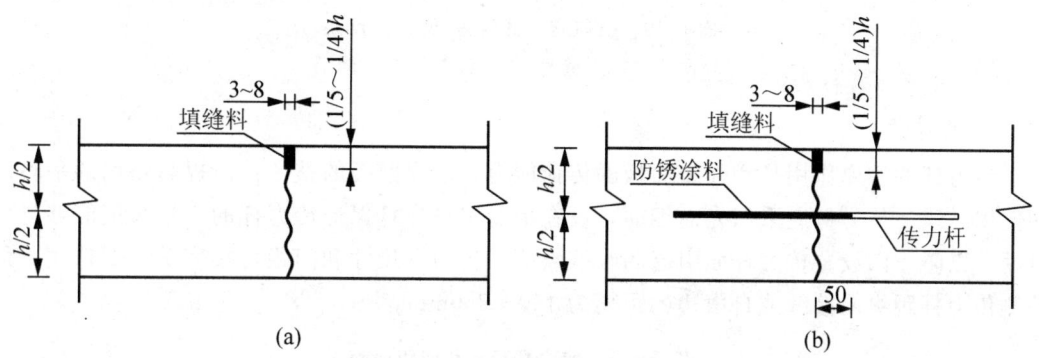

图7.8 横向缩缝构造(尺寸:mm)
(a)不设传力杆假缝型;(b)设传力杆假缝型

2) 胀缝

胀缝缝隙宽20mm,缝隙上部浇灌填缝料,下部设置填缝板,中部设置可滑动的传力杆。传力杆一半以上长度的表面涂覆沥青膜,外面再套0.4m厚的聚乙烯膜,且杆的一端加金属套,内留30mm的空隙,填以泡沫塑料或纱头;带套的杆段相邻交错布置。传力杆应在基层顶面的位置上设置钢筋支架予以固定。胀缝的构造如图7.9所示。

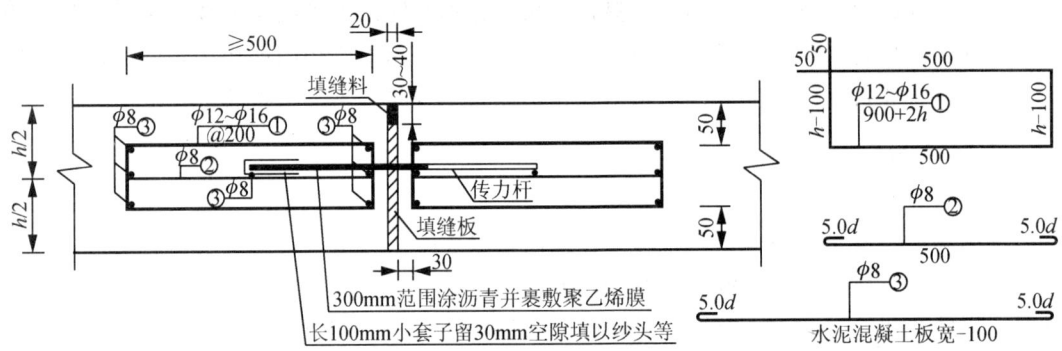

图 7.9 胀缝构造(尺寸：mm)

3) 横向施工缝

设在缩缝处的施工缝应采用加传力杆的平缝形式，其构造如图 7.10(a)所示；设在胀缝处的施工缝，其构造与胀缝相同。遇到困难需设在缩缝之间时，施工缝采用设拉杆的企口缝形式，以确保荷载传递效能，其构造如图 7.10(b)所示。

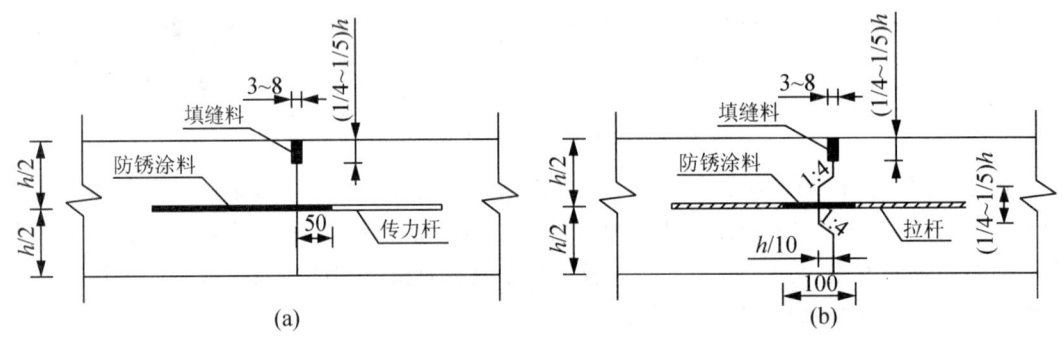

图 7.10 横向施工缝构造(尺寸：mm)
(a)设传力杆平缝型；(b)设拉杆企口缝型

4. 传力杆

传力杆的主要作用是增强路面板的传荷能力，确保面板的整体性，提高路面的平整度和使用品质。传力杆应采用光面钢筋，设在板厚中央，且保证传力杆的一半长度能够自由滑动，以防止因设置传力杆而引起的收缩裂缝。传力杆尺寸和间距可按表 7-22 选用。最外侧传力杆距纵向接缝或自由边的距离为 150～250mm。

表 7-22 传力杆尺寸和间距/mm

面层厚度/mm	传力杆直径	传力杆最小长度	传力杆最大间距
220	28	400	300
240	30	400	300
260	32	450	300
280	35	450	300
300	38	500	300

7.5.3 交叉口接缝布设

进行交叉口接缝布设时，应先分清相交道路的主次，保证主要道路的接缝位置和形式全线贯通；而后，考虑次要道路的接缝布设如何与主要道路协调，并适当调整交叉口范围内主要道路的横缝位置。

两条道路正交时，各条道路直道部分均保持本身纵缝的连贯，相交路段内各条道路的横缝位置按相对道路的纵缝间距发生相应变动，保证两条道路的纵横缝垂直相交，互不错位。两条道路斜交时，主要道路直道部分保持纵缝的连贯，相交路段内的横缝位置按次要道路的纵缝间距发生相应变动，保证与次要道路的纵缝相连接。

此外，在次要道路弯道加宽起终点断面处的横向接缝应采用胀缝形式。膨胀量大时，应在直线段连续布置2～3条胀缝。

图7.11所示为一些典型的交叉口接缝布置形式。

> **特别提示**
>
> 在交叉口布设接缝时，应尽量避免锐角板块，并且应保证板块的最小边长大于1m。

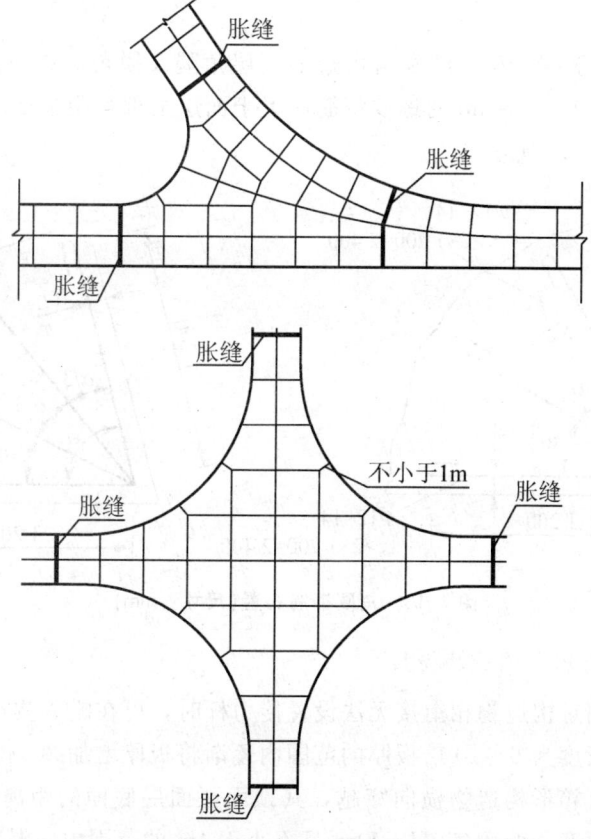

图 7.11　交叉口接缝布置

7.5.4 端部处理

1. 板边和角隅补强

1）边缘钢筋

混凝土面层自由边缘下基础薄弱或接缝为未设传力杆的平缝时，可在面层边缘的下部配置钢筋。通常选用两根直径为12~16mm的螺纹钢筋，置于面层底面之上1/4厚度处并且不小于50mm，间距为100mm。为加强锚固能力，钢筋两端向上弯起，如图7.12所示。

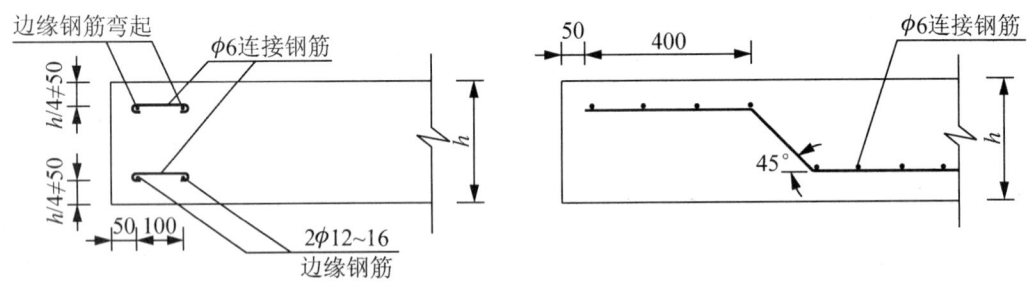

图7.12 边缘钢筋布置(尺寸：mm)

2）角隅钢筋

承受特重交通的胀缝、施工缝和自由边的面层角隅及锐角面层角隅宜配置角隅钢筋。通常选用两根直径为12~16mm的螺纹钢筋，置于面层上部，距顶面不小于50mm，距边缘为100mm，如图7.13所示。

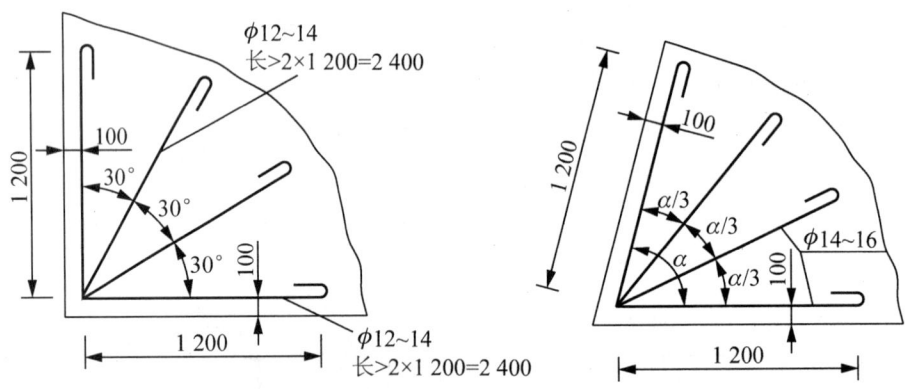

图7.13 角隅钢筋布置(尺寸：mm)

2. 混凝土路面与固定构造物衔接

混凝土路面与固定构造物相衔接无法设置传力杆时，可在毗邻构造物的板端部内配置双层钢筋网；或在长度为6~10倍板厚的范围内逐渐将板厚增加20%。

混凝土面层下有箱形构造物横向穿越，其顶面至面层底面的距离小于400mm或嵌入基层时，在构造物顶宽及两侧各($H+1$)m且不小于4m的范围内，混凝土面层内应布设双层钢筋网,上下层钢筋网各距面层顶面和底面 1/4～1/3 厚度处,如图 7.14 所示。构造物顶面至面层底面的距离在 400～1 200mm 时,则在上述长度范围内的混凝土面层中应布设单层钢筋网。钢筋网设在距顶面 1/4～1/3 厚度处,如图 7.15 所示。钢筋直径为 12mm,纵向钢筋间距为 100mm,横向钢筋间距为 200mm。在配筋混凝土面层与相邻混凝土面层之间设置传力杆缩缝。

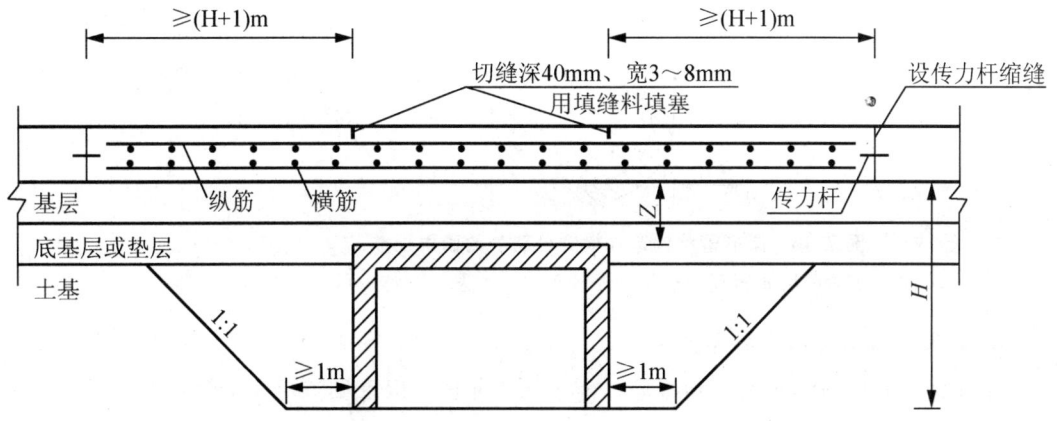

图 7.14　箱形构造物横穿公路处的面层配筋(Z 小于 400mm 或嵌入基层)

注:H 为面层底面到构造物底面的距离;Z 为面层底面到构造物顶面的距离。

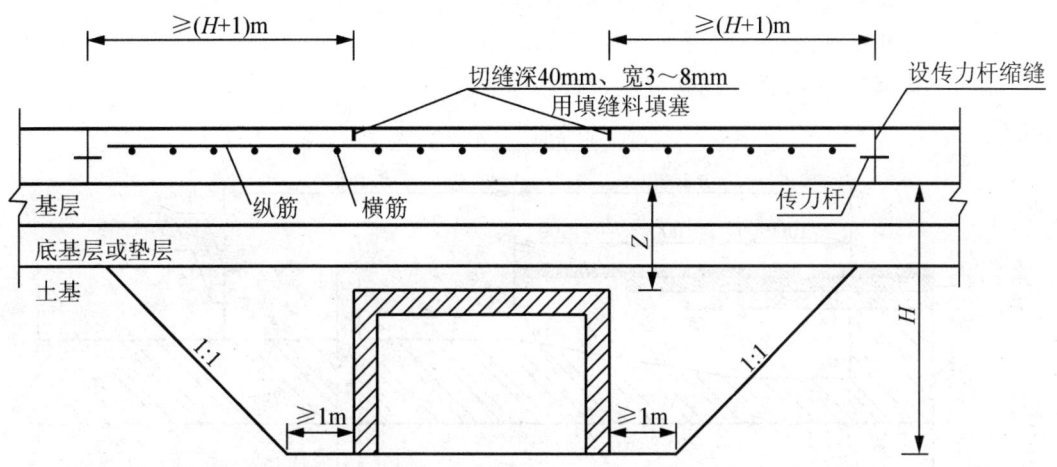

图 7.15　箱形构造物横穿公路处的面层配筋(Z 在 400～1 200mm)

注:H 为面层底面到构造物底面的距离;Z 为面层底面到构造物顶面的距离。

混凝土面层下有圆形管状构造物横向穿越,其顶面至面层底面的距离小于 1200mm 时,在构造物两侧各 $(H+1)$m 且不小于 4m 的范围内,混凝土面层内应布设单层钢筋网,钢筋网设在距面层顶面 1/4～1/3 厚度处,如图 7.16 所示。钢筋直径为 12mm,纵向钢筋间距为 100mm,横向钢筋间距为 200mm。在配筋混凝土面层与相邻混凝土面层之间设置传力杆缩缝。

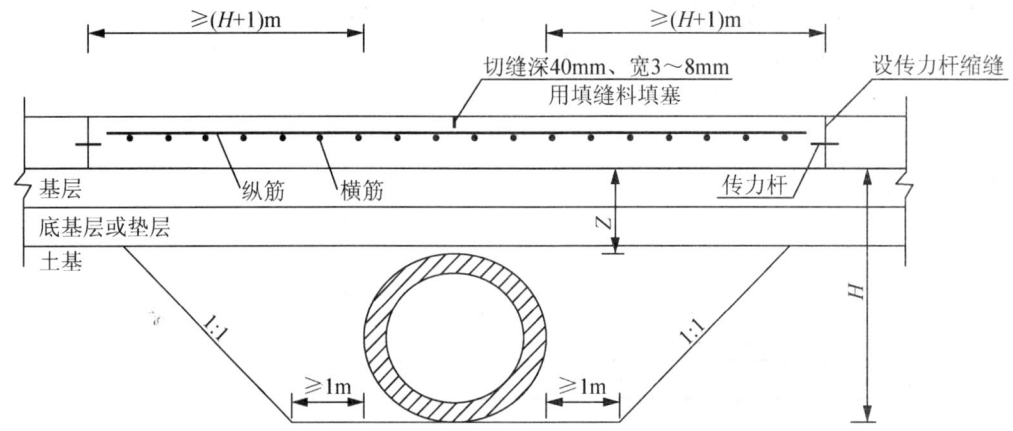

图 7.16　圆形管状构造物横穿公路处的面层配筋（Z 小于 1200mm）

注：H 为面层底面到构造物底面的距离；Z 为面层底面到构造物顶面的距离。

3. 混凝土路面与沥青路面相接

在混凝土面层与沥青面层相接处，由于沥青面层难以抵御混凝土面层的膨胀推力，致使沥青面层易出现推移拥起，形成接头处的不平整，从而引起跳车。因此，混凝土路面与沥青路面相接处应设置至少 3m 长的过渡段。过渡段的路面采用两种路面呈阶梯状叠合布置，其下面铺设的变厚度混凝土过渡板的厚度不得小于 200mm，如图 7.17 所示。过渡板与混凝土面层相接处的接缝内设置直径 25mm、长 700mm、间距 400mm 的拉杆。混凝土面层毗邻该接缝的 1~2 条横向接缝应设置胀缝。

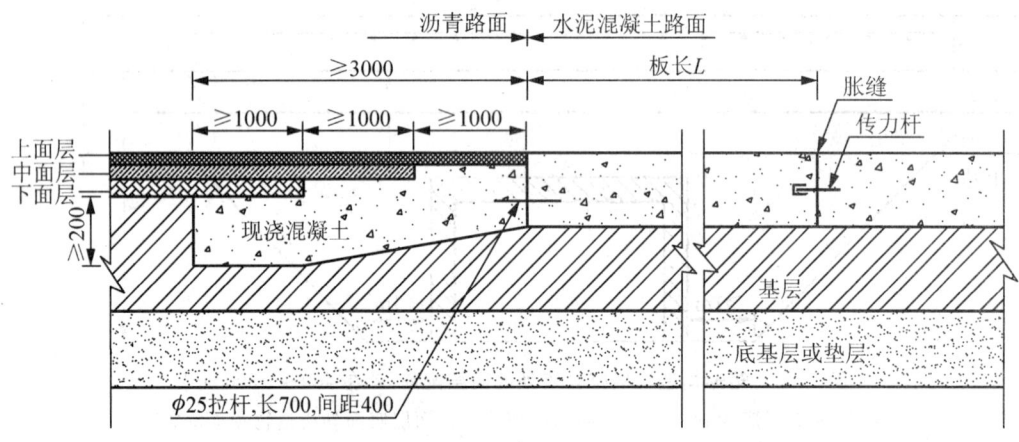

图 7.17　混凝土与沥青路面相接段构造布置（尺寸：mm）

7.5.5　接缝填封材料

各类接缝的槽口均需填缝处理，以免杂物和水进入。接缝填封材料按使用性能分为接缝板和填封料两类。

胀缝接缝板应选用能适应混凝土板膨胀收缩、施工时不变形、复原率高和耐久性好的材料。高速公路和一级公路宜选用泡沫橡胶板、沥青纤维板；其他等级公路也可选用木材类或纤维板。

接缝填封料应选用与混凝土接缝槽壁黏结力强、回弹性好、适应混凝土板收缩、不溶于水、不渗水、高温时不流淌、低温时不脆裂、耐老化的材料。常用的填缝料有聚氨酯焦油类、氯丁橡胶类、乳化沥青类、聚氯乙烯胶泥、沥青橡胶类、沥青玛蹄脂及橡胶嵌缝条等。

任务实施

1. 板块布置

公路每侧铺筑路面宽度为 10.75m（含硬路肩和路缘带），其中 2.75m 为硬路肩，与此对应路面板块纵向划分成 3 块，由中间向外侧宽度分别为 4.0m、4.0m 和 2.75m，即设置两条纵向接缝。横向接缝宽度采用 5.0m。横缝与纵缝的间距均符合规范要求。每个板块面积为 $20m^2$，长宽比为 1.25，也均符合规范要求。

2. 拉杆

根据面层厚度为 26cm，纵缝到自由边距离为 4.0m，查表 7-21 可知，拉杆直径为 16mm，长度为 80cm，间距在 60~70cm 范围内，为便于布置，拉杆间距取 50cm，则在 500cm 长度范围内，拉杆布置形式为：25cm+9×50cm+25cm=500cm。最外侧拉杆与横缝间距 25cm，满足不小于 10cm 的要求，且不会干扰传力杆的布置。

3. 传力杆

根据规范要求，重交通公路的横向接缝均应设置传力杆。根据面层厚度为 26cm，查表 7-22 可知，传力杆直径为 32mm，传力杆长度取 50cm，为便于布置传力杆间距取 24cm，则在 400cm 宽度范围内，拉杆布置形式为：20cm+15×24cm+20cm=400cm；在 275m 宽度范围内（硬路肩），拉杆布置形式为：17cm+10×24cm+18cm=275cm。最外侧传力杆与纵缝或自由边距离均在 15~25cm 范围内。

拉杆与传力杆布置如图 7.18 所示。

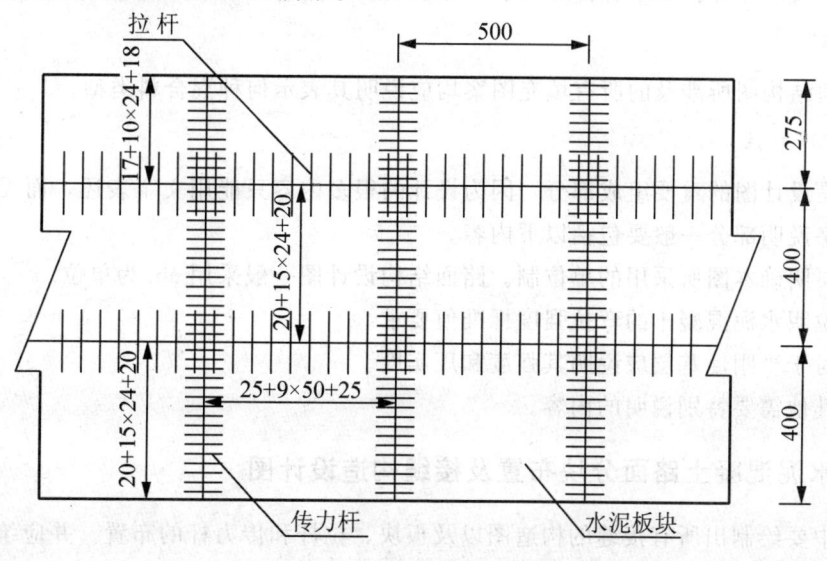

图 7.18 拉杆与传力杆布置

任务 7.6　水泥混凝土路面设计成果

知识讲解

与沥青路面设计相同，水泥混凝土路面各项设计内容明确后，接下去的工作就是绘制相关的设计图表。

7.6.1　水泥混凝土路面结构设计图

水泥混凝土路面结构设计图中的内容与沥青路面结构设计图比较相似。

1. 路面结构类型表

该表一般还有以下内容。

（1）自然区划。

（2）路面类型。

（3）累计当量轴次。

（4）路基土组。

（5）路基干湿类型。即确定属于干燥、中湿、潮湿或过湿中的哪一类。

（6）路段。公路的不同路段会采用不同的路面结构，比如主线、匝道、桥梁、隧道等路段的路面结构一般都会不同，因此应标明每种路面结构适应的路段。

（7）路面结构图式。该条公路有几种路面结构，就绘制几种路面结构，每个结构层均采用不同的填充图案，并标出每层的厚度，尤其应标明路基回弹模量。

2. 路面结构设计图

完整地绘制路面结构设计图，包括各结构层次的类型、厚度、道路横坡度、横断面的各组成部分及尺寸等。如果有特殊要求，还应绘制土路肩及中央分隔带的大样图。

3. 图例

本路面结构图所涉及的所有填充图案均应说明其表示何种混合料类型。

4. 说明（或注）

说明是设计图的重要组成部分，因为设计的很多内容只能用文字表述，而无法用图表描述。文字说明部分一般要包括以下内容。

（1）要明确本图所采用的单位制。路面结构设计图一般采用 cm 为单位。

（2）说明水泥混凝土的弯拉强度标准值要求。

（3）对于半刚性基层应说明其强度和压实度。

（4）其他需要特别说明的内容。

7.6.2　水泥混凝土路面分块布置及接缝构造设计图

该图中要绘制出所有接缝的构造图以及板块、拉杆和传力杆的布置。并应统计出单位工程钢筋工程量表。在说明部分应明确单位制、各类接缝的设置要求以及其他需要特别注意的内容。

7.6.3 特殊部位构造设计图

若路段内与沥青路面相接，或有横向构造物横穿，或有锐角板块，则应按照 7.5.4 节的要求绘制相应的设计图。

7.6.4 编制路面工程数量表

采用 Excel 软件编制水泥混凝土路面的工程数量，包括面层、基层、底基层、垫层的总面积以及钢筋的总重量等内容。编制的范围不应包括桥梁、隧道范围内的路面工程量。

 任务实施

根据前述计算与设计成果，应用 AutoCAD 软件绘制路面结构设计图和路面布置和接缝构造设计图，本书仅绘制主线行车道和硬路肩路面结构，并编制路面工程数量表，详见 S3-22～S3-24。

项目小结

本次水泥混凝土路面设计主要包含以下内容。

（1）水泥路面根据面层组成材料或施工方法的不同，可分为普通水泥混凝土路面、钢筋混凝土路面、连续配筋混凝土路面、钢纤维混凝土路面、复合式路面和水泥预制块路面等。目前使用最广泛的是除路面接缝区和局部范围外，面层内均不配钢筋的普通混凝土路面。

（2）水泥混凝土路面设计包括路面结构组合设计、材料组成设计、面层接缝和配筋设计、面层厚度设计、路面排水设计和路肩设计等内容。目前采用的设计方法是概率型设计方法。

（3）水泥路面设计采用的标准轴载为单轴双轮组 100kN，因此需把非标准轴载的作用次数按照一定的法则换算成标准轴载的作用次数，从而获得设计基准期内的累计当量轴次。

（4）水泥混凝土路面通常由水泥混凝土面层、基层、垫层、路基、路肩等部分组成。对路基的要求是稳定、密实、匀质，对路面提供均匀的支撑，为控制路基的不均匀变形，必须在地基、填料、压实等方面采取相应的措施；垫层的主要作用是改善土基的水温状况，以免对面层和基层产生不利影响，防冻垫层和排水垫层宜采用砂、沙砾等颗粒材料，加固垫层一般采用半刚性垫层；对基层的首要要求是抗冲刷能力，同时应具有一定刚度，通常根据形成结构层、方便施工（单层摊铺碾压）或排水要求等因素确定基层厚度；面层是主要的承重层，应具有足够的强度、耐久性、表面抗滑、耐磨、平整等良好的路用性能，其厚度应根据计算确定，但不必很厚，普通混凝土面层板的横缝间距一般为 4～6m，面层板的长宽比不宜超过 1.30，平面尺寸不宜大于 $25m^2$。

（5）我国水泥混凝土路面设计方法采用单轴双轮组 100kN 标准轴载作用下的弹性半空间地基有限大矩形薄板理论有限元解为理论基础，以路面板纵缝边缘中部荷载与温度综合疲劳弯拉应力之和满足以目标可靠度为依据的极限状态平衡方程式为依据进行厚度设计。

(6) 通常采用以纵向和横向接缝将路面板分割为规则的形状，来消除温度应力的不利影响。纵向接缝分为纵向施工缝和纵向缩缝，纵向接缝均应设置拉杆；横向接缝分为横向施工缝、横向缩缝和横向胀缝，横向施工缝应尽量设置在缩缝或胀缝处，缩缝一般采用不设传力杆假缝，胀缝应尽量少设或不设。

(7) 混凝土面层自由边缘下基础薄弱或接缝为未设传力杆的平缝时，可在面层边缘的下部配置钢筋。承受特重交通的胀缝、施工缝和自由边的面层角隅及锐角面层角隅宜配置角隅钢筋。

(8) 混凝土面层下有构造物横向穿越时，应按要求配置钢筋网。

(9) 混凝土路面与沥青路面相接处应设置至少3m长的过渡段。过渡段的路面采用两种路面呈阶梯状叠合布置。

(10) 运用AutoCAD软件绘制水泥路面结构设计图和运用Excel编制路面工程数量表。

习 题

一、单选题

1. 防止水泥混凝土路面板块出现横向位移的有效措施是（ ）。
   A. 设置传力杆   B. 设置拉杆   C. 设置角隅钢筋   D. 加强基层

2. 传力杆应采用（ ）钢筋。
   A. 螺纹   B. 人字   C. 光面   D. A、B、C中任一种

3. 我国混凝土路面设计规定，产生最大综合疲劳损坏的临界荷位为板的（ ）。
   A. 纵缝边缘中部 B. 横缝边缘中部   C. 板块中部   D. 任意位置

4. 水泥混凝土路面横向缩缝构造一般有（ ）
   A. 假缝带拉杆型   B. 假缝、假缝加传力杆型
   C. 企口缝、企口缝加传力杆型   D. 假缝、假缝加拉杆型

5. 一次铺筑宽度大于（ ）m时，应设置纵向缩缝。
   A. 3   B. 4   C. 4.5   D. 5

6. 普通混凝土路面的横缝间距一般为（ ）m。
   A. 4~6   B. 3~5   C. 4~7   D. 5~7

7. 贫混凝土基层强度超过（ ）MPa时，应设置与混凝土面层对应的横向缩缝。
   A. 2.0   B. 1.8   C. 4.5   D. 5.0

8. 横向施工缝应尽可能设置在（ ）。
   A. 缩缝处   B. 胀缝处   C. 缩缝之间   D. A或B

9. 横向缩缝一般采用（ ）。
   A. 不设传力杆假缝   B. 设传力杆假缝
   C. 企口缝   D. 不设传力杆平缝

10. 水泥混凝土强度路面面层强度一般以（ ）控制。
    A. 28d立方体抗压强度   B. 28d弯拉强度标准值
    C. 28d立方体抗压强度标准值   D. 28d圆柱体抗压强度

二、简答题
1. 简述水泥混凝土路面基层的作用。
2. 水泥混凝土路面下的路基有何基本要求？
3. 简述水泥混凝土路面的工作特性。
4. 在什么情况下需设置补强钢筋？
5. 简述路基不均匀变形的原因。

三、思考题
分析胀缝设置的优缺点。

参 考 文 献

[1] 邓学钧.路基路面工程[M].3版.北京:人民交通出版社,2008.
[2] 全国勘察设计注册工程师道路工程专业管理委员会.勘察设计注册土木工程师(道路工程)资格考试用书[M].北京:人民交通出版社,2009.
[3] 中交第一公路勘察设计研究院有限公司.公路工程基本建设项目设计文件编制办法[M].北京:人民交通出版社,2007.
[4] 中交第二公路勘察设计研究院有限公司.公路挡土墙设计与施工技术细则[M].北京:人民交通出版社,2008.
[5] 交通部第二公路勘察设计院.公路设计手册——路基[M].2版.北京:人民交通出版社,1996.
[6] 《公路沥青路面设计规范》编写组.《公路沥青路面设计规范》释义手册[M].北京:人民交通出版社,2008.
[7] 中华人民共和国行业标准.公路工程技术标准(JTG B01—2003)[S].北京:人民交通出版社,2003.
[8] 中华人民共和国行业标准.公路路基设计规范(JTG D30—2004)[S].北京:人民交通出版社,2004.
[9] 中华人民共和国行业标准.公路沥青路面设计规范(JTG D50—2006)[S].北京:人民交通出版社,2006.
[10] 中华人民共和国行业标准.公路水泥混凝土路面设计规范(JTG D40—2002)[S].北京:人民交通出版社,2002.
[11] 中华人民共和国行业标准.公路沥青路面施工技术规范(JTG F40—2004)[S].北京:人民交通出版社,2004.
[12] 中华人民共和国行业标准.公路路基路面现场测试规程(JTG E60—2008)[S].北京:人民交通出版社,2008.
[13] 李福普,沈金安.公路沥青路面施工技术规范实施手册[M].北京:人民交通出版社,2005.
[14] 陈忠达.公路挡土墙设计[M].北京:人民交通出版社,1999.
[15] 凌天清,曾德荣.公路支挡结构[M].北京:人民交通出版社,2006.
[16] 李立寒,张南鹭,孙大权,等.道路工程材料[M].5版.北京:人民交通出版社,2010.
[17] 李峻利,姚代禄.路基设计原理与计算[M].北京:人民交通出版社,2001.
[18] 曹东伟,刘清泉,唐国奇.排水沥青路面[M].北京:人民交通出版社,2010.
[19] 万德臣.路基路面工程[M].北京:高等教育出版社,2005.
[20] 邓学钧,陈荣生.刚性路面设计[M].2版.北京:人民交通出版社,2005.
[21] 天津市市政工程设计研究院.城市道路——水泥混凝土路面(05MR202)[M].北京:中国建筑标准设计研究院,2005.
[22] 周娟,李燕.路基路面工程[M].郑州:黄河水利出版社,2008.
[23] 李维勋.路基路面工程[M].北京:机械工业出版社,2008.

北京大学出版社高职高专土建系列规划教材

序号	书名	书号	编著者	定价	出版时间	印次	配套情况	
			基础课程					
1	工程建设法律与制度	978-7-301-14158-8	唐茂华	26.00	2011.7	5	ppt/pdf	
2	建设工程法规	978-7-301-16731-1	高玉兰	30.00	2011.7	6	ppt/pdf/答案	★
3	建筑工程法规实务	978-7-301-19321-1	杨陈慧等	43.00	2011.8	1	ppt/pdf	★
4	建筑法规	978-7-301-19371-6	董伟等	39.00	2011.8	1	ppt/pdf	★
5	AutoCAD建筑制图教程	978-7-301-14468-8	郭慧	32.00	2011.8	9	ppt/pdf/素材	★
6	建筑工程专业英语	978-7-301-15376-5	吴承霞	20.00	2011.6	4	ppt/pdf	
7	建筑工程制图与识图	978-7-301-15443-4	白丽红	25.00	2011.7	5	ppt/pdf/答案	★
8	建筑制图习题集	978-7-301-15404-5	白丽红	25.00	2011.7	4	pdf	
9	建筑制图	978-7-301-15405-2	高丽荣	21.00	2011.7	3	ppt/pdf	
10	建筑制图习题集	978-7-301-15586-8	高丽荣	21.00	2011.7	3	pdf	
11	建筑工程制图	978-7-301-12337-9	肖明和	36.00	2011.7	5	ppt/pdf/答案	
12	建筑制图与识图	978-7-301-18806-4	曹雪梅等	24.00	2011.5	1	ppt/pdf	★
13	建筑制图与识图习题册	978-7-301-18652-7	曹雪梅等	30.00	2011.3	1	pdf	
14	建筑工程应用文写作	978-7-301-18962-7	赵立等	40.00	2011.6	1	ppt/pdf	★
15	AutoCAD建筑绘图教程	978-7-301-19234-4	唐英敏等	41.00	2011.7	1	ppt/pdf	★
			施工类					
16	建筑工程测量	978-7-301-13578-5	王金玲等	26.00	2011.8	3	Pdf	
17	建筑施工技术	978-7-301-12336-2	朱永祥等	38.00	2011.8	6	ppt/pdf	★
18	建筑材料	978-7-301-13576-1	林祖宏	28.00	2011.8	7	ppt/pdf	
19	建筑构造与识图	978-7-301-14465-7	郑贵超等	45.00	2011.8	7	ppt/pdf	★
20	建筑设备识图与施工工艺	978-7-301-19377-8	周业梅	38.00	2011.8	1	ppt/pdf	
21	建设工程监理概论	978-7-301-14283-7	徐锡权等	32.00	2011.8	4	ppt/pdf/答案	
22	地基与基础	978-7-301-14471-8	肖明和	39.00	2011.8	6	ppt/pdf	★
23	建筑施工技术实训	978-7-301-14477-0	周晓龙	21.00	2011.8	4	pdf	★
24	建筑工程施工技术	978-7-301-14464-0	钟汉华等	35.00	2011.8	5	ppt/pdf	★
25	建筑力学	978-7-301-13584-6	石立安	35.00	2011.1	4	ppt/pdf	★
26	建设工程监理	978-7-301-15017-7	斯庆	26.00	2011.7	3	ppt/pdf/答案	★
27	PKPM软件的应用	978-7-301-15215-7	王娜	27.00	2010.8	2	pdf	★
28	建筑工程测量	978-7-301-15542-4	张敬伟	30.00	2011.7	6	ppt/pdf/答案	★
29	建筑工程测量实验与实习指导	978-7-301-15548-6	张敬伟	20.00	2011.7	5	pdf/答案	
30	土木工程实用力学	978-7-301-15598-1	马景善	30.00	2011.6	2	pdf	★
31	建筑工程质量事故分析	978-7-301-16905-6	郑文新	25.00	2011.1	2	ppt/pdf	
32	建筑设备基础知识与识图	978-7-301-16716-8	靳慧征	34.00	2011.7	5	ppt/pdf	
33	建筑工程测量	978-7-301-16727-4	赵景利	30.00	2011.7	3	ppt/pdf/答案	★
34	土木工程力学	978-7-301-16864-6	吴明军	38.00	2010.4	1	ppt/pdf	★
35	建筑结构	978-7-301-17086-1	徐锡权	62.00	2011.8	2	ppt/pdf/答案	★
36	建筑施工技术	978-7-301-16726-7	叶雯等	44.00	2011.7	2	ppt/pdf/素材	★
37	建筑材料与检测	978-7-301-16728-1	梅杨等	26.00	2011.7	2	pdf	★
38	建筑材料检测试验指导	978-7-301-16729-8	王美芬等	18.00	2011.1	2	pdf	
39	建设工程监理概论	978-7-301-15518-9	曾庆军等	24.00	2011.6	3	pdf	
40	地基与基础	978-7-301-16130-2	孙平平等	26.00	2010.10	1	pdf	
41	建筑工程施工组织设计	978-7-301-18512-4	李源清	26.00	2011.2	1	ppt/pdf	★
42	建筑工程施工组织实训	978-7-301-18961-0	李源清	40.00	2011.6	1	ppt/pdf	★
43	建筑结构	978-7-301-19171-2	唐春平等	41.00	2011.7	1	ppt/pdf	
44	工程建设监理案例分析教程	978-7-301-18984-9	刘志麟等	38.00	2011.7	1	ppt/pdf	
45	建筑材料与检测	978-7-301-19261-0	王辉	35.00	2011.8	1	ppt/pdf	★
46	建筑工程测量实训	978-7-301-19329-7	杨凤华	27.00	2011.8	1	pdf	
			工程管理类					
47	建筑工程项目管理	978-7-301-12335-5	范红岩等	30.00	2011.6	6	ppt/pdf	★
48	建设工程招投标与合同管理	978-7-301-13581-5	宋春岩等	30.00	2011.6	9	ppt/pdf/答案/试题/教案	★
49	工程造价控制	978-7-301-14466-4	斯庆	26.00	2011.8	6	ppt/pdf	★

序号	书名	书号	编著者	定价	出版时间	印次	配套情况	
50	建筑施工组织与管理	978-7-301-15359-8	翟丽旻等	32.00	2011.1	5	ppt/pdf	★
51	建筑工程计量与计价	978-7-301-15406-9	肖明和等	39.00	2011.7	5	ppt/pdf	★
52	建筑工程经济	978-7-301-15449-6	杨庆丰等	24.00	2011.8	7	ppt/pdf	★
53	建筑工程计量与计价实训	978-7-301-15516-5	肖明和等	20.00	2011.7	4	pdf	
54	工程项目招投标与合同管理	978-7-301-15549-3	李洪军等	30.00	2011.8	4	ppt	
55	建筑工程造价管理	978-7-301-15517-2	李茂英等	24.00	2011.6	3	pdf	★
56	建筑力学与结构	978-7-301-15658-2	吴承霞	40.00	2011.8	6	ppt/pdf	★
57	安装工程计量与计价	978-7-301-15652-0	冯 钢等	38.00	2011.2	4	ppt/pdf	★
58	施工企业会计	978-7-301-15614-8	辛艳红等	26.00	2011.7	3	ppt/pdf	
59	工程项目招投标与合同管理	978-7-301-16732-8	杨庆丰	28.00	2011.7	3	ppt	
60	建设工程项目管理	978-7-301-16730-4	王 辉	32.00	2011.6	2	ppt/pdf	★
61	建筑工程质量与安全管理	978-7-301-16070-1	周连起	35.00	2011.1	2	pdf	
62	建筑工程计量与计价——透过案例学造价	978-7-301-16071-8	张 强	50.00	2011.8	2	ppt/pdf	★
63	工程招投标与合同管理实务	978-7-301-19035-7	杨甲奇等	48.00	2011.8	1	pdf	
64	工程招投标与合同管理实务	978-7-301-19290-0	郑文新等	43.00	2011.8	1	pdf	
65	建设工程项目管理	978-7-301-19335-8	冯松山等	38.00	2011.8	1	pdf	
66	安装工程计量与计价实训	978-7-301-19336-5	景巧玲等		2011.8	1	pdf	
67	建筑工程清单编制	978-7-301-19387-7	叶晓容	24.00	2011.8	1	ppt/pdf	★
建 筑 装 饰 类								
68	中外建筑史	978-7-301-15606-3	袁新华	30.00	2011.5	5	ppt/pdf	★
69	建筑装饰材料	978-7-301-15136-5	高军林	25.00	2011.7	2	ppt/pdf	
70	建筑装饰施工技术	978-7-301-15439-7	王 军等	30.00	2011.7	3	ppt/pdf	★
71	设计构成	978-7-301-15504-2	戴碧锋	30.00	2009.7	1	pdf	
72	建筑素描表现与创意	978-7-301-15541-7	于修国	25.00	2011.1	2	pdf	★
73	室内设计基础	978-7-301-15613-1	李书青	32.00	2011.1	2	pdf	
74	建筑装饰构造	978-7-301-15687-2	赵志文等	27.00	2011.1	2	ppt/pdf	
75	基础色彩	978-7-301-16072-5	张 军	42.00	2010.3	1	pdf	
76	建筑与装饰装修工程工程量清单	978-7-301-17331-2	翟丽旻等	25.00	2011.5	1	pdf	
77	3ds max 室内设计表现方法	978-7-301-17762-4	徐海军	32.00	2010.9	1	pdf	
78	装饰材料与施工	978-7-301-15677-3	宋志春等	30.00	2010.8	2	ppt/pdf	★
79	3ds Max 9.0 室内设计案例教程	978-7-301-14676-7	伍福军等	32.00	2010.5	2	ppt/pdf	★
80	Photoshop 效果图后期制作	978-7-301-16073-2	脱忠伟等	52.00	2011.1	1	素材/pdf	★
81	建筑表现技法	978-7-301-19216-0	张 峰	32.00	2011.7	1	ppt/pdf	★
82	建筑室内空间历程	978-7-301-19338-9	张伟孝	53.00	2011.8	1	pdf	
房 地 产 类								
83	房地产开发与经营	978-7-301-14467-1	张建中等	30.00	2011.1	3	ppt/pdf	★
84	房地产估价	978-7-301-15817-3	黄 晔等	30.00	2011.8	2	pdf	
85	房地产估价理论与实务	978-7-301-19327-3	褚菁晶	35.00	2011.8	1	ppt/pdf	
86	物业管理理论与实务	978-7-301-19354-9	裴艳慧		2011.8	1	pdf	
市 政 路 桥 类								
87	市政工程计量与计价	978-7-301-14915-7	王云江	38.00	2010.8	2	pdf	★
88	市政桥梁工程	978-7-301-16688-8	刘 江等	42.00	2010.7	1	ppt/pdf	★
89	路基路面工程	978-7-301-19299-3	偶昌宝等	34.00	2011.8	1	ppt/pdf/素材	★

请登录 www.pup6.com 免费下载本系列教材的电子书(PDF 版)、电子课件和相关教学资源。

欢迎免费索取样书，并欢迎到北京大学出版社来出版您的大作，可在 www.pup6.com 在线申请样书和进行选题登记，也可下载相关表格填写后发到我们的邮箱，我们将及时与您取得联系并做好全方位的服务。

联系方式：010-62750667，yangxinglu@126.com，linzhangbo@126.com，欢迎来电来信咨询。

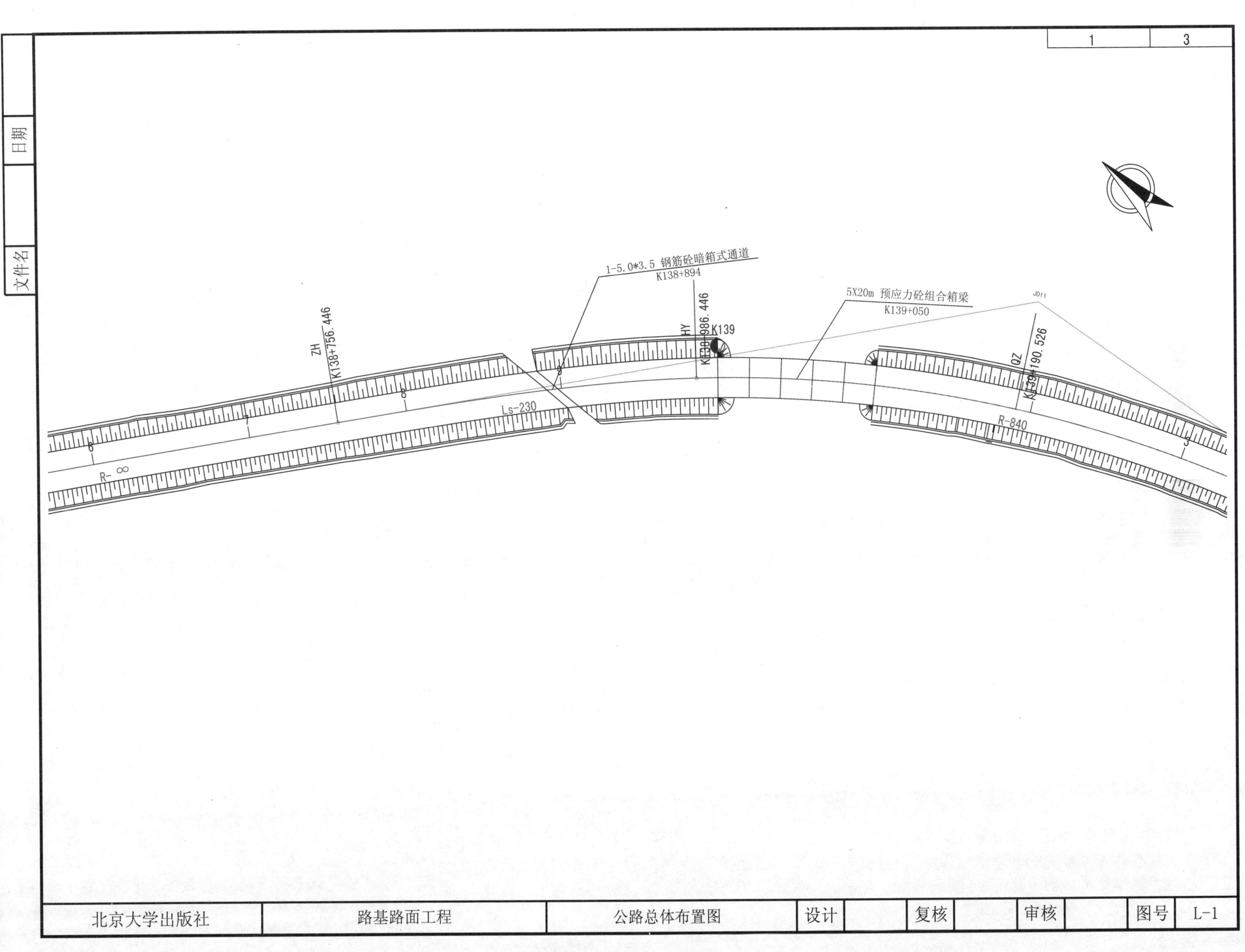

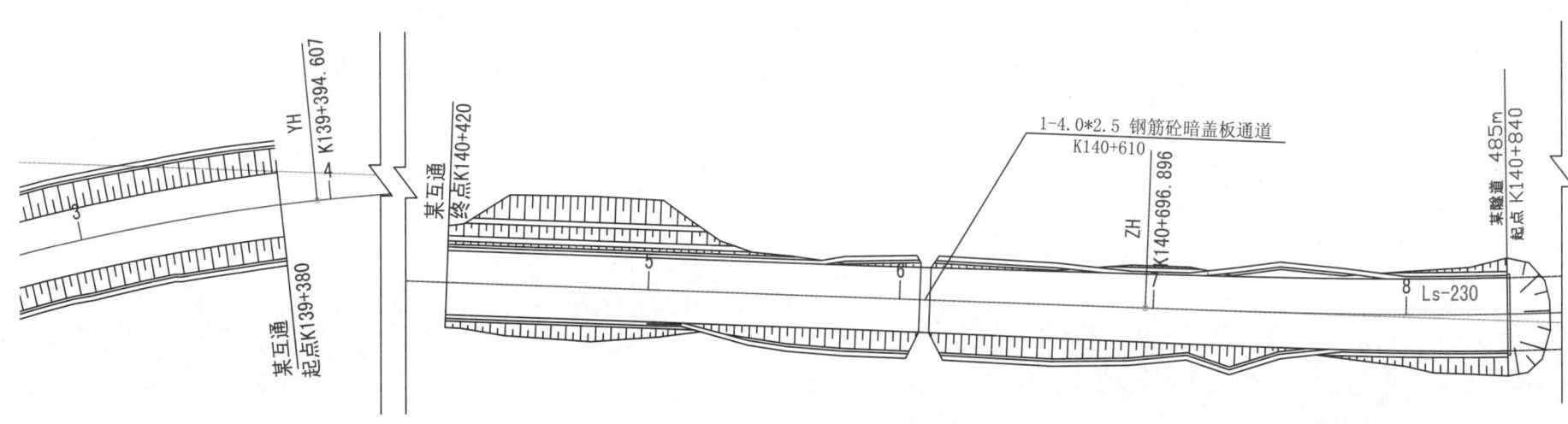

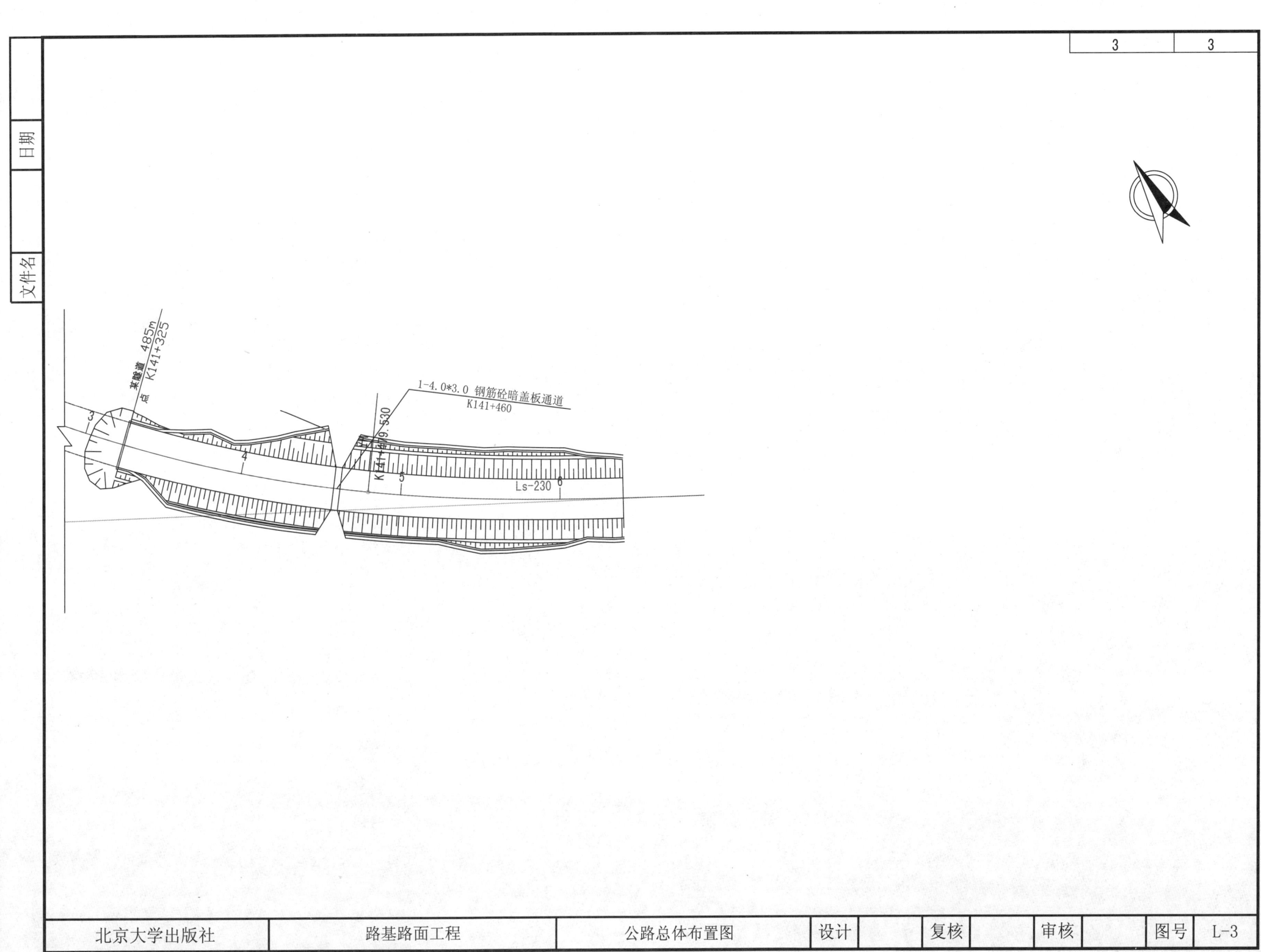

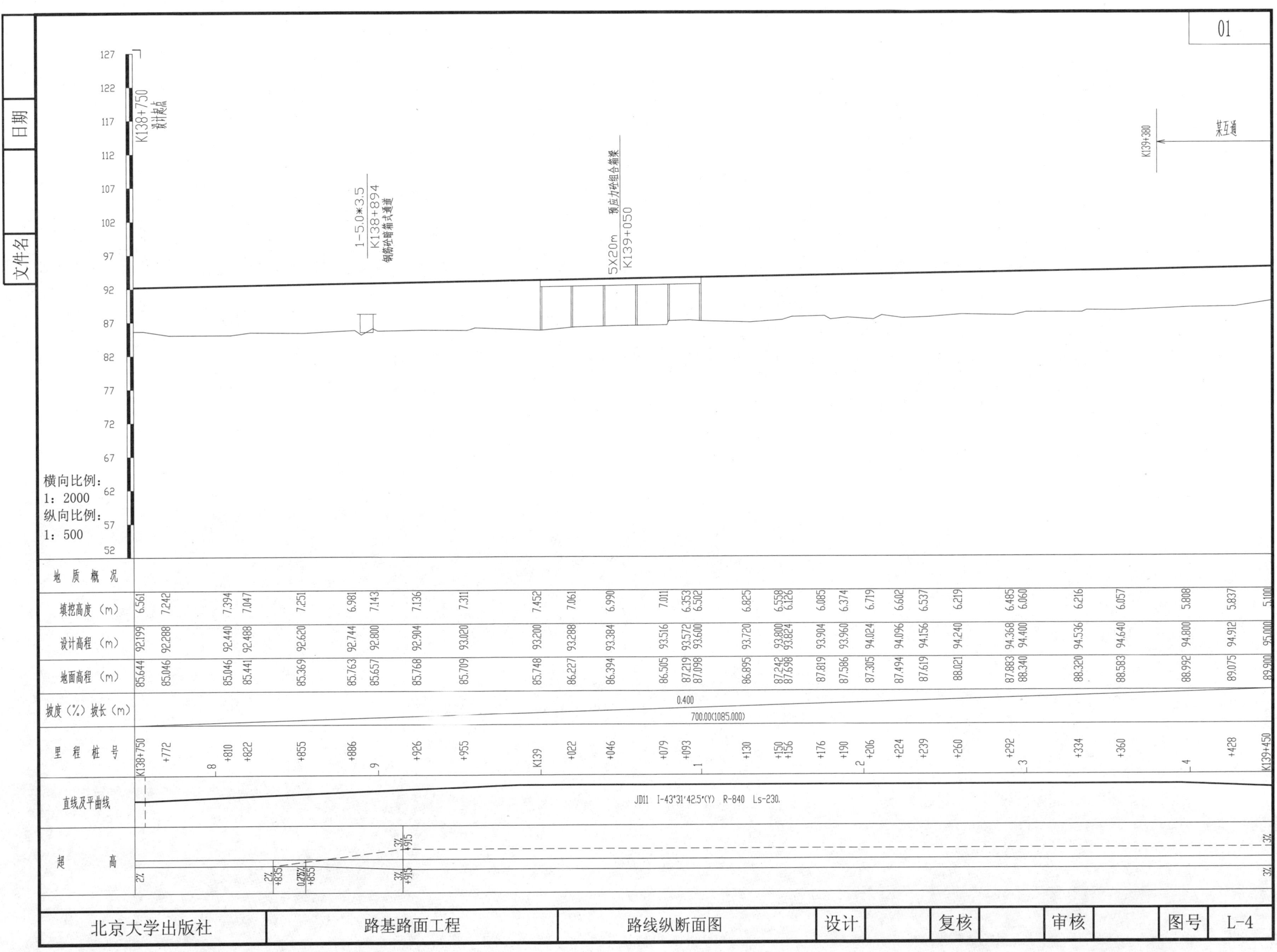

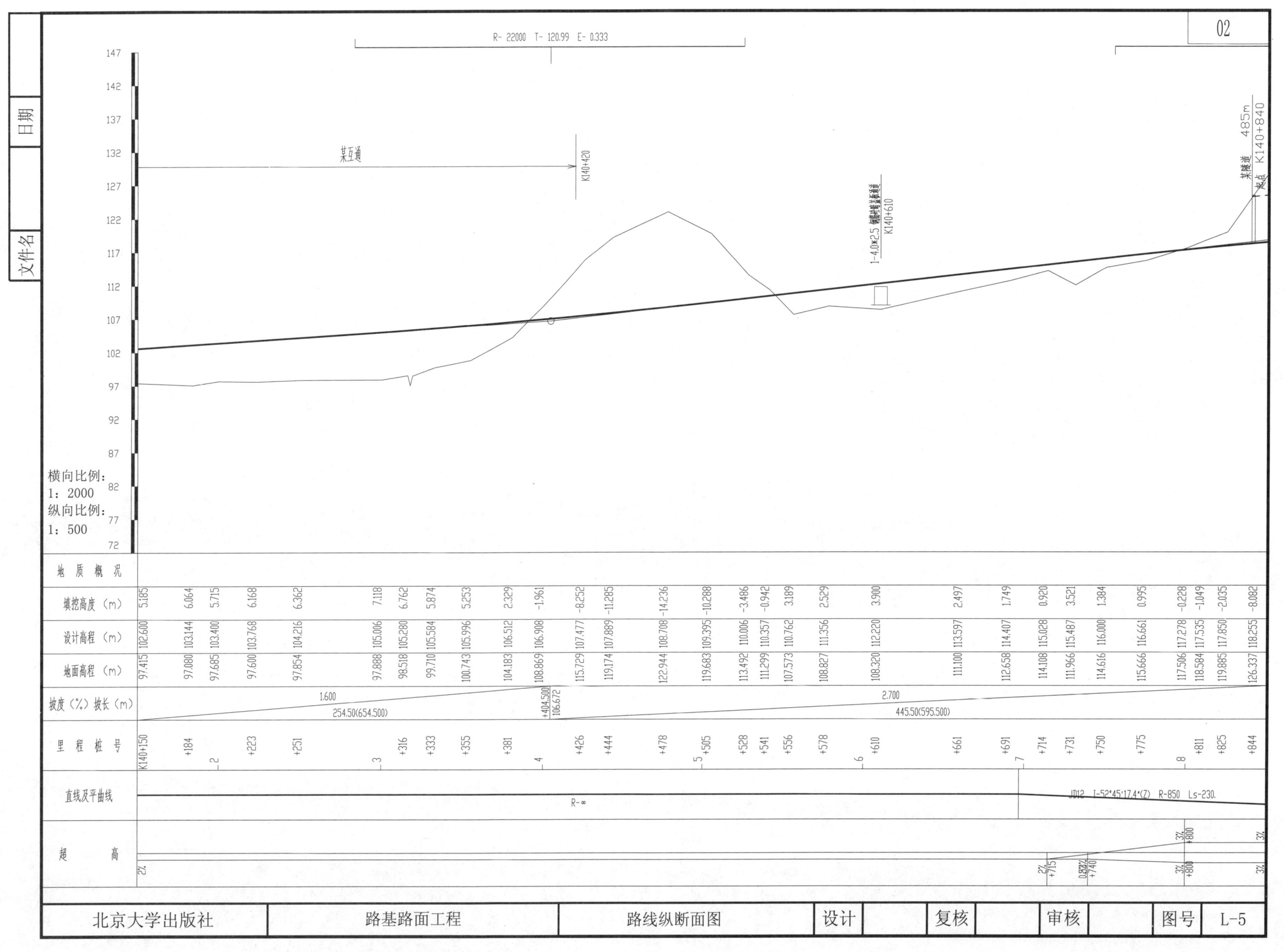

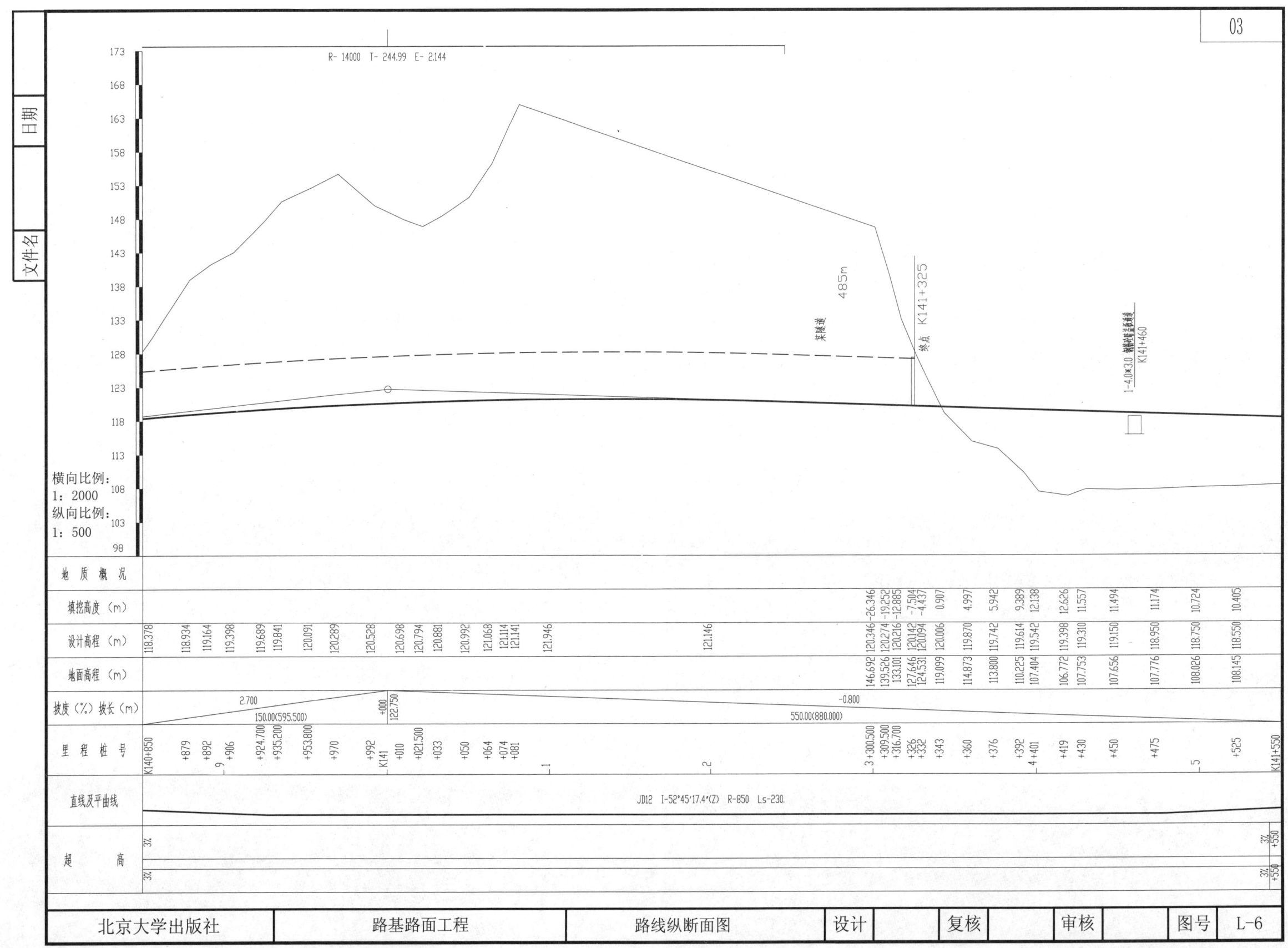

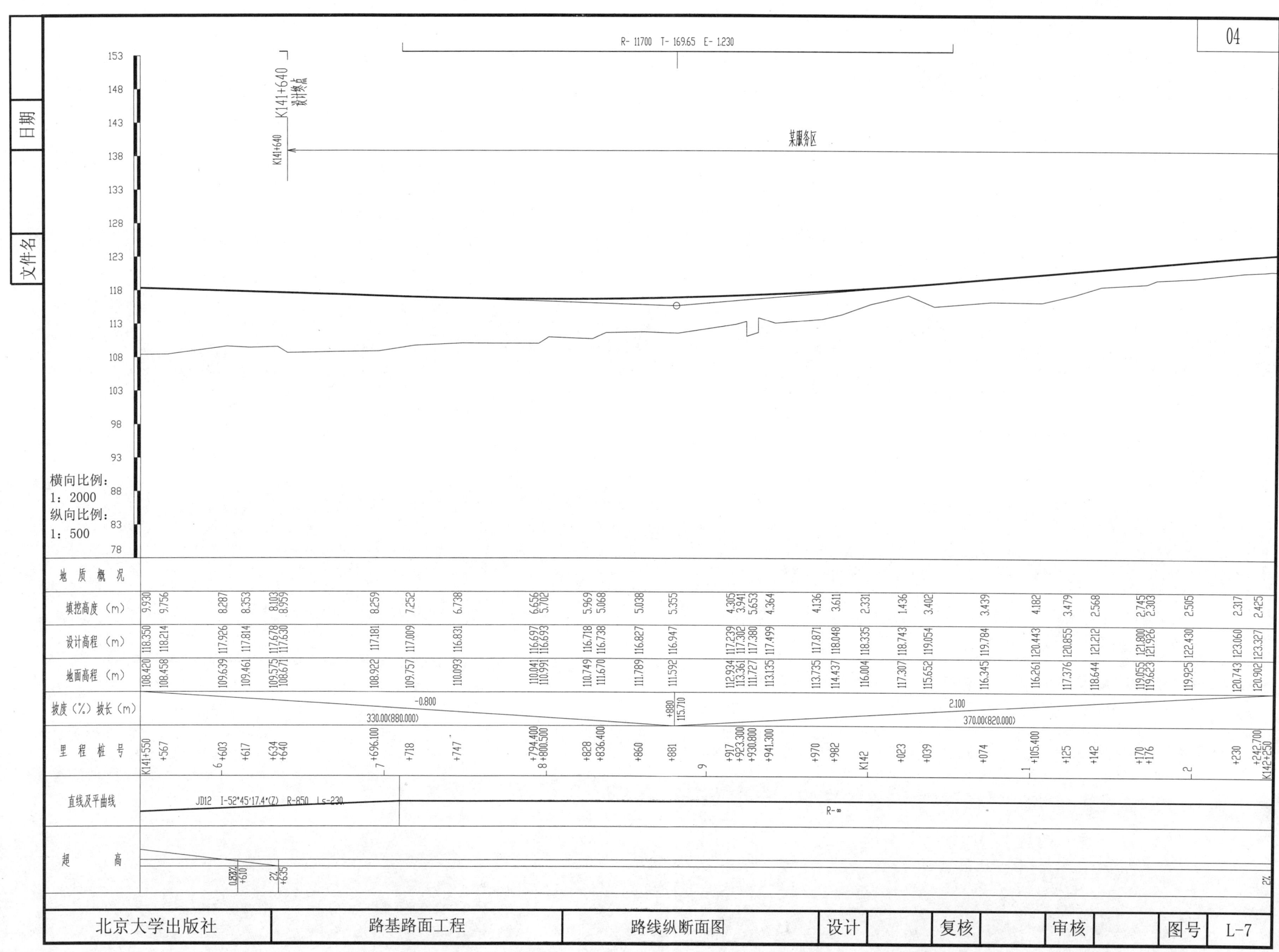